D1107352

UNIVERSITY OF HOUSTON
CENTRAL CAMPUS LIBRARIES

Danuser
Musikalische Prosa

Studien zur Musikgeschichte des 19. Jahrhunderts
Band 46

Forschungsunternehmen der Fritz Thyssen Stiftung
Arbeitskreis Musikwissenschaft

Musikalische Prosa

von Hermann Danuser

Gustav Bosse Verlag Regensburg 1975

Copyright 1975 by Gustav Bosse Verlag Regensburg - Printed in Germany
Nachdruck, auch auszugsweise, bedarf der Genehmigung des Verlages
ISBN 3 7649 2113 7
Reproduktion: Gruber + Hueber, Regensburg
Druck: Fr. Ant. Niedermayr, Regensburg

Meiner lieben Mutter
Luise Danuser-Schneller
zugeeignet

Inhalt

Einleitung

Was musikalische Prosa sei, kann nicht in einer Einleitung vorweg gesagt, sondern nur aus dem Gedankengang der gesamten Arbeit ersichtlich werden. Immerhin sei hier auf gewisse historische Voraussetzungen des Begriffs und auf die Intentionen hingewiesen, von denen sich der Verfasser leiten ließ.

Die Sprachähnlichkeit der klassisch-romantischen Kunstmusik, die „vom Ganzen, dem organisierten Zusammenhang bedeutender Laute, bis hinab zum einzelnen Laut, dem Ton an der Schwelle zum bloßen Dasein, dem reinen Ausdrucksträger" reicht [1], ist die grundlegende Voraussetzung der Möglichkeit von musikalischer Prosa und musikalischer Poesie. Die Bildung des Wiener Klassischen Stils seit den sechziger Jahren des 18. Jahrhunderts hob die Entwicklung der Musik zu einer sprachähnlichen Kunst auf eine neue historische Stufe und ermöglichte dadurch die Prägung dieser beiden Begriffe. Da „musikalische Prosa" nicht als originärer Ausdruck, sondern als Gegenbegriff zum früher entstandenen Begriff der musikalischen Poesie geprägt wurde, muß zunächst an dessen doppelten Bedeutungsgehalt erinnert werden. Einerseits entwickelte sich der Terminus „musikalische Poesie" seit der Entstehung der Ästhetik als selbständiger philosophischer Disziplin und der Übertragung ihrer Kategorien auf die Musiktheorie gegen die Jahrhundertwende hin zum Grundbegriff der Musikästhetik [2]. Andererseits umfaßt der Terminus neben dem zweifellos primären ästhetischen Sinnbereich meist implizit auch die kompositionstechnische Seite von Musik, eine Beziehung, die in den damaligen Ansätzen zur Theorie einer poetischen Organisation der Musiksprache deutlich zum Ausdruck kommt. Zwar sind die ästhetischen und die kompositionstechnischen Momente des musikalischen Poesiebegriffs nicht umstandslos miteinander gekoppelt, sondern auf komplexe Weise miteinander verknüpft oder, etwa bei Schumann, tendenziell konträr: bloß poetische Musik in kompositionstechnischem Sinn ist bloß musikalische Prosa in ästhetischem Sinn. Während auf den ästhetischen Begriff musikalische Poesie hier nicht eingegangen werden soll, muß das, was in dieser Arbeit unter „musikalischer Poesie in kompositionstechnischem Sinn" verstanden wird, näher konkretisiert werden.

Nachdem im 18. Jahrhundert Mattheson als erster die Sprachähnlichkeit der Musik betont hatte — er nannte die Instrumentalmusik eine „Ton-Sprache oder Klang-Rede" [3] — skizzierte Forkel 1788 in der Einleitung zur „Allgemeinen Geschichte der Musik" die Grundzüge einer Theorie der musikalischen Grammatik und Rhetorik. Die musikalische Grammatik behandelt die „Verbindung einzelner Töne und Accorde zu einzelnen Sätzen", die musikalische Rhetorik aber

---

1 Theodor W. Adorno, Fragment über Sprache, in: Quasi una Fantasia, Musikalische Schriften II, Frankfurt am Main 1963, S. 9.

2 Carl Dahlhaus, Musica poetica und musikalische Poesie, Archiv für Musikwissenschaft XXIII, 1966, S. 119 f. und Dahlhaus, Musikästhetik, Köln 1967, u. a. S. 10 f.

3 Zit. n. Hans Heinrich Eggebrecht, Musik als Tonsprache, Archiv für Musikwissenschaft XVIII, 1961, S. 94.

die „Verbindung mehrerer Sätze nach einander" zu einer größeren Einheit, die Forkel „System" nennt [4]. Heinrich Christoph Koch stellt in seinem Musiklexikon von 1802 zu Recht fest, daß bisher eine wissenschaftliche musikalische Rhetorik nicht entwickelt werden konnte, und gibt, im Anschluß an Forkel, als Ziel der Grammatik die „Berichtigung des materiellen Teils der Kunstausdrücke", als Ziel der Rhetorik die Regeln an, nach welchen die grammatikalischen Elemente „bey einem Kunstwerke dem auszuführenden Zwecke gemäß zusammengesetzt werden müssen" [5]. Wenn die traditionelle Formenlehre seit Koch von Satz, Halbsatz, Periode, von Frage, Parenthese, Interpunktion usw. spricht, so verweist die Übertragung diser Begriffe aus der prosaischen Redekunst oder Rhetorik in die Musiktheorie — Koch hebt die Ableitung aus der sprachlichen Poetik nachdrücklich hervor — auf die kompositorische Voraussetzung: die Sprachhaftigkeit der klassisch-romantischen Musik.

Indessen ist es nicht nur die Übernahme der rhetorischen Terminologie, sondern ebensosehr die Verwendung von Begriffen aus der poetischen Verslehre, der Metrik, welche, in Ansätzen bereits bei Koch, später bei Jacob Gottfried Weber und, in voller Entfaltung, um die Mitte des 19. Jahrhunderts bei Moritz Hauptmann zur Kodifizierung eines Systems der musikalischen Metrik führte. Da in der Sprachlehre Begriffe wie Metrum Takt, Symmetrie usw. vor allem als Kategorien versmäßig gebundener Sprache verwendet werden, so scheint überall dort, wo von musikalischer Metrik die Rede ist, der meist unausgesprochene Bezug zu einer versmäßig gebundenen Musik gegeben zu sein. Wenn Mozart während der Komposition der „Entführung" im Brief an seinen Vater vom 13. Oktober 1781 schreibt, Verse seien „wohl für die Musik das unentbehrlichste" [6], so verweist dies auf den Sachverhalt, daß die Grundstruktur des Wiener Klassischen Stils einer poetischen Organisation von Sprache in wesentlichen Zügen entspricht. Daß Mozarts Musik nicht im metrisch-syntaktischen Schema aufgeht, sondern sich oft dialektisch von ihm abhebt, definiert zwar den Rang seiner Musik, bestätigt aber mit jeder Ausnahme die durchgreifende Relevanz des poetischen Systems der musikalischen Metrik für die Musik der Wiener Klassik, eine Bedeutung, die in der darauf folgenden Zeit erhalten blieb. So verschieden sich die Systembildungen musikalischer Rhythmik und Metrik bis hin zu Theodor Wiehmayer (1917) im Einzelnen auch ausnehmen, der Ansatz, die musikalischen Periodizitätsgesetze in Analogie zu den Regeln sprachlicher Metrik zu formulieren, ist allen gemeinsam. Auch bei Hugo Riemann, der die explizite Analogie zwischen Musik- und Sprachsystem, wie sie Rudolf Westphal entworfen hatte, ablehnte — der Altphilologe Westphal hatte auf den Aristoxenischen Rhythmusbegriff rekur-

---

4 Johann Nikolaus Forkel, Allgemeine Geschichte der Musik, Leipzig 1788, S. 21. Zu den früheren Verbindungen zwischen Musik und Rhetorik vgl. Hans-Heinrich Unger, Die Beziehungen zwischen Musik und Rhetorik im 16.–18. Jahrhundert (= Musik und Geistesgeschichte; Berliner Studien zur Musikwissenschaft, Bd. 4) Würzburg 1941, reprographischer Nachdruck Hildesheim 1969.

5 Heinrich Christoph Koch, Musikalisches Lexikon, Frankfurt 1802, reprographischer Nachdruck Hildesheim 1964, Sp. 1251.

6 W. A. Mozart, Briefe und Aufzeichnungen, Gesamtausgabe hg. v. W. A. Bauer und O. E. Deutsch, Bd. III, Kassel 1963, S. 167.
   Vgl. Rudolf Steglich, Verse ... für die Musik das unentbehrlichste, Mozart-Jahrbuch 1957, Salzburg 1958, S. 115 f. Auf den Zusammenhang zwischen Verspoesie und musikalischer Periodizität weist auch Werner Dürr in seiner Dissertation: Untersuchungen zur poetischen und musikalischen Metrik, Tübingen 1962, S. 108 f.

riert –, ist die Analogie implizit der Angelpunkt seines Systems, das wie kein anderes das Paradigma versmäßig gebundener Musik, die achttaktige Periode, als Inbegriff musikalischer Symmetrie zur normativen Grundstruktur von Musik überhaupt erklärte. Der Begriff „musikalische Poesie in kompositionstechnischem Sinn", eine terminologische Hilfskonstruktion, bezeichnet den all diesen Versuchen einer Theorie der musikalischen Metrik gemeinsamen geschichtlichen Gehalt.

„Musikalische Prosa" ist zu verstehen aus ihrem antithetischen Verhältnis zur „musikalischen Poesie". Ihr begrifflicher Inhalt wäre zumindest in den ersten Stadien ihrer Entwicklung, abstrakt formuliert, durch die partielle oder totale Negation von ästhetischen oder kompositionstechnischen Momenten des musikalischen Poesiebegriffs zu ermitteln. Wie in der Literaturtheorie zwischen einer ursprünglichen Poesie und einer späteren, unter der Voraussetzung einer ausgebildeten Prosa entstandenen Poesie unterschieden wird, so könnte umgekehrt beim Begriff der musikalischen Prosa zwischen einer ursprünglichen Prosa (gregorianischer Choral, Vokalpolyphonie der Renaissance) und einer späteren differenziert werden, welche sich erst nach der Ausbildung des als musikalische Poesie verstandenen Wiener Klassischen Stils entwickelte. Da jedoch die Geschichte des Terminus im wesentlichen erst im 19. Jahrhundert beginnt [7], beschränkt sich der Begriff von musikalischer Prosa, den die vorliegende Arbeit entwickelt, auf die Musik des Zeitraums von der Wiener Klassik bis zur Neuen Wiener Schule.

Um aber wenigstens einen Eindruck von dem zu vermitteln, was ein Begriff von musikalischer Prosa vor der Wiener Klassik umfassen würde, seien an dieser Stelle die Ansätze der diesbezüglichen Arbeiten von Thrasybulos Georgiades und Heinrich Besseler kurz referiert. Georgiades [8] stellt dem antiken „Quantitätsprinzip" das abendländisch-neuzeitliche „Schlag- oder Taktprinzip" gegenüber. Wird das Quantitätsprinzip als „Versprinzip" charakterisiert, so das Taktprinzip als „Prosaprinzip". Historisches Paradigma des Takt- oder Prosaprinzips ist die Musik von Palestrina, bei welcher es im Sinn einer „leeren Zeit" als Zeitabsteckung des Hintergrundes fungiert. Wenn Georgiades ausführt, das Schlagzeit- oder Taktprinzip sei nicht bei symmetrischen Gebilden, sondern bei „ungebundener Musik", also bei musikalischer Prosa wirksam, so ist diese Bestimmung zwar nützlich für die Unterscheidung von antiker und moderner Musik, doch mißverständlich, weil der Tactusbegriff der Renaissance, der gemeint ist, mit dem nicht damit identischen Taktbegriff der späteren Musik bezeichnet wird. Hätte Georgiades „Tactusprinzip" statt „Taktprinzip" gesagt, wäre die Unklarheit vermieden worden.

Als erster Musikwissenschaftler thematisierte Heinrich Besseler 1953 den Begriff der musikalischen Prosa im Aufsatz „Singstil und Instrumentalstil in der europäischen Musik" [9], indem er der „Prosamelodik" systematisch die „Korrespondenzmelodik" entgegensetzte und im Sinne der vorliegenden Arbeit dem Wiener

---

7   Im 18. Jahrhundert bezeichnete zwar bereits Scheibes Begriff einer „poetischen musikalischen Schreibart" den figurierten Stil der empfindsamen Zeit im Gegensatz zur ehemaligen „mageren, einfältigen Prose", und Forkel, der sich auf Scheibe stützte, unterschied zwischen „musikalischer Prosa" (Choralgesang) und „musikalischer Poesie" (figurierter Gesang). Vgl. C. Dahlhaus, Musica poetica und musikalische Poesie, S. 116 f.

8   Thrasybulos Georgiades, u. a. Der griechische Rhythmus, Hamburg 1949, S. 40 f.

9   Heinrich Besseler, Singstil und Instrumentalstil in der europäischen Musik, Kongressbericht Bamberg 1953, S. 223 f.

Klassischen Stil als poetischem System die Bedeutung eines entscheidenden Wendepunktes beimaß. Zur Entwicklung des Begriffs der Prosamelodik rekurriert Besseler auf die Bedeutung des altlateinischen Wortes „oratio prorsa" oder „prosa": „ungebundene Rede, die schlicht und gerade vor sich hingeht" [10]. Die Prosamelodik bringe „stets Neues", vermeide Wiederholungen und stehe so insgesamt in Gegensatz zur Korrespondenzmelodik, für welche das „Regelhaft-Geordnete, im weitesten Sinne Gebundene", d. h. die Wiederkehr von Gleichem oder Ähnlichem wesentlich sei. Geschichtlich erkennt Besseler drei Epochen, in denen die Prosamelodik im Vordergrund stand: Der gregorianische Choral der Romanik, die Vokalpolyphonie von Dufay und Ockeghem in der Renaissance und schließlich die neuere Symphonik nach der Wiener Klassik. Der Hauptmangel an Besselers Aufsatz besteht darin, daß die Wortgeschichte des Terminus „musikalische Prosa" im 19. und 20. Jahrhundert unberücksichtigt bleibt und darum die dritte Epoche nur am Rande erwähnt wird. Sein Verdienst ist es, den Prosabegriff erneut gleicherweise auf Vokal- und Instrumentalmusik zu beziehen und ihn damit vom engen Bedeutungsinhalt der Vertonung von Prosatexten zu befreien.

Carl Dahlhaus publizierte 1964 in der Neuen Zeitschrift für Musik einen Aufsatz über „musikalische Prosa" [11], der in seiner gerafften und präzisen Form den jetzigen Stand der Diskussion um den musikalischen Prosabegriff immer noch definiert. Indem Dahlhaus als erster seine Untersuchungen auf die in den entscheidenden Stationen gründlich dokumentierte Wortgeschichte stützt, behandelt er das Thema auf einem Niveau, das den Anforderungen historischer Betrachtungsweise genügt.

Die vorliegende Arbeit basiert auf dem Aufsatz von Dahlhaus und ist streckenweise vor allem um eine eingehendere Darstellung der Sachverhalte bemüht. Ihre Intention ist eine doppelte: Einerseits soll die Wortgeschichte des Ausdrucks „musikalische Prosa" im Musikschrifttum möglichst vollständig dargestellt werden, wobei der Verfasser die Veränderungen der Wortbedeutungen nach Möglichkeit als geschichtliche Entwicklung eines Begriffs zu verstehen beabsichtigt. Andererseits muß, um die Gefahr einer abstrakten Begriffsentwicklung zu bannen, durch werkanalytische Proben auch die objektive historische Entwicklung der Musik unter dem Gesichtspunkt musikalischer Prosa untersucht werden.

Welche Darstellungs- und Gliederungsmethode für diesen Zweck am vorteilhaftesten sei, war nicht leicht zu entscheiden. Zwischen den Alternativen: getrennte Behandlung von Wortgeschichte, Begriffsentwicklung und Analyseproben einerseits und der diese drei Elemente in Einem verarbeitenden Form der Problemgeschichte andererseits mußte ein Kompromiss geschlossen werden. Denn so vorteilhaft ursprünglich die problemgeschichtliche Darstellungsform erschienen war – sie ermöglicht eine größere Beweglichkeit bei der Betrachtung komplexer Themata –, mit der Zeit zeigte sich, daß sich dies nicht ohne Vereinfachung der komplizierten und teilweise uneinheitlichen Wortgeschichte hätte durchführen lassen. In der vorliegenden Fassung bilden demgemäß die wichtigsten Stationen der Wortgeschichte, nicht systematische Unterschiede der einzelnen Begriffsmomente von musikalischer Prosa, das Kriterium für Einteilung und Anordnung der Kapitel.

---

10 Ebd., S. 224.

11 Carl Dahlhaus, Musikalische Prosa, in: Neue Zeitschrift für Musik, hg. v. E. Thomas, 125. Jg., Mainz 1964, S. 176 f. Vgl. auch Dahlhaus, Wagners Konzeption des musikalischen Dramas, Regensburg 1971, S. 50 f.

Das erste Kapitel eröffnet mit der Analyse des philosophischen und literaturtheoretischen Prosabegriffs des deutschen Idealismus und der Frühromantik die
Perspektive für die historische Möglichkeit und den potentiellen Gehalt des daraus abgeleiteten Begriffs der musikalischen Prosa. Da es bislang erstaunlicher-
weise keine Schrift gibt, welche die Bestimmungen des allgemeinen und sprachlichen Prosabegriffs der idealistischen Theorie in genügend umfassender Form
analysiert und auf welche sich der Verfasser hätte beziehen können, schien es
ihm richtig und einer historischen Zielsetzung angemessen, diese Analyse gründlich und systematisch, zwar nicht als Selbstzweck, doch ebensowenig aus dem
kleinlichen Blickwinkel heraus vorzunehmen, der bei jedem Schritt der Begriffs-
analyse ängstlich abwägt, ob sich ein bestimmtes Moment durch einen späteren
Bezug zur musikalischen Prosa legitimieren und „verwerten" lasse.

Allein der Verlauf der gesamten Arbeit entscheidet darüber, inwieweit der Rekurs auf die idealistische und frühromantische Ästhetik und Dichtungstheorie
und die damit gewonnene Erschließung des weiten Bedeutungsfeldes von Prosa
ermöglichen, scheinbar heterogene Bestimmungen des musikalischen Prosabegriffs, in erster Linie seinen Funktionswandel von negativer Polemik (Grillparzer) bis zu positiver Apologie (Reger und die Neue Wiener Schule) als sich geschichtlich entfaltende Momente e i n e s Begriffes zu verstehen. Dieser Funkt-
tionswandel, der Wendepunkt in der historischen Entwicklung des Begriffs, beruht auf dem Wandlungsprozeß, der gegen 1900 die musikalische Poesieästhetik
allmählich außer Kraft setzte. Da unter ihrer Voraussetzung die musikalische Prosa einen negativen, pejorativen Gehalt impliziert, erstaunt die Differenz zwischen
kompositorischer Praxis und theoretischer Reflexion bei Weber, Berlioz und Wagner im Grunde nicht. Diese Komponisten, an deren Werk sich der musikalische
Prosabegriff entzündete, weil ihre kompositorischen Maßnahmen den historischen Tendenzen des Prosaisierungsprozesses des musikalischen Materials Rechnung trugen, dachten ästhetisch noch durchaus in den Kategorien der Poesieästhetik. Der zuinnerst geschichtliche und insofern relative Charakter des Begriffs erhellt auch daraus, daß stets das einmal Fortschrittliche, ja Umwälzende
einer Maßnahme bald danach in seinem Traditionszusammenhang begriffen wurde, daß das Fortgeschrittene bald als zurückgeblieben galt und daß darum, was
einst als musikalische Prosa beschimpft, später als musikalische Poesie wiederum
legitimiert oder gar als veraltet verachtet wurde. So einheitlich sich indes die
Grundlinie der Begriffsentwicklung durch die verschiedenen Stationen hindurch-
zieht, so verschieden sind diese doch im Einzelnen.

Bereits bei den ersten Manifestationen des Begriffs in den zwanziger Jahren des
19. Jahrhunderts wirken die beiden Grundmomente des idealistischen Prosabegriffs bestimmend: bei Schlabrendorf das sprachlich-syntaktische, bei Grillparzer vor allem das metaphorische Moment. In Grillparzers Tagebuch-Polemik von
1823 gegen die „Euryanthe" des „musikalischen Prosaisten" Weber ist der Tra-
ditionshintergrund von Ästhetik und Musiktheorie des deutschen Idealismus
sehr präsent. Umso erstaunlicher erscheint die ungefähr gleichzeitige, nüchterne
Erörterung der Möglichkeit von musikalischer Prosa in Schlabrendorfs Fragment
„Bemerkungen über Sprache", das Heinrich Zschokke 1832 aus dem Nachlaß
von Schlabrendorfs Freund Carl Gustav Jochmann veröffentlichte. Robert Schumann rühmt in der umfangreichen Kritik aus dem Jahre 1835 an Berlioz' „Fantastischer Symphonie" Elemente einer „ungebundenen" Musiksprache, ohne allerdings den Terminus musikalische Prosa explizit zu verwenden, stehen doch

Berlioz' Lizenzen, seine Unabhängigkeit von sklavischer Befolgung kompositorischer Regeln, in direktem Gegensatz zur „prosaischen Musik" im Sinne der Schumannschen Poesieästhetik. Kompliziert ist das Verhältnis Richard Wagners zum Begriff der musikalischen Prosa. Einerseits lobt er an Liszts symphonischen Dichtungen 1857 die „Prägnanz" und die „große und sprechende Bestimmtheit", andererseits lehnt er, bei aller Polemik gegen die „Quadratmusiker", in „Oper und Drama" (1850/1851) den Ausdruck musikalische Prosa eindeutig ab. Trotzdem bildet Wagners Werk eine entscheidende Stufe innerhalb der Entwicklung der musikalischen Prosa, wobei bei den einzelnen Phasen seines Schaffens verschiedene Momente des Begriffs wirksam sind. Um die Relevanz der musikalischen Prosa für die symphonische Großform geht es bei der Untersuchung über die Konstruktion des Romans bei Gustav Mahler. Eine Analyse des ersten Satzes der Dritten Symphonie ist die Voraussetzung für einen Vergleich zwischen der Mahlerschen Musik und dem literarischen Roman sowie der offenen Form des Dramas, aus dem Gültigkeit und Grenzen des Begriffs eines musikalischen Romans abzuleiten versucht werden.

Bei Max Reger erscheint, Dezennien nach „Oper und Drama", der Ausdruck musikalische Prosa zum ersten Mal nach Schlabrendorf ohne den pejorativen Aspekt des metaphorischen Gehaltes einzig mit dem positiven Inhalt einer von den Gesetzen symmetrischer Gestaltung befreiten Musik. Ist er hier noch auf ihre rhythmisch-metrische Seite bezogen, so erhält er innerhalb der Neuen Wiener Schule, theoretisch vor allem in Schönbergs Abhandlung „Brahms the Progressive" (1933, resp. 1947), eine weit darüber hinausreichende Bedeutung. Musikalische Prosa wird als „direkte, gerade Musiksprache", die sich auf das Wesentliche konzentriert und alles Überflüssige wegläßt, zur Grundkategorie des avancierten Komponierens hinsichtlich aller Dimensionen, ohne daß auch da die zentrale Stellung des metrischen Aspekts zu übersehen wäre. Hier erweist sich die Analyse des ersten Kapitels als besonders fruchtbar, bestehen doch weitgehende Übereinstimmungen zwischen Momenten des emanzipierten sprachlichen Prosabegriffs der Frühromantik und des musikalischen bei Schönberg, Berg und Webern.

In einem Anhang wird auf die Wendung hingewiesen, welche der Begriff schließlich im Schaffen Hanns Eislers erfuhr. Was Eislers Prosa, formelhaft ausgedrückt, auf der musiksprachlichen Seite gegenüber dem bei seinem Lehrer Schönberg erreichten Emanzipationsgrad zurücknimmt, das holt sie durch eine nun nicht mehr durch die Poesieästhetik belastete Aufnahme des metaphorischen Gehaltes der Prosa, von Alltag und politischer Stellungnahme, in die Musik ein.

Um auf die Ebene der bürgerlichen Avantgardemusik zurückzukehren, wo der Begriff doch seine weiteste und bestimmteste Ausprägung erhalten hat — er ist im Grund eine Chiffre für den Fortschritt der Kunstmusik im 19. und frühen 20. Jahrhundert —, das Ende der musikalischen Prosa liegt dort, wo das serielle Komponieren die spezifische Sprachähnlichkeit der Musik aufhebt. So sehr zwar die Entwicklung zur seriellen Musik durch die rationalistischen, aufklärerischen Tendenzen der musikalischen Prosa mitverursacht wurde, so verliert doch der Begriff seine Grundlage, sobald neue musikalische Formprinzipien die Analogie zu wortsprachlichen Satzkonstruktionen verlassen. Es sind somit die Ansätze zu seriellem Musikdenken beim späten Webern, nicht etwa Schönbergs Übergänge zur Atonalität und Dodekaphonie, welche das Ende der musikalischen Prosa bezeichnen.

Die vorliegende Arbeit wurde im Sommer 1973 von der Philosophischen Fakultät der Universität Zürich als Dissertation angenommen.

Ich möchte an dieser Stelle meinem verehrten Lehrer, Herrn Professor Dr. Kurt von Fischer, der die Entstehung der Arbeit von Anfang an mit wohlwollendem Interesse verfolgte und mir manchen kritischen Rat zukommen ließ, sehr herzlich danken. Dank gebührt auch Herrn Professor Dr. Peter von Matt für Ratschläge, die Probleme aus dem Grenzgebiet zwischen Musik und Literatur zu erhellen halfen, sowie meinen Studienfreunden des Musikwissenschaftlichen Seminars der Universität Zürich.

Großzügige Stipendien des Deutschen Akademischen Austauschdienstes und der Janggen-Pöhn-Stiftung St. Gallen ermöglichten die Fortsetzung meiner Studien in Berlin. Zu besonderem Dank weiß ich mich schließlich Herrn Professor Dr. Carl Dahlhaus verpflichtet, unter dessen Obhut das zusätzliche Kapitel über Gustav Mahler entstand und der bei der kritischen Durchsicht des gesamten Manuskripts viele wertvolle Hinweise gab.

I Der Prosabegriff des Deutschen Idealismus von Schiller bis Rosenkranz

> Im Sklaven fängt die Prosa an. (Hegel)

Daß, nach A. W. Schlegels Worten, der „Geist des Zeitalters der Poesie äußerst ungünstig, ja entgegengesetzt" sei [1], bildete eine unbestrittene These der ästhetischen und literaturtheoretischen Diskussion, die in Deutschland und Frankreich zur Zeit der Wende vom 18. zum 19. Jahrhundert geführt wurde. Sie entstand, als die Wiederentdeckung der klassischen griechischen Kunst und die gewaltigen Fortschritte der Geschichtsforschung den Vergleich zwischen gegenwärtiger und antiker Kunst auf höherer Stufe zu ziehen erlaubten, als es in den früheren „Querelles des Anciens et des Modernes" seit Perraults „Parallèles" von 1688 möglich gewesen war. Wieweit außerdem die auch Deutschland erschütternde französische Revolution als Faktor auf die Diskussion eingewirkt hat, muß hier offenbleiben. Gewiß hat sie die Schillerschen Reflexionen entscheidend beeinflußt, die wenige Jahre nach der Revolution den Begriff sentimentalischer Dichtung entwickelten, der eine Antwort auf die Frage impliziert, wie Poesie in prosaischer Zeit möglich sei. Was bedeutete damals der Topos „prosaische Zeit", welches Bedeutungsfeld wird vom Begriff Prosa zur Zeit des deutschen Idealismus umschlossen?

An den bis heute gepflogenen Sprachgebrauch hält sich das Grimmsche Wörterbuch mit der Definition von „prosaisch" und „Prosa" als äquivoker Begriffe, deren eigentliche Bedeutung: „ungebundene Schreibart und Rede im Gegensatz zu Poesie" eine Sprachstruktur, und deren uneigentliche Bedeutung: „poesie-, geistlos, trocken, alltäglich" ein auf Verschiedenes beziehbares qualitatives Attribut meint. Diese Bedeutungsinhalte stellen aber nur einen Teil des gesamten Spektrums von Bedeutungen dar, das sich einer Analyse der literaturtheoretischen und philosophischen Texte erschließt. Diese Analyse zu leisten, d. h. zu zeigen, auf welche Weise die philosophische Reflexion die umgangssprachlichen Bedeutungsmomente von Prosa und prosaisch zu einem Begriff entwickelt, der für die ästhetischen Theorien der Zeit von unterschiedlicher, für deren Gipfelpunkt in der Hegelschen Ästhetik aber von durchgreifender Relevanz ist, soll im folgenden versucht werden. Dabei wird zwecks klarer Darstellung die grundsätzliche Zweiheit von eigentlicher und übertragener Bedeutung als Gliederungsgrund beibehalten, obschon sich die beiden Momente gegenseitig bedingen.

„Prosa" in metaphorischer Bedeutung

1817 entwarf Goethe unter Anlehnung an frühere, bis auf die Antike zurückreichende Modelle ein Schema vom stufenweisen Fortgang der geschichtlichen Epochen oder der, wie es bei Hegel heißt, „Weltzustände", deren letzter die prosaische Gegenwart ist. Das mit „Geistesepochen" betitelte Modell skizziert folgenden viergliedrigen Stufengang, dem als früheste Zeit die „Uranfänge" voranstehen [2]:

---

1 A. W. Schlegel, Kritische Schriften und Briefe in 5 Bänden, hg. v. E. Lohner, Stuttgart 1963—1966, Bd. 4, S. 79.

2 Goethe, Gedenkausgabe der Werke, Briefe und Gespräche, hg. v. E. Beutler, Zürich 1950 f., Bd. 14, S. 113 f.

Uranfänge

tiefsinnig beschaut, schicklich benamst.

Poesie	Volksglaube	Tüchtig	Einbildungskraft
Theologie	Ideelle Erhebung	Heilig	Vernunft
Philosophie	Aufklärendes Herabziehen	Klug	Verstand
Prosa	Auflösung ins Alltägliche	Gemein	Sinnlichkeit

Vermischung, Widerstreben, Auflösung.

Dazu schreibt Goethe: „Denn wie sich diese Sinnesart (die verständige, H. D.) verbreitet, folgt sogleich die letzte Epoche, welche wir die prosaische nennen dürfen, da sie nicht etwa den Gehalt der früheren humanisieren, dem reinen Menschenverstand und Hausgebrauch aneignen möchte, sondern das Älteste in die Gestalt des gemeinen Tags zieht und auf diese Weise Urgefühle, Volks- und Priesterglauben, ja den Glauben des Verstandes, der hinter dem Seltsamen noch einen löblichen Zusammenhang vermutet, völlig zerstört. – Diese Epoche kann nicht lange dauern. Das Menschenbedürfnis, durch Weltschicksale aufgeregt, überspringt rückwärts die verständige Leitung, vermischt Priester-, Volks- und Urglauben, klammert sich bald da, bald dort an Überlieferungen, versenkt sich in

Geheimnisse, setzt Märchen an die Stelle der Poesie und erhebt sie zu Glaubensartikeln. Anstatt verständig zu belehren und ruhig einzuwirken, streut man willkürlich Samen und Unkraut zugleich nach allen Seiten; kein Mittelpunkt, auf den hingeschaut werde, ist mehr gegeben, jeder Einzelne tritt als Lehrer und Führer hervor und gibt seine vollkommene Torheit für ein vollendetes Ganzes. – Und so wird dann auch der Wert eines jeden Geheimnisses zerstört, der Volksglaube selbst entweiht; Eigenschaften, die sich vorher naturgemäß auseinander entwickelten, arbeiten wie streitende Elemente gegeneinander, und so ist das Tohuwabohu wieder da, aber nicht das erste, befruchtete, gebärende, sondern ein absterbendes, in Verwesung übergehendes, aus dem der Geist Gottes kaum selbst eine ihm würdige Welt abermals erschaffen könnte".

Mit den metaphorisch benannten Stadien der Geschichte, die bei der ursprünglichen „Poesie" ihren Anfang nehmen und in der gegenwärtigen „Prosa" ihr vorläufiges Ende finden, korreliert Goethes geschichtsphilosophisches Modell die qualitativ und anthropologisch näher bestimmten Inhalte von „Volksglaube" bis „Auflösung ins Alltägliche". Aus dem vierfach parallel gegliederten Schema seien folgende Punkte festgehalten: Die Bestimmung der ersten Epoche als „Poesie" ist in den geschichtsphilosophischen Schemata der Goethe-Zeit allgemein üblich. Begründet ist sie einerseits in der Vorstellung des „goldenen Zeitalters" als eines poetischen, andererseits in der von der damaligen Sprachforschung vertretenen, heute modifizierten These, alle schriftlichen Texte der ältesten Zeit, insbesondere Gesetzesaufzeichnungen, seien als Poesie in Versen formuliert, diese sei mithin früher als die Prosa ausgebildet worden[3].

Die Zuweisung der (philosophischen) Vermögen Vernunft zur Theologie und Verstand zur Philosophie, welche die Unterstellung eines beschränkten Begriffs von Philosophie als Verstandeswissenschaft impliziert, ist bezeichnend für Goe-

---

3 Heute ist dagegen bekannt, daß die ältesten schriftlichen Aufzeichnungen in Keilschrift aus Mesopotamien Abrechnungen und Lagerkataloge der sumerischen Tempelwirtschaften sind, mithin sehr profanen Zwecken dienten. Poesie wurde damals mündlich überliefert.

thes Sprachgebrauch, der nicht überall mit der philosophischen Terminologie des deutschen Idealismus übereinstimmt. Während sich in Goethes Schema Vernunft und Verstand abstrakt gegenüberstehen, werden sie in der gleichzeitigen Hegelschen Philosophie als Teilmomente des Denkens dialektisch entwickelt. Die Tatsache, daß bei Hegel nicht das verständige, sondern in erster Linie das vernünftige Denken das philosophische ist, hat Konsequenzen für die gegenüber Goethe unterschiedliche Bestimmung von Prosa. Fungiert bei Goethe Sinnlichkeit als Grundkategorie von Prosa, so bei Hegel der Verstand, bei dem das Sinnliche nurmehr ein Teilmoment ausmacht.

Zweierlei kennzeichnet Goethes Schilderung des prosaischen Zeitalters: Kulturelle Dekadenz und Säkularisation. Die pessimistische Beurteilung der Gegenwartskultur spannt sich über die ganze Epoche des deutschen Idealismus von Schiller, der im fünften der „Briefe über die ästhetische Erziehung des Menschen” den kulturellen Zerfall der „niedern Klassen” als Verwilderung, denjenigen der „zivilisierten Klassen” als Erschlaffung charakterisiert[4], bis hin zu Friedrich Theodor Vischer, der die Dekadenz zeitgenössischer Sitten ein halbes Jahrhundert später geißelt, indem er Zerrissenheit als deren vorletzte, Blasiertheit als deren letzte Zerfallsstufe versteht[5]. Wenn es, um noch zwei weitere Autoren zu erwähnen, für A. W. Schlegel um die Jahrhundertwende ausgemacht ist, „daß sich gegenwärtig über den ganzen Horizont der europäischen Bildung eine Epidemie prosaischer Nüchternheit und sittlicher Erschlaffung erstreckt”[6], so erscheint in Novalis' Fragment „Prosaische Natur des jetzigen Himmels und der jetzigen Erde. Weltperiode des Nutzens. Weltgericht — Anfang der neuen, gebildeten, poetischen Periode”[7], vom Ausblick auf eine neue, schönere Epoche abgesehen, im Ausdruck „Weltperiode des Nutzens” ein für den Begriff des prosaischen Zeitalters bei Schiller und Hegel wichtiges Moment, das über bloße Sittenlamentation hinausführt. Der Text des alten Goethe spiegelt die Enttäuschung über die ungenügende Realisierbarkeit der Konzeption ästhetischer Erziehung, die Schiller in den „Briefen über die ästhetische Erziehung des Menschen” eindrücklich entwarf und deren Goethesche Maximen „verständig belehren und ruhig einwirken” auch im zitierten Text auftreten. Das gegenwärtige Tohuwabohu ist das Gegenteil der in „Wilhelm Meisters Wanderjahre” entwickelten Idee eines hierarchisch gegliederten Bildungssystems.

In dem Verständnis des Prosaisierungs- als eines Säkularisationsprozesses berührt sich Goethe mit Schelling. Als Folge der Reformation, schreibt Schelling, seien „an die Stelle der alten Autorität eine neue, prosaische, buchstäbliche” und an sie anschließende „Freidenkereien und Aufklärungen” getreten, die nichts anderes seien als „die Prosa des neueren Zeitalters, angewendet auf die Religion”[8].

---

4 Schiller, Gesamtausgabe des Deutschen Taschenbuchverlags, München 1965 f., Bd. 19, S. 14 f.

5 Friedrich Theodor Vischer, Ästhetik oder Wissenschaft des Schönen, 6 Bände, Stuttgart 1846 f., Bd. 2, S. 290 f.

6 A. W. Schlegel, Bd. 3, S. 29.

7 Novalis, Schriften, hg. v. Minor, Jena 1907, Bd. 2, S. 312.

8 Schelling, Philosophie der Kunst, hg. v. K. F. A. Schelling 1859, Neudruck Darmstadt 1966, S. 84 f. Die zitierten Passagen sind fast die einzigen in der „Philosophie der Kunst”, wo der Ausdruck Prosa in metaphorischer Bedeutung verwendet wird. Schelling verzichtet im Unterschied zu Hegel auf eine kategoriale Entwicklung des Begriffs Prosa in der Ästhetik.

Obschon Goethe mit den Worten „Menschenbedürfnis, durch Weltschicksale aufgeregt" an den politischen Hintergrund der französischen Revolution und der napoleonischen Kriege erinnert, ist seine Darstellung der bürgerlichen Gesellschaft, die sich im damaligen Deutschland (1817) im Wandlungsprozeß von der Manufaktur – zur Industrieproduktion befand, verhältnismäßig abstrakt im Vergleich zu den Analysen Schillers, Jochmanns und Hegels.

Obgleich Hegel in der Disziplin der philosophischen Ästhetik nicht als erster den Begriff der Kunst systematisch-historisch entwickelte – Schelling, A. W. Schlegel, Solger und andere Autoren waren ihm vorangegangen –, so kommt doch erst in der Hegelschen Ästhetik dem Prosabegriff konstitutive Bedeutung zu. Frühere Ansätze zu einer solchen Funktion des Prosabegriffs finden sich am deutlichsten bei Schiller und A. W. Schlegel. Schiller, der in dem Brief an Herder vom 4. November 1795 [9] feststellt, „daß unser Denken und Treiben, unser bürgerliches, politisches, religiöses, wissenschaftliches Leben und Wirken wie die Prosa der Poesie entgegengesetzt ist", und anschließend die Konsequenzen dieser „Übermacht der Prosa in dem Ganzen unsres Zustandes" für die Kunstproduktion erörtert, vertieft in den gleichzeitigen „Briefen über die ästhetische Erziehung des Menschen" den umgangssprachlichen Sinngehalt von Prosa zu einem Begriff mit gesellschaftsanalytischen Dimensionen. Schiller analysiert den „Zeitcharakter" unter den Aspekten der wissenschaftlich-technischen Entwicklung, der klassenmäßigen Gliederung der Gesellschaft und der fortschreitenden Arbeitsteilung, deren anthropologische Folgen konkret geschildert werden [10]. Auf der andern Seite schafft der Sprachforscher A. W. Schlegel mit der Bestimmung der Prosa als „bürgerlicher gemeinnütziger Sprache" [11], deren prosaischer Charakter durch die Umwandlung der ursprünglichen Sprachbilder der Phantasie in abstrakte Verstandesbegriffe entstand [12], eine Vermittlung zwischen gesellschaftlicher und sprachlicher Bedeutung von Prosa, die Hegel übernimmt.

Wir haben an dieser Stelle Carl Gustav Jochmanns, eines so bedeutenden wie kaum bekannten Autors, zu gedenken, dessen 1828 anonym publizierte Reflexionen über „die Rückschritte der Poesie" den Prosaisierungsprozeß der Dichtung nicht als Verlassen eines invariablen Schönheitsideals betrauern, sondern ihn als kulturellen Prozeß verstehen, der einer ständig fortschreitenden, gesellschaftlich-technologischen Entwicklung entspricht und darum zu begrüßen ist. Dergestalt vermochten Jochmann und sein Freund Graf Gustav von Schlabrendorf nicht allein die Poesie als Dichtungsideal der neueren Zeit zu kritisieren – sie erkannten in der „ungebührlichen Ausdehnung des Gebietes der Phantasie" den „Beweis eines wesentlichen Gebrechens unserer Gesellschaft überhaupt" [13] –, sondern überdies einen emanzipierten Begriff von Prosa und Prosarhythmus zu entwickeln, in dessen Zusammenhang auch der Ausdruck musikalische Prosa diskutiert wird. Wie Hegel dachte auch Jochmann den sprachlichen und den gesellschaftlichen Aspekt von Prosa zusammen, begriff allerdings die gesellschaftliche Entwicklung von der

9 Schiller, Bd. 19, S. 251.

10 Schiller, Bd. 19, S. 16 f.

11 A. W. Schlegel, Bd. 3, S. 77. (Geschichte der klassischen Literatur, Vorlesungen ca.1803).

12 A. W. Schlegel, Bd. 2, S. 243 (Kunstlehre, Vorlesungen ca. 1802).

13 Carl Gustav Jochmann, Über die Sprache, Faksimilenachdruck der 1828 anonym erschienenen Originalausgabe, hg. v. Ch. J. Wagenknecht, Göttingen 1969, S. 308.

Frühzeit bis zur Gegenwart im Gegensatz zu Hegel als Prozeß zunehmender Freiheit: „Schwerer als blinder Gehorsam ist in der Sprache so gut als im Leben eine gesetzliche Freiheit" [14].

Zweifellos hängt die Funktion, die der Prosabegriff in Hegels Ästhetik [15] erfüllt, mit deren inhaltsästhetischer Begründung der Kunst zusammen. In ihrer dialektisch zwischen Systematik und Historie vermittelnden Darstellung werden die Kunstwerke nicht als geschichtslose, abstrakt-ästhetische Gebilde, sondern als Produkte des Geistes begriffen, die nur je im Rahmen bestimmter geschichtlicher Gesellschaftsstrukturen, sogenannter „Weltzustände", entstanden sind und in der Überlieferungsgeschichte weiter wirken. Bevor wir im Einzelnen auf Hegels Prosabegriff eingehen, seien kurz dessen wichtigste Momente in ihrer deutlich erkennbaren Stufenfolge erwähnt.

Im ersten Teil des Werkes, der von der Idee des Kunstschönen oder dem Ideale handelt, wird Prosa von drei Seiten her als gesellschaftliche Kategorie und Chiffre des modernen Weltzustandes entwickelt. Im zweiten Teil, der die Entwicklung des Ideals zu den besonderen Formen des Kunstschönen (symbolisch, klassisch, romantisch) darstellt, tritt der Begriff Prosa (oder prosaisch) weniger auffällig hervor, spielt aber dennoch eine Schlüsselrolle beim Auflösungsprozeß aller drei besonderen Kunstformen. Im letzten Teil schließlich, dem System der einzelnen Künste, beschreibt Hegel, wie sich der Weltzustand in Denken, Sprache und Kunstproduktion des ihm zugehörigen Subjekts niederschlägt. Dichotomisch werden „poetische und prosaische Auffassung", sowie „poetisches und prosaisches Kunstwerk" entwickelt. Bis dahin werden wir schon mehrfach den sprachlichen Aspekt von Prosa berührt haben und somit zur Darstellung des eigentlichen, sprachlichen Begriffs von Prosa übergehen können.

Hegel baute die „Naturschönheit", deren äußerst knappe Abhandlung eine lange Reihe der Kritik von Vischer und Tschernyschewskij bis hin zu Adorno provozierte, als dialektische Antithese zum Begriff des „Schönen überhaupt" in den ersten, allgemeinen Teil des Werkes ein. Der Übergang zum Kunstschönen liegt in der Mangelhaftigkeit des Naturschönen, die in einem wichtigen Punkt, der „Abhängigkeit des unmittelbaren einzelnen Daseins in geistiger Rücksicht", durch die Kategorie Prosa begründet wird. Die Abhängigkeit ist dreifacher Art: Erstens ist die Schönheit des einzelnen Tiers, das an seinen Biotop gebunden bleibt, äußerlichen Bedingungen unterworfen, zweitens befindet sich auch der menschliche Organismus in ähnlicher Abhängigkeit von den Naturmächten, und drittens werden die geistigen Interessen des Menschen durch die gesellschaftliche Organisation beschränkt und relativiert.

---

14 Ebd., S. 258.

15 Georg Lukács schreibt in seinem Nachwort zur Ausgabe von Friedrich Bassenge bezüglich der Quellenlage der Hegelschen Ästhetik, die der Hegel-Schüler H. G. Hotho nach Vorlesungsnachschriften erstmals 1835 und später 1842 in verbesserter Form publizierte: „Den Prozeß, in dem die endgültige methodologische Form der Hegelschen Ästhetik entstand, können wir heute in seinen einzelnen Phasen nicht verfolgen. Und zwar deshalb nicht, weil jene Handschriften, die Hotho zur ersten Drucklegung zur Verfügung gestanden hatten, heute in ihrem größten Teil als verloren angesehen werden müssen. Hegel hielt in Heidelberg zweimal ästhetische Kollegien (1817 und 1819), in Berlin viermal (1820/21, 1823, 1826 und 1828/29). Hotho standen viele Kolleghefte der Hörer zur Verfügung, hauptsächlich aus den Jahren 1823 und 1826, außerdem Hegels eigene Aufzeichnungen".
Hegel, Ästhetik, hg. v. Friedrich Bassenge, Frankfurt am Main, o. J., Bd. 2, S. 596.

Beim dritten Punkt tut sich „die ganze Breite der Prosa im menschlichen Dasein auf"[16]: „Der Kontrast der bloß physischen Lebenszwecke gegen die höheren des Geistes, die sich wechselseitig hemmen, stören und auslöschen können, ist von dieser Art. Sodann muß der einzelne Mensch, um sich in seiner Einzelheit zu erhalten, sich vielfach zum Mittel für andere machen, ihren beschränkten Zwecken dienen, und setzt die anderen, um seine eigenen Interessen zu befriedigen, ebenfalls zu bloßen Mitteln herab". Darum ist das Individuum innerhalb der bürgerlichen Gesellschaft — um deren Analyse handelt es sich hier — nicht „aus seiner eigenen Totalität tätig und nicht aus sich selbst, sondern aus anderem verständlich". Bis heute gilt diese Bestimmung der Zweck-Mittel-Relation im gesellschaftlichen Interaktionsbereich. Doch nicht nur die individuellen, sondern auch die kollektiven Bestrebungen unterliegen der Beschränkung: „Selbst die großen Handlungen und Begebenheiten, zu welchen eine Gesamtheit sich zusammentut, geben sich in diesem Felde relativer Erscheinungen nur als Mannigfaltigkeit einzelner Bestrebungen". Entgegen Goethe, der die sich widersprechenden, miteinander konkurrierenden Interessen als Chaos beschreibt, betont Hegel zugleich deren sich zu einer systematischen Totalität ergänzenden Charakter: „Zwar fehlt es auch der unmittelbaren menschlichen Wirklichkeit und deren Begebnissen und Organisationen nicht an einem System und einer Totalität der Tätigkeiten; aber das Ganze erscheint nur als Menge von Einzelheiten ... ". Schließlich folgt die zusammenfassende Bestimmung von Prosa: „Dies ist die Prosa der Welt, ... , eine Welt der Endlichkeit und Veränderlichkeit, der Verflechtung in Relatives und des Drucks der Notwendigkeit, dem sich der Einzelne nicht zu entziehen imstande ist".

„Prosa" erscheint somit im ersten Teil der Hegelschen Ästhetik als umfassende gesellschaftliche Kategorie, deren Bedeutungsgehalt in etwa mit dem Begriff „bürgerliche Gesellschaft" übereinstimmt, den Hegels Rechtsphilosophie entwickelt. Daß Hegel in der Rechtsphilosophie den Terminus „Prosa" nicht kategorial verwendet, mag in dessen bild- und chiffrehaftem Charakter begründet sein, der sich umgekehrt gerade für die philosophische Ästhetik empfohlen haben dürfte. An diese Seite von Hegels Prosabegriff knüpften im 20. Jahrhundert marxistische Ästhetiker und Philosophen (Lukács, Kagan usw.) an, indem sie den Begriff auf die Marx'sche Analyse der kapitalistischen Gesellschaft bezogen und ihn als „kapitalistische Prosa" formulierten. In Lukács' literaturkritischen Arbeiten über das 19. Jahrhundert dient der Ausdruck „kapitalistische Prosa" zur Bestimmung der ästhetischen Implikationen der sich unter kapitalistischen Bedingungen entwickelnden Gesellschaft[17].

Im zweiten Teil der Hegelschen Ästhetik fungiert der Prosabegriff zur Charakterisierung des Auflösungsprozesses der drei besonderen Formen des Kunstschönen. Die Auflösung der symbolischen Kunstform vollzieht sich hauptsächlich im Lehrgedicht, die der klassischen in der römischen Satire. Im Lehrgedicht gestaltet sich die für die symbolische Kunstform insgesamt charakteristische Unangemessenheit von Inhalt und Form auf die extreme Weise, daß ein bereits feststehender prosaischer Inhalt zum Zweck der Belehrung poetisch bekleidet wird[18]. Die Satire, als deren Voraussetzung Hegel die prosaische römische Welt erkennt, besteht in dem

16 Hegel, Bd. 1, S. 150 f.

17 Georg Lukács, Werke, Neuwied-Berlin 1963 f., Bd. 7, S. 165.

18 Hegel, Bd. 1, S. 409.

prosaischen, weil unaufgelösten Gegensatz zwischen subjektiver, tugendhafter Verdrießlichkeit und endlicher, götterloser Welt[19]. Die Auflösung der romantischen, letzten Kunstform endlich erfolgt einerseits durch die subjektive Allmächtigkeit des Autors, der jede Substantialität wiederum relativiert (z. B. Jean Paul), andererseits durch die Übermacht der „realen Wirklichkeit in ihrer — vom Standpunkt des Ideals aus betrachtet — prosaischen Objektivität: der Inhalt des gewöhnlichen täglichen Lebens, das nicht in seiner Substanz, in welcher es Sittliches und Göttliches enthält, aufgefaßt wird, sondern in seiner Veränderlichkeit und endlichen Vergänglichkeit"[20].

„Prosa" in eigentlicher, sprachlicher Bedeutung

Während der Begriff der Poesie im allgemeinen Sinn mit demjenigen des Kunstschönen und des Kunstwerks überhaupt zusammenfällt und somit den einzelnen Kunstarten übergeordnet ist, bildet die Poesie als Dichtung die letzte Art in Hegels System der Künste und somit den Übergang der Kunst einerseits zur Religion und zur „Prosa des wissenschaftlichen Denkens", andererseits zum Alltagsleben, zur „Prosa der Endlichkeit und des gewöhnlichen Bewußtseins"[21]. Hegel behandelt die verschiedenen Gattungen der Poesie erst, nachdem er, im Anschluß an A. W. Schlegel, deren Voraussetzungen und Korrelate im menschlichen Bewußtsein anhand des Unterschiedes zwischen poetischem und prosaischem Ausdruck aufgezeigt hat. Die Bestimmungen, die er dem prosaischen Bewußtsein zuweist, vermitteln den metaphorischen mit dem ursprünglichen Bedeutungsgehalt von Prosa. In der poetischen Vorstellung, der einen der beiden „Sphären des Bewußtseins", erscheint das Allgemeine noch nicht von seiner lebendigen Erscheinung im Einzelnen getrennt. Da nicht die Sache und deren praktische Existenz, sondern das Bilden und Reden selbst wichtig sind, verwendet sie vorwiegend eine bildliche, umschreibende Ausdrucksweise.

Im Gegensatz zur ursprünglichen Poesie muß die poetische Vorstellung, wenn sie innerhalb eines bereits vorhandenen prosaischen Bewußtseins entstehen soll, die gewohnte Ausdrucksweise zur (sekundär) poetischen umwandeln, was mannigfache Schwierigkeiten mit sich bringt, über die sich z. B. Goethe in dem Brief an Frau von Stein vom 10./11. Dezember 1777 beklagt[22].

Im Unterschied dazu herrscht im prosaischen Bewußtsein der Verstand, indem er mit den Kategorien des „beschränkten Denkens" die Welt einerseits als verständig (nicht vernünftig) zusammenhängend, andererseits als zufälliges Neben- und Durcheinander von Einzelheiten erklärt. Aus dem Sachverhalt, daß für die prosaische Vorstellungsweise nicht das Bildliche, sondern allein die inhaltliche Bedeutung als solche von Belang ist, ergeben sich die für sie relevanten Kriterien „Richtigkeit, deutliche Bestimmtheit und klare Verständlichkeit"[23], denen gegenüber das Metaphorisch-Bildliche stets relativ undeutlich und unrichtig erscheint. Die Bestimmung des prosaischen als „verständigen" Bewußtseins auf der einen und der

19 Ebd., S. 493 f.

20 Ebd., S. 569.

21 Hegel, Bd. 2, S. 335.

22 Goethe, Bd. 18, S. 383: „Was soll ich vom Herrn sagen mit Federspulen, was für ein Lied soll ich von ihm singen? im Augenblick, wo mir alle Prose zur Poesie und alle Poesie zur Prose wird ... ".

23 Hegel, Bd. 2, S. 369.

23

Nachweis der Verwandtschaft zwischen poetischer Phantasie und spekulativem, vernünftigem Denken auf der anderen Seite[24] legen den Rekurs auf die Abhandlungen über Verstand und Vernunft in Hegels Phänomenologie und Logik nahe, auf den jedoch in dieser Arbeit verzichtet werden muß.

Die Betrachtung des Hegelschen Prosabegriffs findet ihren Abschluß in der Darstellung der Antithese von poetischem und prosaischem Kunstwerk, zweier Begriffe, die für die Entwicklung desjenigen der musikalischen Prosa besonders wichtig sein werden. Die „seelenvolle Einheit des Organischen" kennzeichnet im Gegensatz zur prosaischen Zweckmäßigkeit das poetische Kunstwerk, das zu einer „organischen Totalität ausgestaltet" sein muß[25]. Obschon diese Bestimmung grundlegender, philosophisch-ästhetischer Natur ist, verwendet sie Hegel vor allem im Hinblick auf die Dichtkunst. Da der Gedanke eines prosaischen, d. h. im strengen Sinn unkünstlerischen Kunstwerks Hegel absurd erscheinen mußte, führt er, statt den antithetischen Begriff des prosaischen Kunstwerks in vergleichbarer Allgemeinheit zu entfalten, lediglich die prosaischen Gattungen Geschichtsschreibung und Redekunst als Gegenbeispiele zum „organisierten Gedicht" an, welche „innerhalb ihrer Grenzen noch am meisten imstand sind, der Kunst teilhaftig zu werden"[26]. Ist es bei der Geschichtsschreibung die prosaische Natur ihres Inhalts, dessen Voraussetzung im „Prosaischen der historischen Zeit eines Volkes" liegt, so ist es bei der Beredsamkeit, der alten Rhetorik, die Subsumption des Besonderen unter allgemeine Gesetze und die Verwendung der Rede als bloßes Mittel zur Erreichung eines außerhalb der Kunst liegenden Zweckes, was diesen Gattungen verbietet, zur Darstellung einer organischen Totalität zu gelangen.

Der Begriff des Organischen, in welchem sich die Kunst als der Natur analog erweist, war für die gesamte Goethezeit — in Schellings Philosophie der Kunst wirkt er eigentlich systembildend — von größter Bedeutung. In unserem Zusammenhang interessiert vor allem seine Antithese, das Mechanische, das, als meist unausgesprochener Gegensatz zum Organischen, in der idealistischen Ästhetik nur gelegentlich auftritt. Schiller stellte in dem gegen Fichte gerichteten Aufsatz „Über die notwendigen Grenzen beim Gebrauch schöner Formen" aus dem Jahre 1795 dem „organischen Produkt" der Kunst das „mechanische Werk" der Wissenschaft gegenüber, „wo die Teile, leblos für sich selbst, dem Ganzen durch ihre Zusammenstimmung ein künstliches Leben erteilen"[27], und übertrug damit die Kausalitätsbestimmung des ursprünglich physikalischen Begriffs des Mechanischen auf die spezifische Form wissenschaftlicher Darstellung. Bei A. W. Schlegel, in der 1801 gehaltenen Vorlesung über die Kunst, erhält der Begriff einen Platz in der philosophischen Kunsttheorie, indem sich die „Kunstlehre" oder „Poetik" in einen poetischen Teil, welcher die in allen Künsten gleichermaßen wirksame freie Phantasie behandelt, und in einen mechanisch-technischen Teil gliedert, der die materialspezifische Seite der äußeren Vollendung untersucht, in welcher sich die

---

24 Ebd., S. 342.

25 Ebd., S. 345.

26 Ebd., S. 352. Es besteht die Frage, warum Hegel darauf verzichtet, an dieser Stelle den Roman als Beispiel des prosaischen Kunstwerks anzuführen. Vermutlich eignete sich diese Gattung in der Funktion einer Antithese weniger zur Klärung des von ihm erstrebten Begriffs des organischen Kunstwerks. Außerdem wollte er vielleicht der späteren Behandlung des Romans nicht vorgreifen.

27 Schiller, Bd. 19, S. 101.

einzelnen Künste unterscheiden[28]. Wenn Schlegel außerdem den Begriff eines mechanischen Kunstwerks entwickelt, das im Gegensatz zum freien und schönen durch die „Kombination des Schönen mit dem Nützlichen" geprägt ist, und als Beispiele aus der Plastik die Architektur und aus der Poesie die „prosaische Redekunst oder die Komposition in Prosa" erwähnt[29], dann ist die Verwandtschaft der Begriffe des Mechanischen und des Prosaischen dokumentiert. Das antithetische Schema: Organisch/Poetisch gegenüber Mechanisch/Prosaisch wurde erstmals in der deutschen Romantik theoretisch durchbrochen, von Novalis, der in dem wichtigen Brief an A. W. Schlegel vom 12. Januar 1798 die skizzierte, um die Prosa erweiterte Poesie ein „organisches Wesen" nennt[30], und von Friedrich Schlegel, der in einem Fragment aus demselben Jahr notiert: „Organische Prosagattung gibt's erst in Deutschland; die Formen der organischen Prosa sind noch unentdeckt"[31].

Mit Ausnahme der deutschen Romantik hat die Literaturtheorie der ganzen Epoche des Idealismus die Prosa der Poesie entgegengestellt. Auch bei Hegel erscheinen sie deutlich geschieden, doch deutet er an, die Grenzlinie zwischen beiden sei oft schwer zu ziehen, da viele poetische Elemente durch Gebrauch und Abnützung in Prosa übergingen[32]. Aus der Fülle metaphorischer Vergleiche, welche die Gegenüberstellung evozierte, seien zwei herausgegriffen: „Allein das ist eben der prosaische und poetische Unterschied oder die Frage, welche Seele die Natur beseele, ob ein Sklavenkapitän oder ein Homer" (Jean Paul)[33] oder: „Die Prosa ist des Menschen Speise, die Poesie sein Trank, der nicht nährt, sondern erquickt" (Grillparzer)[34].

Klar erscheint auch die Antithese von Poesie und Prosa in der idealistischen Ästhetik, wenn man sich die äußerst drastische Metaphorik vergegenwärtigt, mit welcher die zwischen den beiden Prinzipien stehende „poetische Prosa", nach der Hegelschen Definition die Realisation poetischen Ausdrucks bei sonstiger prosaischer Behandlung[35], oft bedacht wurde. Goethe, der in der „Iphigenie" von 1779, dem „Werther" und anderen Werken dieser Zeit poetische Prosa geschrieben hatte, meinte zwanzig Jahre später in einem Brief an Schiller „diese Mittelgeschlechter seien nur für Liebhaber und Pfuscher, so wie die Sümpfe für Am-

28 A. W. Schlegel, Bd. 2, S. 15. Der Rekurs auf die Mechane der Griechen bei Hölderlin, die polemische Notiz von Novalis („Echte Kunstpoesie ist bezahlbar – Kunst … ist mechanisch") und Friedrich Schlegels Vergleich zwischen dem Dichter und dem Fabrikanten – diese Beispiele werden von Walter Benjamin in seiner Abhandlung über den Begriff der Kunstkritik in der deutschen Romantik zitiert – hängen mit dem erwähnten Ansatz von A. W. Schlegel zusammen. Vgl. W. Benjamin, Schriften, hg. v. Th. W. und G. Adorno, Bd. 2, Frankfurt 1955, S. 508 f.

29 Ebd., S. 107 f.

30 Novalis, Briefwechsel, hg. v. J. M. Raich, Mainz 1880, S. 55.

31 Friedrich Schlegel, Kritische Friedrich-Schlegel-Ausgabe, hg. v. E. Behler, J. J. Anstett und H. Eichner, Paderborn 1958 f., Bd. 18, S. 229, Fragment 422.

32 Hegel, Bd. 2, S. 370.

33 Jean Paul, Vorschule der Ästhetik, Werke in 6 Bänden, hg. v. N. Miller, Bd. 5, München 1963, S. 38.

34 Grillparzers Werke, im Auftrage der Reichshaupt- und Residenzstadt Wien hg. v. A. Sauer, Wien/Leipzig 1909 f., Bd. 6, S. 147.

35 Hegel, Bd. 2, S. 376.

phibien"[36], Kant applizierte Hugh Blairs Ausdruck „tollgewordene Prose"[37],
Schelling sprach von einer „Aftergeburt"[38], doch den Höhepunkt bildet Grillparzer, der grollte: „Poesie und Prosa sind voneinander unterschieden wie Essen
und Trinken. Man muß vom Wein nicht fordern, daß er auch den Hunger stillen
soll, und wer um das zu erreichen, eckelhaft Brod in den Wein brockt, mag das
Schweinefutter selbst auffressen"[39]. Einzig von der Frühromantik und von Jean
Paul wurde die poetische Prosa als für ihren Romanbegriff konstitutive Schreibart legitimiert[40].

Bevor wir indes auf das Problem des Verhältnisses von Poesie und Prosa im Denken der deutschen Romantiker eintreten, haben wir die Aspekte anzuführen, die
sich ihnen bei der Betrachtung exemplarischer Prosastile, desjenigen von Cervantes im „Don Quijote" und des Goetheschen in „Wilhelm Meisters Lehrjahre", er-
öffneten. Von Exkursen der Gebrüder Schlegel auf Boccaccio und Lessing abgesehen[41], waren es vornehmlich diese beiden Werke, an deren Qualitäten sich damals die Begeisterung über die Möglichkeiten des Prosastils entzündete.

„In keiner andern Prosa", schreibt Friedrich Schlegel über Cervantes, „ist die Stellung der Worte so ganz Symmetrie und Musik; keine andre braucht die Verschie-
denheiten des Styls so ganz, wie Massen von Farbe und Licht"[42]. Und nach
Schellings Urteil zu Beginn des 19. Jahrhunderts gibt es nur zwei Romane, „Don
Quijote" und „Wilhelm Meister", deren Prosa, weil von einem „leisen Rhythmus
und geordneten Periodenbau begleitet", vollkommen ist[43]. Schließlich, um den
Autor zu zitieren, den wohl auch seine starke Affinität zur Musik am präzisesten
über den Prosarhythmus und die prosaische Periodenbildung nachzudenken veranlaßte, seien aus Jean Pauls „Vorschule der Ästhetik" folgende Passagen ange-
führt: „An die humoristische Totalität knüpfen sich allerlei Erscheinungen. Z. B.
sie äußert sich im sternischen Periodenbau, der durch Gedankenstriche nicht Teile, sondern Ganze verbindet"[44]. Und, nach der Charakterisierung der verschiedenen Stile deutscher Prosa, im § 86 über den „Wohlklang der Prose": „Freilich
gibt es einen prosaischen Rhythmus; aber für jedes Buch und jeden Autor einen

---

36 Goethe, Bd. 20, S. 453.

37 Immanuel Kant, Gesammelte Schriften, hg. v. der Königlich Preußischen Akademie der
Wissenschaften, Berlin 1902 f., Bd. 7, S. 248.

38 Schelling, Philosophie der Kunst, S. 282.

39 Grillparzer, Bd. 8, S. 72.

40 Vgl. etwa Jean Paul, Vorschule der Ästhetik, S. 249: „ ... Roman, diese einzige erlaubte
poetische Prose, ... ".

41 In den Vorlesungen zur „Geschichte der romantischen Literatur" von 1802/1803 bezeichnet A. W. Schlegel Boccaccio als den ersten, „welcher den ganzen Sprachschatz
mit philologischer Gründlichkeit zum Vorteil der Darstellung verwandte, und gleichsam die Grenzen der romantischen Prosa, von heroischer Würde und leidenschaftlicher
Energie bis zum vertraulichsten Tone des Scherzes abgesteckt hat". Bd. 4, S. 211.
Friedrich Schlegel schreibt im Lyceum-Aufsatz über Lessing von 1797: „ ... eine prag-
matische Theorie der deutschen Prosa würde wohl mit der Charakteristik seines Styls
gleichsam anfangen und endigen müssen". 1. Abt. 2. Bd., S. 104.

42 F. Schlegel, in: Notizen (Athenäum 1799), 1. Abt. 2. Bd., S. 283.

43 Schelling, Philosophie der Kunst, S. 318 und 323 f.

44 Jean Paul, Bd. 5, S. 127 f.

andern und ungesuchten". ... „Bemerkenswert ist, daß vortönender Wohlklang
nicht in der Poesie und doch in der Prose das Fassen stören kann ... ", und später: „Wie in der Tonkunst oft ein dünner Augenblick zwischen der Melodie und
der Harmonie absondernd steht und folglich vermählend: so verfließet auch der
prosaische Rhythmus in den Klang des Einzelnen"[45]. Die in diesem Zusammenhang für den Begriff der musikalischen Prosa wichtigsten Bestimmungen finden
sich im 21. Paragraphen der „Kleinen Nachschule zur Vorschule": „Die Kunstprosa fordert so viele Anstrengungen, nur anderer Art, als die Verskunst. Der prosaische Rhythmus wechselt unaufhörlich, das poetische Metrum dauert das ganze Gedicht hindurch, und die Perioden bilden einander nicht, wie die Verse den
vorhergehenden, nach. Den unaufhörlichen Wechsel ihrer Länge und ihrer Wort-
stellungen bestimmen die zahllosen Gesetze des Augenblicks, d. h. des Stoffs. Die
Prose wiederholet nichts, das Gedicht so viel"[46].

Im Gegensatz zu F. Schlegel, dessen Annahme, die Stellung der Worte in Prosa sei
Symmetrie, noch impliziert, die Prosakonstruktionen müßten durch Reduktion
auf das der Verspoesie zugrundeliegende Symmetrieprinzip erklärt und legitimiert
werden, erweist sich die Bestimmung Jean Pauls, für Prosa sei gerade die Vermeidung von Symmetrie, positiv ausgedrückt, der zur Regel erhobene Wechsel der
Periodenbildungen konstitutiv, als d i e Stufe in der Entwicklung des sprachlichen Prosabegriffs, auf welcher dieser, hegelianisch formuliert, zu seinem Selbstbewußtsein gelangt. Der emanzipierte Begriff des Prosarhythmus, d. h. der Begriff
eines auf freier Akzentverteilung beruhenden, metrischer Gesetze ledigen Sprachrhythmus, den zu entfalten erst einer (von Hegel kritisierten) emanzipierten dichterischen Subjektivität möglich war, erscheint keineswegs zufällig bei dem Autor,
dessen Prosa, etwa im „Titan", eine der großartigsten deutscher Sprache überhaupt
ist. Den Gedanken, daß die Prosa, anders als das Gedicht, Wiederholungen strikt
zu meiden habe — informationstheoretisch könnte von einer im Vergleich zur Poesie geringeren Redundanz des Rhythmus gesprochen werden —, nahm bereits Friedrich Schlegels 395. Athenäumsfragment vorweg: „In der wahren Prosa muß alles
unterstrichen sein"[47]. Komplexität und Varietät von Rhythmus und Periodenbau
sind in der Prosa, wenigstens in der guten, keine zum Selbstzweck erhobenen Regeln der Syntax, sondern fungieren als sprachliches Korrelat zur Präzision und Dichte des gedachten Inhalts. Auf die inhaltliche Konkretion, die guter Prosa eignen
muß, spielte auch Goethe in dem Gespräch mit Eckermann vom 29. Januar 1827
an: „Die Sache ist sehr einfach. Um Prosa zu schreiben, muß man etwas zu sagen
haben; wer aber nichts zu sagen hat, der kann doch Verse und Reime machen, wo
denn ein Wort das andere gibt und zuletzt etwas herauskommt, das zwar nichts
ist, aber doch aussieht, als wäre es was"[48].

Doch die Forderung nach höchster inhaltlicher Bestimmtheit und syntaktischer
Konstruktivität von Prosa, welche Novalis zur Formulierung führte: „Der Begriff
oder die Erkenntnis ist die Prosa"[49], ist nur eine Seite des Begriffs, die als „philosophischer Dialog" ein Moment von Friedrich Schlegels „prosaischem Gespräch"

45 Ebd., S. 322 f.
46 Ebd., S. 485.
47 F. Schlegel, 1. Abt. Bd. 2, S. 240.
48 Goethe, Bd. 24, S. 226.
49 Novalis, Schriften, Bd. 3, S. 105.

bildet[50]. Die andere Seite des Schlegelschen „prosaischen Gesprächs", die Nachahmung eines „im gemeinen Leben wirklich gehaltenen Gesprächs" — der prosaische Stoff verlangt hier eine prosaische Darstellung —, ist nicht durch präzise Bestimmtheit, sondern durch das Gegenteil, eine unkonstruktive Laxheit, charakterisiert.

Im Gegensatz zu Hegel, der dem Roman einen, gemessen an der Relevanz der antiken Tragödie und des Epos, kleinen Stellenwert einräumt, erkennt A. W. Schlegel den Roman „nicht als Beschluß und Ausartung", sondern als die erste Gattung der neueren Poesie, „welche das Ganze derselben repräsentieren kann", und deren Prinzipien auch für die Gattung des modernen Dramas regulativ sind[51]. Auch sein Bruder Friedrich fand, der Roman „tingiere" die ganz moderne Poesie[52], und skizzierte im 1800 publizierten „Brief über den Roman" eine Romantheorie, die, inspiriert von Cervantes, Sterne und Diderot, den Roman als „Mischung aus Erzählung, Gesang und anderen Formen" entwickelt[53], ihm mithin Bestimmungen zuweist, welche seinen für die Dichtungstheorie der deutschen Romantik wegweisenden Begriff der progressiven Universalpoesie im 116. Athenäumsfragment konstituieren.

Die Kritik der deutschen Frühromantik bezog sich auf das klassische Theorem der Geschiedenheit der Künste und ihrer Gattungen. Schelling formulierte das Theorem, das im Zusammenhang der poetischen Prosa bereits berührt wurde, in der „Philosophie der Kunst" folgendermaßen: „Vorzüglich ist der Begriff absoluter Geschiedenheit des Besonderen für die Kunst wichtig, da gerade auf dieser Absonderung der Formen ihre größte Wirkung beruht. Aber diese Absonderung ist eben nur dadurch, daß jedes für sich absolut ist"[54]. Auf drei, die ganze Kunstsphäre umschließenden Stufen realisiert sich das Theorem: Einmal in der Trennung von Kunst und Leben, dann im Verhältnis der einzelnen Künste zueinander und schließlich in der stilistischen Absonderung der einzelnen Literaturgattungen, deren Vermischung der klassizistischen Ästhetik bis hin zu Rosenkranz als häßlich galt[55].

Gegen diese Grundsätze, die sich nicht zuletzt auf die technische Seite der Kunstproduktion bezogen, richtete sich die Stoßkraft der von genialischem Enthusiasmus getragenen frühromantischen Kritik. A. W. Schlegel beschreibt die romantische Poesie, deren Gegensatz, die antike, auf der „reinen Sonderung von Kunst und Natur" beruhe, als „unauflösliche Verschmelzung von Kunst und Natur", in welches Verhältnis „Prosa schon als ursprünglicher Bestandteil" aufgenommen sei[56]. und nennt an anderer Stelle ihren Stil eine „unauflösliche Mischung aller

50 F. Schlegel, im Kapitel „über den Ursprung der Prosa" aus der im Nachlaß gefundenen, 1803/1804 gehaltenen Vorlesung über die Geschichte der europäischen Literatur", 2. Abt. Bd. 11, S. 115.

51 A. W. Schlegel, Bd. 4, S. 212.

52 F. Schlegel, 146. Athenäumsfragment, 1. Abt. Bd. 2, S. 146.

53 Ebd., S. 336/337.

54 Schelling, Philosophie der Kunst, S. 34.

55 Der russische Ästhetiker Tschernyschewskij kritisierte 1853 diesen idealistischen Ansatz, indem er bei der Darlegung des Zusammenhangs von Kunst und Leben den polemischen Satz prägte: „Das Schöne ist das Leben". Vgl. Lukács, Einführung in die Ästhetik Tschernyschewskijs (1952), Bd. 10, S. 147 f.
Rosenkranz, Ästhetik des Häßlichen, Königsberg 1853, S. 141.

56 A. W. Schlegel, Bd. 3, S. 321.

57 A. W. Schlegel, Bd. 2, S. 305.

poetischen Elemente"[57]. Noch umfassender und präziser hat sein Bruder Friedrich im berühmten 116. Athenäumsfragment, der Summe der romantischen Kunstphilosophie, die romantische Poesie als „progressive Universalpoesie" bestimmt: „Ihre Bestimmung ist nicht bloß, alle getrennten Gattungen der Poesie wieder zu vereinigen, und die Poesie mit der Philosophie und Rhetorik in Berührung zu setzen. Sie will, und soll auch Poesie und Prosa, Genialität und Kritik, Kunstpoesie und Naturpoesie bald mischen, bald verschmelzen, die Poesie lebendig und gesellig, und das Leben und die Gesellschaft poetisch machen ... "[58]. Die Mischung von Poesie und Prosa bezieht sich auf die Formstruktur der Dichtung. Einerseits meint sie im buchstäblichen Sinn den Wechsel von Abschnitten in Poesie und solchen in Prosa innerhalb eines Werkes, eine Erzähltechnik, die nach den Vorbildern Dante, Cervantes und Goethe in Schlegels fragmentarischem Roman „Lucinde" hätte angewandt werden sollen; andererseits, beim metaphorischen Verständnis von Poesie und Prosa, bezieht sich der Gedanke einer Mischung von beiden auf die reflexive, humoristische Romantechnik, die für „Lucinde" nach Sternes und Diderots Vorbild geplant war, insofern nämlich, als die ganzheitbildende Poesie von der fragmentbildenden Prosa gestört und relativiert wird.

Die „Verschmelzung" von Poesie und Prosa verweist auf den Sprachstil der poetischen Prosa der Romantik einerseits und auf die kunstphilosophische Idee des romantischen Prosabegriffs andererseits, die Walter Benjamin in der Abhandlung zum „Begriff der Kunstkritik in der deutschen Romantik" anhand einer Briefpassage von Novalis entwickelte[59] und die wir hier in den Grundzügen zu wiederholen genötigt sind. Novalis bezieht sich im Brief vom 12. Januar 1798 an A. W. Schlegel auf den Schluß von dessen Rezension von Goethes „Hermann und Dorothea", wo Schlegel schreibt: „Die Lehre vom epischen Rhythmus verdient eine genauere Auseinandersetzung. Sie ist auch deswegen wichtig, weil sie Anwendung auf den Roman leidet. Ein Rhythmus der Erzählung, der sich zum epischen ungefähr so verhielte, wie der oratorische Numerus zum Silbenmaße, wäre vielleicht das einzige Mittel, einen Roman nicht bloß nach der allgemeinen Anlage, sondern nach der Ausführung im Einzelnen, durchhin poetisch zu machen, obgleich die Schreibart rein prosaisch bleiben muß; und im Wilhelm Meister scheint dies wirklich ausgeführt zu sein"[60].

Novalis antwortete: „ ... Wenn sich die Prosa erweitern will und der Poesie auf ihre Weise nachahmen, so muß sie, sobald sie ihre gewöhnlichen Gegenstände verläßt und sich über das Bedürfnis erhebt, auch die Sitten dieser höhern Welt annehmen und sich zu einer ihr ungewohnten Eleganz bequemen. Dennoch bleibt sie Prosa und also auf einen bestimmten Zweck gerichtet, beschränkte Rede – Mittel. ... Anders die Poesie. ... Wenn die Poesie sich erweitern will, so kann sie es nur, indem sie sich beschränkt, indem sie sich zusammenzieht, ihren Feuerstoff gleichsam fahren läßt und gerinnt. Sie erhält einen prosaischen Schein, ihre Bestandteile stehn in keiner so innigen Gemeinschaft – mithin nicht unter so strengen rhythmischen Gesetzen – sie wird fähiger zur Darstellung des Beschränkten. Aber sie bleibt Poesie – mithin den wesentlichen Gesetzen ihrer Natur getreu; sie wird gleichsam ein organisches Wesen, dessen ganzer Bau seine Entstehung aus

58 F. Schlegel, 1. Abt. Bd. 2, S. 182 f.

59 Walter Benjamin, Gesammelte Schriften, Abt. 1, Bd. 1, hg. v. R. Tiedemann und H. Schweppenhäuser, Frankfurt a. M. 1974, S. 87 f.

60 A. W. Schlegel, Gesamtausgabe, hg. v. E. Böcking, Leipzig 1847, Bd. 11, S. 220. Die Rezension war in der Jenaer „Allg. Litt.-Ztg." von 1797, Nr. 393 f. erschienen.

dem flüssigen, seine ursprünglich elastische Natur, seine Unbeschränktheit, seine Allfähigkeit verräth. Nur die Mischung ihrer Glieder ist regellos, die Ordnung derselben, ihr Verhältnis zum Ganzen ist noch dasselbe. ... Je einfacher, gleichförmiger, ruhiger auch hier die Bewegungen der Sätze, je übereinstimmender ihre Mischungen im Ganzen sind, je lockerer der Zusammenhang, je durchsichtiger und farbloser der Ausdruck — desto vollkommener diese im Gegensatz zu der geschmückten Prosa — nachlässige, von den Gegenständen abhängig scheinende Poesie. Die Poesie scheint von der Strenge ihrer Forderungen hier nachzulassen, williger und gefügiger zu werden. Aber dem, der den Versuch mit der Poesie in dieser Form wagt, wird es bald offenbar werden, wie schwer sie in dieser Gestalt vollkommen zu realisieren ist. Diese erweiterte Poesie ist gerade das höchste Problem des poetischen Dichters — ein Problem, was nur durch Annäherung gelöst werden kann und was zu der höhern Poesie gehört, deren Grundsätze zu der niedern sich verhalten, wie die Grundsätze der höhern Meßkunde zu denen der niedern. Hier ist noch ein unermeßliches Feld, ein im eigentlichsten Sinn unendliches Gebiet. Man könnte jene höhere Poesie die Poesie des Unendlichen nennen"[61].

Während A. W. Schlegel noch unter dem Eindruck des spezifischen Rhythmus von Goethes „Wilhelm Meister" die Poetisierung der Prosa anvisiert, entwirft Novalis, nachdem er eingangs denselben Ansatz als Erweiterung der Prosa zur geschmückten, poetischen Prosa aufgegriffen hat, den umgekehrten Gedanken, die Prosaisierung der Poesie. Für die durch den „prosaischen Schein" erweiterte Poesie sind nicht allein die Preisgabe feststehender Versschemata und der Übergang zu freien Rhythmen maßgebend. Noch wesentlicher ist, daß die Poesie in diesem Prozeß der Prosaisierung eine Bestimmtheit gewinnt, die sie zur „Darstellung des Beschränkten" befähigt. Benjamin hat gezeigt, auf welche Weise das Prosaische als das Nüchterne für die Kunsttheorie der Romantik sowie für die Kunstproduktion des 19. Jahrhunderts bis hin zur Gegenwart wichtig wurde, indem er den Ausgangspunkt der Entwicklung analysierte, der in der Funktion von Prosa als Reflexionsmedium der poetischen Formen, kurz in der „Prosa als Idee der Poesie" besteht. Im scheinbaren Paradoxon von Novalis: „Die höchste, eigentlichste Prosa ist das lyrische Gedicht"[62] gipfelt der dialektisch entfaltete Prosabegriff der deutschen Romantik, dessen Inhalt über die noch von Hegel starr festgehaltene Antithetik von Poesie und Prosa hinausführt und schließlich die weitere Entwicklung der Kunst über das von Heine diagnostizierte „Ende der Kunstperiode" hinweg ermöglicht und bestimmt. Die Kritik, nach Benjamin die „Darstellung des prosaischen Kerns in jedem Werk", sowohl als Kritik von Kunstwerken — Friedrich Schlegels Kritik von Goethes „Wilhelm Meister" ist exemplarisch — als auch als konstitutives, den Fragmentcharakter eines Kunstwerks bewirkendes Moment auf der einen Seite und die Ironie, die objektiv eine Zerstörung der geschlossenen Form herbeiführt, auf der andern Seite stellen den Werkcharakter des Kunstwerks in Frage. Durch diese Relativierung des Werkcharakters der Kunst auf Grund der Entwicklung der Begriffe Kritik und Ironie[63] innerhalb der roman-

---

61 Novalis, Briefwechsel, S. 51 f.

62 Novalis, Schriften, Bd. 3, S. 10.

63 Daß diese Entwicklung auch die Musik tangierte und hier ebenfalls auf Widerstand stieß, bezeugt indirekt Adolf Bernhard Marx, wenn er im Abschnitt über die Vokalkomposition in der Kompositionslehre die Vertonung negativer und ironischer Texte mißbilligte. Vgl. Kurt von Fischer, Das Neue in der europäischen Kunstmusik als soziokulturelles Problem, in: International Review of the Aesthetics and Sociology of Music, Vol. 2, Zagreb 1971, S. 149.

tischen Kunsttheorie wurden der Ästhetik Inhalte vermittelt, die bis in die aktuelle Kunstproduktion hinein wirken. Für Heinrich Heine, der nach Goethes Tod vom Ende der Kunstperiode sprach, besaß der idealistische Begriff des poetischen Kunstwerks als organischer Totalität keine Gültigkeit mehr[64].

Im Werk Charles Baudelaires, dessen „Poèmes en prose" im Anschluß an Betrand und Poe[65] den romantischen Ansatz der Prosa als Idee der Poesie, wie er sich bei Novalis äußerte, beim Wort nehmen, wird ein Element des Prosabegriffs in einer bis dahin unbekannten Schärfe sichtbar: die Häßlichkeit. Baudelaires negative Ästhetik, die in „La Charogne" aus den „Fleurs du mal", der Verherrlichung eines Aases, gipfelt, erschließt der Poesie neue Provinzen. Das Häßliche, das in der früheren Kunsttheorie und -praxis eine akzidentelle Rolle spielte, wird im Verlauf des 19. Jahrhunderts dem Kunstbereich, der bis anhin dem Ideal nach der Bereich des Schönen war, als konstitutives Moment eingegliedert.

Die lediglich akzidentelle Funktion des Häßlichen in der früheren Ästhetik erhellt beispielsweise Schillers Aufsatz „Gedanken über den Gebrauch des Gemeinen und Niedrigen in der Kunst" aus dem Jahre 1793, wo zwischen legitimer und illegitimer Anwendung des Häßlichen unterschieden, wo aber zugleich in der Zuweisung des Niedrigen an Pöbel und Sklaverei der gesellschaftliche Ort des Häßlichen bestimmt wird. Dasselbe meinte später Hegel, wenn er zur Äsopischen Fabel – Äsop war ein buckliger Sklave – bemerkt: „Im Sklaven fängt die Prosa an"[66].

Es darf allerdings nicht übersehen werden, daß bei der Legitimation des Häßlichen in der Ästhetik die Theorie hinter der Praxis zurückblieb[67]. Doch wie es für die Kunstproduzenten im Verlauf des 19. Jahrhunderts immer unvermeidlicher wurde, die im Gefolge der Industrialisierung zusehends häßlicher werdende Welt vermittels neuer Kategorien und neuer technischer Verfahrensweisen im ästhetischen Gebilde, wenn auch verändert, zu reproduzieren, so konnte auch die philosophische Ästhetik die sich verändernde Praxis der Kunst nicht ignorieren. Nachdem der Hegelianer Weisse 1830 das Häßliche als selbständigen Teil in die Ästhetik eingeführt hatte, unternahm Karl Rosenkranz im Jahre 1853 in der „Ästhetik des Häßlichen" den Versuch, dessen verschiedene Erscheinungsformen zu katalogisieren. So enttäuschend es erscheint, daß auch Rosenkranz das Wohlgefallen am Häßlichen mit dem Topos des verderbten Zeitalters begründet, so bezeichnend ist andererseits seine Definition des Häßlichen als das „Negativschöne": das absolut gesetzte Schöne bildet weiterhin die „positive Voraussetzung" für das relativ gesetzte Häßliche, das durch das Komische aufgehoben werden solle[68]. Die Begriffsverwirrung, in die sich Rosenkranz verstrickt, bezeichnet die Unfähigkeit der damaligen ästhetischen Theorie, die Prosaisierung der Kunst, deren Konsequenzen eine Entästhetisierung der Ästhetik und ein Abbau der

---

64 Vgl. Wolfgang Preisendanz, Der Funktionsübergang von Dichtung und Publizistik bei Heine, in: Die nicht mehr schönen Künste, = Poetik und Hermeneutik Bd. 3, hg. v. H. R. Jauss, München 1968, S. 343–374.
   Vgl. auch Albrecht Betz, Ästhetik und Politik, Heinrich Heines Prosa, München 1971.

65 Vgl. Fritz Nies, Poesie in prosaischer Welt, Untersuchungen zum Prosagedicht bei Aloysius Bertrand und Baudelaire (Studia Romanica Nr. 7), Heidelberg 1964.

66 Hegel, Bd. 1, S. 376.

67 Dieses Verhältnis notierte bereits Friedrich Schlegel in dem Fragment: „Hogarth hat die Häßlichkeit gemalt, und über die Schönheit geschrieben". 1. Abt. Bd. 2, S. 194.

68 Karl Rosenkranz, Ästhetik des Häßlichen, S. 8 f.

Schönheit als grundlegenden Kunstprinzips sind, in Begriffe zu fassen, die dem historischen Prozeß adäquat wären. Mit der Rückführung der häßlichen Prosa auf das Prinzip der Schönheit beschreibt Rosenkranz, allerdings unbeabsichtigt, die objektive Funktion des Prosaisierungsprozesses der Kunst: er verbürgt die Rettung von Kunst in einer „prosaischen Welt".

II Grillparzers Schimpfwort „Musikalischer Prosaist"

Um das Verhältnis von Poesie und Prosa kreiste das kunsttheoretische Denken Franz Grillparzers (1791–1872) zeitlebens. Oppositionell und konservativ zugleich, wünschte Grillparzer im Bewußtsein seiner zeitlichen Distanz und geistigen Nähe zur Weimarer Klassik: „Ich möchte, wär's möglich, stehenbleiben, wo Schiller und Goethe stand"[1] und vertrat in etwa den Poesie- und Prosabegriff des deutschen Idealismus. Im Gegensatz zur Frühromantik wandte er sich gegen jeden Versuch wechselseitiger Vermittlung zwischen Poesie und Prosa, beharrte auf der Ansicht, beide Bereiche seien „wesentlich voneinander getrennt", bildeten „zwei abgesonderte Welten"[2], und gestaltete das ästhetische Theorem 1836 zum Gedicht „Die Schwestern", worin Poesie und Prosa allegorisch als Engel auftreten. Die schwere, realitätsbezogene Prosa raubt aus Groll nachts ihrer leichten Schwester die Flügel und möchte sich damit in die Höhe schwingen. Doch gelangt sie nicht hinauf zu den poetischen „Gestalten", sondern nur bis zum „formlosen Felsengeklüft", während auf der Erde unten die Poesie ihrerseits die Saat der Prosa erdrückt.

Die Sentenz der Schlußstrophe lautet:

> „Ja tauschen Amt nicht neu sie und Geberde,
> Wird machtlos was ein Gott so reich verlieh:
> Kehr, deutsche Prosa, rück zur sichern Erde,
> Nimm wieder Flügel, deutsche Poesie!"

Die Grillparzersche Dichotomie Poesie – Prosa erhellt aus folgendem Schema:

Poesie	Prosa
Kunst, verglichen mit einer Spazierfahrt, deren Zweck im Weg liegt.	Wissenschaft, verglichen mit einer Reise, deren Zweck im Ziel liegt[3].
interesseloses Wohlgefallen (Kant).	realitäts- und zweckbezogen[4].
symbolische Wahrheit.	Wahrheit des Verstandes[5].
poetische Erinnerung.	prosaisches Bedürfnis der Gegenwart[6].
natürliche Ansicht der Dinge.	gesellschaftliche Ansicht der Dinge[7].

1 im Gedicht „Einfälle".

2 in einem Aphorismus aus dem Jahre 1841, Werke, Bd. 6, S. 145.

3 Ebd., S. 141 (1838).

4 Ebd., S. 143 (1836).

5 Ebd., S. 143 (1838).

6 Ebd., S. 150 (1834).

7 Ebd. S. 145 (1841).

Grillparzers Prosabegriff umfaßt in metaphorischer Bedeutung den gesamten Bereich der Wissenschaft und der Gesellschaft, steht somit in strengem Gegensatz zu dem die Kunstsphäre bezeichnenden Begriff der Poesie, in der die „Beschränkungen des Lebens" aufgehoben und die durch die „konventionellen Verhältnisse", d. h. durch die Prosa der Gegenwart gestörten „Naturverhältnisse" wieder hergestellt erscheinen[8].

Obschon Grillparzer, der eine gründliche musikalische Bildung besaß, die Instrumentalmusik im Grunde der Vokalmusik vorzog[9], reflektierte er doch vornehmlich über das Verhältnis von Musik und Dichtung in der Oper. Vier Tagebuchnotizen aus den Jahren 1820 bis 1826 behandeln die unterschiedliche Rezeptionsweise beider Künste und die sich daraus ergebenden ästhetischen Konsequenzen[10].

Die Notiz von 1826 beschreibt die Rezeptionsweise von Poesie als „Verkörperung des Geistigen", diejenige von Musik umgekehrt als „Vergeistigung des Körperlichen": Während die Dichtkunst „zuerst den Begriff erweckt, nur durch ihn auf das Gefühl wirkt und als äußerste Stufe der Vollendung oder der Erniedrigung erst das Sinnliche Theil nehmen läßt", beginnt die Wirkung der Musik beim „Sinnenreiz", beim „Nervenspiel", und gelangt „höchstens in letzter Instanz an das Geistige".

Nach der Aufführung von Webers „Freischütz" am 3. November 1821 in Wien schrieb Grillparzer, die Poesie beruhe auf „willkürlichen Zeichen", die Musik außer auf einem Zeichen auch auf einer „Sache", der Ton sei im Unterschied zum Wort ein primär sinnlich erfahrbares Element. Aus der rezeptionstheoretischen Prämisse, die Basis der „Poesie mit Worten" (Dichtkunst) sei der Verstand, die der „Poesie mit Tönen" (Musik) aber seien die Sinne, schließt Grillparzer, die Kategorie des Häßlichen sei in der Poesie zugelassen, in der Musik jedoch ausgeschlossen. Denn die „Sache", die das Wesen des Tons ausmacht, ist keine physikalische, sondern eine qualitative Eigenschaft: der Wohllaut. Da der Verstand laut Grillparzer bei der Rezeption von Musik erst in tertiärer Instanz fungiert — nach den Sinnen und dem Gefühl —, sollte die Anwendung des Mißlauts, des Häßlichen, vermieden werden. Nur mittels einer Verstandesreflexion wäre es nämlich möglich, das Häßliche in der Musik als Funktionselement einer Formtotalität zu billigen. Die Billigung durch den Verstand erfolgt indes zu spät, um „die Störungen des Mißfälligen" wieder auszugleichen.

Auf Grund dieser Theorie bestimmt Grillparzer eine Musik, die das Häßliche, sei es auch nur als Teilmoment, in sich begreift, als Nicht-Kunst: „... daß sie wie jede Kunst, aufhöre Kunst zu sein, wenn sie aus der in ihrer Natur gegründeten Form herausgeht, welche Form im Wohllaut liegt bei der Musik, wie in der Wohlgestalt bei aller bildenden Kunst"[11]. Bei diesen, auf den „Freischütz" gemünzten Worten, die die „Schönheit der Form" als höchstes Gesetz der Musik erkennen lassen, fällt auf, daß nicht einmal die Zeitstruktur der Musik, wie etwa in der He-

8 Ebd., S. 142 (1838).

9 Anfänge einer Selbstbiographie, Bd. 16, S. 15.

10 Bd. 7, S. 293 (1820).
    Bd. 14, S. 33 (1821).
    Bd. 8, S. 170 (1824/25).
    Bd. 8, S. 256 (1826).

11 Bd. 14, S. 36.

gelschen Ästhetik, einen vorübergehenden Einbezug des Unschönen ins musikallische Werk ermöglicht.

Grillparzer, der die Theorie der Geschiedenheit der einzelnen Künste vertrat — „sämtliche Künste, wenn gleich aus gemeinschaftlicher Wurzel entsprungen, sind streng getheilt in ihren Gipfeln"[12] — und der 1819 ein Gegenstück zu Lessings „Laokoon" mit dem Titel „Rossini, oder über die Gränzen der Musik und Poesie" skizzierte[13], kritisierte an der zeitgenössischen Kunstproduktion das „Mißkennen des Gebiets der verschiedenen Künste": „Die Musik strebt um sich zu erweitern in die Poesie hinüber, wie die Poesie ihrerseits in die Prosa"[14]. Die Erweiterung der Musik in die Poesie hinein ist nicht, wie der Ausdruck suggeriert, die Poetisierung der Musik — als dies mochten Grillparzers Zeitgenossen den Prozeß verstanden haben —, sondern ihre Prosaisierung. Die nach Grillparzer illegitime Erweiterung der Musik — sie drückt sich in der Oper im Übergewicht des dramatischen über das rein musikalische Prinzip und im Vordringen der Kategorie des Charakteristischen aus — sprengt sein musikästhetisches Ideal: daß „Kunstwerke, die ohne etwas Genau-Bestimmtes zu bezeichnen, rein durch ihre innere Konstruktion und die sie begleitenden dunklen Gefühle gefallen"[15]. Die „innere Konstruktion" der Musik ist die kompositionstechnische Seite der ästhetischen Kategorie des Organischen. Die Musik müsse, „wenn sie ein Thema aufgefaßt hat, es organisch ausbilden und zu Ende führen, die Poesie möge dagegen einwenden was sie wolle"[16]. Da Grillparzer, wie später Hanslick, der Ansicht war, die Oper müsse vom Gesichtspunkt der Musik, nicht von dem der Poesie aus beurteilt werden, und sie „als ein musikalisches Bild mit darunter geschriebenem erklärendem Texte" bezeichnete, gilt folgerichtig die Ballettmusik als Idee der Oper[17]. Im gleichen Sinn betonte 1857 Carl Köstlin, der den Musikteil von Vischers Ästhetik verfaßt hatte, in polemischer Umkehrung des Wagnerschen Satzes aus „Oper und Drama", die Musik sei „im musikalischen Drama Zweck, nicht Mittel"[18].

Zwei Tagebuchblätter Grillparzers begründen seinen Begriff von musikalischer Prosa. Das erste Blatt stammt aus dem Jahre 1820 oder 1821 und bezieht sich auf die im damaligen Wien aktuelle Diskussion um Oper und Singspiel, das andere entstand im Anschluß an die Wiener Aufführung der „Euryanthe" vom 25. Oktober 1823. Der Text des ersten Tagebuchblattes lautet:

„Es wird keinem Opernkompositeur leichter seyn, genau auf die Worte des Textes zu setzen, als dem, der seine Musik mechanisch zusammensetzt, da hingegen der, dessen Musick ein organisches Leben, eine in sich selbst gegründete innere Nothwendigkeit hat, leicht mit den Worten in Collision kömmt. Jedes eigentlich melodische Thema hat nämlich sein inneres Gesetz der Bildung und Entwicklung, das dem eigentlich musikalischen Genie heilig und unantastbar ist, und das er den Worten zu Gefallen nicht aufgeben kann, der musikalische Prosaist kann überall

12 Tagebuchnotiz aus dem Jahre 1820/21. Bd. 7, S. 316.

13 Bd. 7, S. 242.

14 Bd. 16, S. 37.

15 Bd. 14, S. 35.

16 Bd. 7, S. 242.

17 Ebd., S. 242.

18 Vischer, Ästhetik, Bd. 4, S. 1009.

anfangen und überall aufhören, weil Stücke und Theile sich leicht versetzen und anders ordnen lassen, wer aber Sinn für ein Ganzes hat, kann es nur entweder ganz geben, oder ganz bleiben lassen. Das soll nicht der Vernachlässigung des Textes das Wort reden, sondern sie nur in einzelnen Fällen entschuldigen, ja rechtfertigen. Daher ist Rossinis kindisches Getändel doch mehr werth als Mosels prosaische Verstandes-Nachäffung, welche das Wesen der Musik zerreißt, um den hohlen Worten des Dichters nachzustottern; daher kann man Mozarten häufig Verstöße gegen den Text vorwerfen, Glucken nie. Daher ist das – so gepriesene Charakteristische der Musik häufig ein sehr negatives Verdienst, das sich meistens darauf beschränkt, daß die Freude durch Nicht-Traurigkeit, der Schmerz durch Nicht-Lustigkeit, die Milde durch Nicht-Härte, und der Zorn durch Nicht-Milde, die Liebe durch Flöten und die Verzweiflung durch Trompeten und Pauken mit obligaten Kontrabässen ausgedrückt wird. Der Situation muß der Tonsetzer treu bleiben; den Worten – wenn er besseres in seiner Musick findet, so mag er immer die des Textes übergehen. Dies führt wieder auf den schon öfter bemerkten Unterschied zwischen Singspiel und Oper. Im erstern (wozu fast alle Opern des wahrhaft großen Gluck gehören) dient die Musick dem Text, in der zweiten ist der Text die Unterschrift des musikalischen Bildes"[19].

In präziser Analogie zu A. W. Schlegels und Hegels Begriff des prosaischen Kunstwerks, das durch die Kategorien des Nützlichen und des Mechanischen bestimmt ist, steht Grillparzers Bestimmung der musikalischen Prosa als mechanisch zusammengesetzter Musik. Seine Behauptung, der musikalische Prosaist könne „überall anfangen und überall aufhören, weil Stücke und Theile sich leicht versetzen und anders ordnen lassen", wirft die Frage auf, worin sich die Organisationsformen mechanischer und organischer Musik unterscheiden. Im einen Fall sei die Folge der einzelnen Teile zufällig, im andern notwendig und beruhe auf dem „inneren Gesetz der Bildung und Entwicklung" eines melodischen Themas. Die technische Seite des ästhetischen Theorems einer „organisch zusammengesetzten Musik" ist die Beachtung von Satz- und Periodenkonstruktion, dessen, was in der Einleitung „musikalische Poesie in kompositionstechnischem Sinn" genannt wurde. Mechanisch, prosaisch erscheint dagegen eine Vokalmusik, deren kompositorische Strukturen funktional von den Einzelheiten des Textes abhängen und darum nicht den Prinzipien „organischer" Satzkonstruktion entsprechen.

Insofern nach Grillparzer nicht originäre musikalische Schöpferkraft, sondern „prosaische Verstandes-Nachäffung" zur Komposition musikalischer Prosa führt, ergibt sich ein weiteres Moment des Begriffs. Da die Ästhetik des deutschen Idealismus zur Bezeichnung der subjektiven Vermögen den Verstand als Organ der Prosa und Wissenschaft, die Phantasie dagegen als Organ der Poesie und Kunst bestimmt, gebraucht Grillparzer, der die idealistische Theorie teilte, die der Idee von Kunst widersprechende Vorstellung eines durch den Verstand produzierten Kunstwerks, um die verabscheute musikalische Prosa zu denunzieren.

Ein Exkurs auf die Theorie des Rezitativs erweist, wie nahe verwandt Grillparzers „musikalische Prosa" mit dem Kompositionsstil des Rezitativs ist. Ob das Rezitativ von der Theorie des 18. Jahrhunderts als „singende Rede", „redender Gesang" oder „Mittel zwischen Rede und Gesang"[20] beschrieben wurde, die Grund-

19 Grillparzer, Bd. 7, S. 312.

20 Friedrich-Heinrich Neumann, Die Ästhetik des Rezitativs, Zur Theorie des Rezitativs im 17. und 18. Jahrhundert, Diss. Göttingen 1955 (= Sammlung musikwiss. Abhandlungen Bd. 14), Straßburg u. Baden-Baden 1962, S. 9 f.

bestimmung bleibt, die Musik verhalte sich zum Text spezifisch funktional und habe nach Sinn und Syntax auf die einzelnen Worte präzise einzugehen. Laut Scheibe besteht die Komposition eines Rezitativs „keineswegs in der Erfindung des Componisten, sondern bloß ... in der nachdrücklichsten und genauesten Nachahmung der Rede des Menschen"[21]. Blainville unterscheidet zwischen dem eher singenden französischen Rezitativ, dessen Vorbild die gehobene Deklamation der französischen Tragödie sei, und dem eher sprechenden italienischen Rezitativ, das die „Redeweise des täglichen Lebens", die Alltagsprosa, nachahme und stärker von der Arie sich abhebe als das französische[22]. An den kompositionstechnischen Bestimmungen, die A. B. Marx 1845 für das Rezitativ geltend macht – sie sind im wesentlichen bereits bei Hegel formuliert –, läßt sich die Affinität zwischen dem Rezitativstil und Grillparzers musikalischer Prosa mühelos nachweisen. „Die Melodie des Rezitativs", heißt es bei Marx, „kann aber nicht eine in sich abgeschlossene Form (eines Satzes, einer Periode usw.) für eine entschiedne Stimmung, sondern nur die Form des Ganges haben, – wiewohl wir längst und vielfältig erfahren, daß diese sich der festern Form eines Satzes annähern kann"[23]. Des weitern gilt Folgendes: Es besteht weder ein bestimmtes Modulationsgesetz, noch ist die Einheit der Tonart erforderlich. Die Rhythmik braucht keine „bestimmten, festgeformten und festgehaltenen" Formen zu beachten, die rhythmischen Werte sollen nicht streng gemessen, sondern nur als Andeutung verstanden werden. Auch das Tempo ist nicht fixiert, sondern gemäß der Stimmung variabel[24]. Insofern also das Rezitativ zugunsten der Textcharakteristik auf die Ausbildung einer melodisch und harmonisch geschlossenen Strukturierung verzichtet, deckt sich sein Wesen mit Grillparzers „mechanisch zusammengesetzter Musik". Hegels Beschreibung des Rezitativs schließt mit den Worten, die genau für den neuartigen Kompositionsstil der „Euryanthe", die Grillparzer unerträglich schien, gelten könnten: „Unvermutete Akzente, weniger vermittelte Übergänge, plötzlicher Wechsel und Abschlüsse sind erlaubt, und im Unterschiede hinströmender Melodien stört auch die fragmentarisch abgebrochene, leidenschaftlich zerrissene Äußerungsweise, wenn es der Inhalt erfordert, nicht"[25].

Grillparzers Begriff von musikalischer Prosa ist kein Ergebnis abstrakter Reflexion, sondern erfüllt eine polemische Funktion innerhalb eines historischen Kontextes, den damals aktuellen musikästhetischen und -politischen Auseinandersetzungen zwischen deutscher und italienischer Musikpartei in Wien. Grillparzer, der auf der Seite der italienischen Partei stand, attackiert in seinem Tagebuch einen führenden Vertreter der Gegenpartei, den Wiener Komponisten und Theoretiker Ignaz Franz

21 Neumann, ebd., S. 9.

22 Neumann, ebd., S. 13/14.

23 A. B. Marx, Die Lehre von der musikalischen Komposition, 3. Teil, 2. Aufl. Leipzig 1848, S. 388. Im ersten Teil der Kompositionslehre definiert Marx den Gang als „Melodie ohne bestimmten Abschluß". 4. Aufl., Leipzig 1852, S. 35. Gangbildung ist die Technik der elementaren Motiventwicklung durch Wiederholung, Sequenzierung etc. von Motiven, wobei die Melodiebildung keinem schematischen Strukturmodell wie Satz oder Periode folgt.
Vgl. Klaus Kropfinger, Gang, in: Handwörterbuch der musikalischen Terminologie, im Auftrag der Kommission für Musikwissenschaft der Akademie der Wissenschaften und der Literatur zu Mainz, hg. v. H. H. Eggebrecht, Wiesbaden 1972 f.

24 Marx, ebd., 3. Teil, S. 388 f.

25 Hegel, Ästhetik, Bd. 2, S. 311.

von Mosel (1772–1844), und beschimpft ihn als „musikalischen Prosaisten". Der von Mosel vertretenen Musikrichtung, dem deutschen Singspiel und der daraus hervorgegangenen deutschen Oper, wird mit der implizierten Bezeichnung „musikalische Prosa" Begriff und Würde der Kunst überhaupt abgesprochen. Nicht zufällig stellt Grillparzer Mosel und Rossini einander gegenüber, hatte doch die Italienerpartei seit der Aufführung von „Tancredi" (1816) in Rossini ihren wichtigsten zeitgenössischen Komponisten. Weil im Singspiel „die Musik dem Text dient", in der Oper aber „der Text die Unterschrift des musikalischen Bildes" ist, sind das Singspiel und die romantischen Opern Webers die Hauptgattungen der Grillparzerschen musikalischen Prosa.

Die Abhängigkeit der gesungenen Musik vom Text und der szenischen Dramatik war indes nur eines der Momente, welche das Singspiel als prosaische Musikgattung begründeten. Das andere, das seit den sechziger Jahren des 18. Jahrhunderts die Gattung bestimmte, war der gesprochene Prosadialog. In dem 1782 erschienenen Aufsatz „Über das deutsche Singeschauspiel" forderte Reichardt den totalen Ausschluß des gesungenen Rezitativs aus der deutschen Oper und dem Singspiel, weil die deutsche Sprache, im Unterschied zur italienischen, „weit mehr Sprache des Verstandes und aller höhern edlen Kräfte, als Sprache der Leidenschaft" sei, und weil sie „in dem erborgten musikalischen Gewande gar beleidigend unwahr und armselig einhergehe"[26]. Georg Benda stellte im Brief „Über das einfache Rezitativ" (1783) der von ihm abgelehnten deutschen Oper, deren Versdialoge eine rezitativische Vertonung erforderten, das deutsche Singspiel als prosaische Gattung entgegen, bei der „die edelsten Sujets aus dem gemeinen Leben hergenommen und durch prosaischen Dialog und natürliche Declamation nur desto interessanter werden"[27]. Dies Moment der musikalischen Prosa des Singspiels, das dessen niederen Rang gemäß der Höhenregel der musiktheatralischen Gattungen bezeichnet, erhellt auch aus Hegels Beschreibung der eigentlichen Oper, bei der man, im Unterschied zur Operette, zum Singspiel, „ein für allemal aus der Prosa in eine höhere Kunstwelt hinüberversetzt" werde[28]

Grillparzers Tagebuchblatt von 1820/1821 stellt nicht allein Mosel und Rossini, sondern auch Gluck und Mozart einander gegenüber. Obgleich Grillparzer Gluck nicht in gleicher Weise wie Mosel angriff — die „prosaische Verstandes-Nachäffung" bezieht sich ausschließlich auf Mosel, Gluck aber wird „wahrhaft groß" genannt —, müßten Glucks Opern, da Grillparzer sie zum Singspiel rechnet, im Grunde unter seinen Begriff der musikalischen Prosa subsumiert werden. Der entscheidende Satz aus der berühmten Vorrede zur „Alceste" steht, wenigstens teilweise, konträr zu Grillparzers Operntheorie: „Pensai di ristringer la Musica al suo vero ufficio di servire alla Poesia per l' espressione, e per le situazioni della Favola, senza interromper l' Azione, o raffredarla con degl' inutili superflui ornamenti"[29]. Glucks neuartige Textvertonung ist kein Selbstzweck, sondern Ingrediens des Primates des dramatischen Prinzips über das selbständig musikalische.

26 Neumann, ebd., S. 21.

27 Neumann, ebd., S. 21.

28 Hegel, Bd. 2, S. 319.

29 „Mein Sinn war darauf gerichtet, die Musik wieder auf ihr wahres Amt zurückzuführen: dem Drama in seinem Ausdruck und seinen wechselnden Bildern zu dienen, ohne die Handlung zu unterbrechen oder sie durch unnützen und überflüssigen Schmuck zu erkälten". Übersetzung durch Alfred Einstein, Gluck, Zürich-Stuttgart o. J., S. 142.

Im „dramma per musica" werden, entsprechend der „Assimilationstheorie des Rezitativs"[30], die der dramatischen Entwicklung hinderlichen Extreme, Secco-Rezitativ und virtuose Arie, tendenziell ausgeschlossen, und die übrigen Formen, Accompagnato, Obbligato, Arioso und einfache Arie, einander angeglichen.

Zur Demonstration des neuen Rezitativstils, des Gluckschen Beitrages zum Prosaisierungsprozeß der Musik, diene eine knappe Analyse der Schlußszene der 1777 in Paris uraufgeführten „Armide". Die Szene der allein zurückgebliebenen Armide besteht aus zwei Teilen, einem dreiteiligen 61 Takte umfassenden Arioso und einem anschließenden 82 Takte langen Accompagnato-Rezitativ, dessen Orchesterbegleitung den Schluß der Oper bildet. Während das Arioso („Le perfide Renaud me fuit") in einem einfachen Stil ohne syntaktische Besonderheiten gehalten ist, schmiegt sich die Musik des Accompagnato („Quand le barbare était en ma puissance") exakt der dramatisch-psychologischen Situation an, ohne daß die Mittel über toposartige Figuren wie Tremoli, punktierte Rhythmen und Skalen hinausreichten. Zweimal wird die erregte Stimmung Armidens unterbrochen. Beim ersten Mal handelt es sich um zwei Takte (T. 78/79), in denen das Orchester aus der Turbulenz in ein ruhiges, von Pausen durchsetztes Piano-Unisono zurückkehrt, bei der zweiten Unterbrechung (T. 87—94) um eine intermittierende Passage auf den Text „Que dis-je? Où suis-je? ", die, von einfachen Akkorden gestützt, in einen Halbschluß vor einer Generalpause mündet. Diese funktionelle Gebundenheit der Musik an den Text läßt die Komposition nie zur Ausbildung eines „organischen", periodisierten Themas gelangen, sondern hat zur Folge, daß sie „mechanisch zusammengesetzt" erscheint.

Das zweite, bereits erwähnte Tagebuchblatt, das Grillparzer nach der Wiener Aufführung der „Euryanthe" im Oktober 1823 niederschrieb, lautet:

„Was ich schon bei Erscheinung des Freischützen geahndet hatte, scheint sich nunmehr zu bestätigen. Weber ist allerdings ein poetischer Kopf, aber kein Musiker. Keine Spur von Melodie, nicht etwa bloß von gefälliger, sondern von Melodie überhaupt. (Ich nenne aber Melodie einen organisch verbundenen Satz, dessen einzelne Theile einander musikalisch-nothwendig bedingen). Abgerissene Gedanken, bloß durch den Text zusammengehalten und ohne innere (musikalische) Konsequenz. Keine Erfindung, selbst die Behandlung ohne Originalität. Gänzlicher Mangel an Anordnung und Kolorit. Der romantisch-leichte Stoff beschwert und herabgezogen, daß man sich bang und ängstlich fühlen muß. Kein lichter Moment ausgespart, das Ganze in Einem Tone düster und trübselig gehalten. Ich sehe in diesem Kompositeur einen musikalischen Adolf Müllner. Beide traten glänzend auf, indem sie, erst im spätern Mannesalter beginnend, die kärgliche Poesie ihres ganzen frühern Lebens, durch einen treibenden Stoff gehoben, in Einer knallenden Feuerwerkfronte abbrannten (Schuld, Freischütz). Beide Männer von scharfem Verstande, mit mannigfachen Talenten; beide von ihrem eigenen Werthe und dem ihrer Hervorbringungen innigst überzeugt, beide Theorie-Männer und daher auch Un-Künstler, beide sich hinneigend zur Kritik. Kritik wird das Ende Webers seyn, wie es Müllners Ende war. So wie er in der Meinung sinkt, wird er suchen jene herabzuziehen, die noch in der Meinung stehen, und zwar, wie Müllner, ohne sich dabei der bösen Absicht bewußt zu seyn. Gott gebe, daß ich irre, und verzeihe mir, wenn ich es thue"[31].

30 Neumann, ebd., S. 35.
31 Grillparzer, Bd. 8, S. 128.

Als Weber 1821 die Bestellung erhielt, eine Oper „im Styl des Freischütz" für Wien zu komponieren, entschloß er sich, den Freischütz-Stil, der noch den gesprochenen Prosadialog und melodramatische Partien enthält, nicht unverändert zu übernehmen, sondern eine große, durchkomponierte und -gesungene Oper zu komponieren. „Dies Alles (den Freischütz, H. D.) zu überbieten, ist nun die Aufgabe, und das ist mir schrecklich", schrieb er an seine Librettistin Helmine von Chezy. „Die Euryanthe muß etwas ganz Neues werden, muß ganz allein auf ihrer Höhe stehen. ... Thürmen Sie Schwierigkeit auf Schwierigkeit, sinnen Sie auf Sylbenmasse, über die man verzweifeln könnte"[32]! Schwierigkeiten und Mühe zur Genüge bereitete dem Komponisten Chezys Textbuch, dessen sprachliche Mängel sich wohl mit der Hilfe Ludwig Tiecks teilweise beheben ließen, dessen Hauptmangel, die dramatisch unzulänglich begründete Handlung, jedoch nicht korrigierbar war und den Wert der Oper entscheidend herabsetzt.

Ist es nicht bezeichnend für das Ausmaß des Abscheus, den Grillparzer gegen Weber hegte, daß der Dichter, dem sonst in keiner Weise Blindheit dramaturgischen Problemen gegenüber vorgeworfen werden kann, in seiner Tagebuchnotiz die Mangelhaftigkeit der Textvorlage ignoriert und die Schuld am zwiespältigen Eindruck, den jede Aufführung der Euryanthe erwecken muß, ausschließlich dem Komponisten zuschiebt, der den „romantisch-leichten Stoff beschwert und herabgezogen" habe[33]? Daß die beiden Aufführungen der „Euryanthe", die Grillparzer im Oktober 1823 sah, für ihn zeitlebens ein schockartiges Ärgernis bildeten, geht daraus hervor, daß er in den über zwanzig Jahre später geschriebenen „Erinnerungen an Beethoven" nicht umhin konnte, auch Beethovens Mißfallen an der Oper zu erwähnen. Sie galt dem Dichter als Paradigma musikalischer Prosa, ein Urteil, das im folgenden anhand zweier Beispiele überprüft werden soll.

Auf den Chorbeginn im vierten Auftritt des ersten Aktes folgt die Auseinandersetzung zwischen Adolar und seinem neidischen Gegenspieler Lysiart um die Treue von Adolars Braut Euryanthe in einem orchesterbegleiteten Rezitativ. An diesem ist nicht die eher konventionelle Orchesterbegleitung bemerkenswert — die Intermissionen beschränken sich auf kurze gestische Motive —, sondern die Variabilität des Tempos gemäß dem sprachlich-dramatischen Inhalt: Andante (11 T.) — Allegro (11 T.) — Andante (3 T.) — con fuoco (8 T.) — Larghetto (3 T.) — con fuoco (1 T.) — Lento (2 T.) — Allegro (13 T.) — Moderato stringendo (8 T.).

Dieses Prinzip der Tempovariabilität, das an sich nicht neu ist — in der berühmten Gluckschen Arie „Che farò senza Euridice" wechselt das Tempo fünfmal —, doch in diesem Ausmaß qualitativ neue Funktionen erfüllt[34], erscheint in gedrängter Form in den Takten 59 bis 68:

---

32 Zit. n. Hanslick, Die moderne Oper, Berlin 1900, S. 70/71.

33 Es sei auf die Verwandtschaft der Ausdrücke „beschwert" und „herabgezogen" mit dem metaphorischen Gehalt von „Prosa" verwiesen, eine Beziehung, die auch im Gedicht „Die Schwestern" erscheint.

34 Vgl. auch die Arie der Agathe aus dem 2. Akt des „Freischütz".

An dieser Stelle besteht die Musik, wie Grillparzer schreibt, aus „abgerissenen, bloß durch den Text zusammengehaltenen Gedanken". Die begütigende Anrede Lysiarts, der den Kampf mit Adolar scheut, „Mein junger Freund", wird von einem musikalisch isolierten Larghetto-Takt begleitet, der die Statik gehaltener Akkorde belebt. Die beiden Schlußverse von Lysiarts drohender Prahlerei werden durch den auffahrenden Gestus des con fuoco einerseits und durch die Lento-Deklamation des grollenden Einwurfs „trotz deiner Rosenwang' und goldnen Cither" andererseits musikalisch präzis nachgezeichnet, während das mit einem Akzent einsetzende Allegro Adolars verächtliche Entgegnung einleitet. Wenn wir zum Vergleich das Rezitativ des Grafen Almaviva aus der vierten Szene des dritten Figaro-Aktes heranziehen, in dem das Tempo zwischen Presto und Andante wechselt, so besteht der Hauptunterschied darin, daß Mozarts Musik, die ebenfalls dem Text genau folgt, sich nicht aus völlig isolierten Elementen, sondern aus Taktmotiven zusammensetzt, die zwar keinen „organischen" Zusammenhang konstituieren, doch immerhin eine gewisse Zueinandergehörigkeit der einzelnen Glieder des Rezitativs bewirken.

Eine Analyse der Eröffnungsszene des zweiten Aktes der „Euryanthe", welche Lysiarts stürmisch-niederträchtigen Reflexionen zum Inhalt hat — später tritt auch Eglantine hinzu, so daß das Verschwörerpaar vereint ist —, vermag nachzuweisen, bis zu welchem Grad Grillparzers Begriff der musikalischen Prosa in der Oper tatsächlich fundiert und wie weit andererseits Webers Kompositionstechnik, entgegen Grillparzers Hörurteil, noch den „organischen", „poetischen" Konstruktionsprinzipien verpflichtet ist. Die wichtigste historische Neuerung dieser Szene besteht in der Überwindung der Antithese von Rezitativ und Arie, die für die frühere Oper konstitutiv war. Dadurch erreicht die Dramatisierung der Musik eine qualitativ neue Stufe. Nicht, daß Rezitativ-, Arioso- und Arienstil ununter-

41

scheidbar zu einer neuartigen kompositorischen Einheit verschmolzen wären —
verschiedene Stilschichten sind bis in Wagners „Ring" und Schönbergs „Erwartung" hinein nachweisbar —, doch sind sie nurmehr Momente eines übergeordneten dramatischen Verlaufs und kristallisieren nicht mehr zu selbständigen, abgeschlossenen Formteilen größerer Ausdehnung. Andererseits erreicht gerade diese
Szene mit ihren 494 Takten, das anschließende Duett hinzugerechnet, eine Dimension, die auf Wagner vorausweist. Sie ist folgendermaßen gegliedert:

T.   1— 39: Dreiteilige Orchestereinleitung uneinheitlichen Charakters, die das
             motivische Material, das bei den folgenden Abschnitten weiter ver-
             wendet wird, aneinanderreiht[35].

T. 40— 61: („Wo berg' ich mich?") Ein Accompagnato, eine „mechanisch zu-
             sammengesetzte" Musik im Rezitativstil, die zum Schluß in die Do-
             minante moduliert.

T. 62—113: („Schweigt, glühn'den Sehnens wilde Triebe") Dieses deutlich in
             zwei Abschnitte gegliederte Arioso, dessen erster, dreiteiliger Ab-
             schnitt (T. 62—95) schematisch periodisiert, dessen zweiter Ab-
             schnitt dagegen eher rezitativisch, mit festgehaltenen instrumen-
             talen Einwürfen (Arpeggiomotiv der Celli) komponiert ist, bildet
             mit der Durdominant-Region und dem neuen Tempo „Andante
             con moto", dessen Metronomzahl von Weber allerdings unver-
             ständlich langsam fixiert wurde[36], einen ruhigen Kontrast zum
             vorangehenden, wilden Rezitativ.

T. 114—135: („Und er sollte leben?") Ein Allegro im Rezitativstil, dessen in-
             termittierende Orchesterskalen, ein eintaktiges Motiv im Unisono,
             dreimal erscheinen, ohne daß sich die Musik zu einem „Satz" zu-
             sammenfügte.

T. 136—156: („So weih' ich mich den Rach'gewalten") Dieses zweite Arioso,
             diesmal in einem schnelleren „Andante con moto" verlaufend, be-
             harrt in der melodiösen Gesangsstimme auf dem jambischen Rhyth-
             mus, während die Streicher mit schnellen Läufen begleiten. Nach
             einer viertaktigen Einleitung folgt eine regelmäßige, sechzehntak-
             tige Periode in der Haupttonika c-moll. Entgegen Grillparzers Ur-
             teil kommen in der „Euryanthe" somit noch sehr wohl ausgebil-
             dete Periodizitätsstrukturen vor.

T. 157—279: („Zertrümm're, schönes Bild!") Dieses zweiteilige „Allegro feroce"
             ist am ehesten mit der ehemaligen Arie vergleichbar. Nach einer
             16-taktigen Periode zu Beginn verläuft die weitere Phrasenbildung
             zwar nicht länger gleich schematisch, doch gehen die metrischen
             Lizenzen nicht über die bei Mozart gegebene Stufe hinaus. Der
             Text „Nur sein Verderben", der im ersten Teil nicht weniger als

---

35 T. 3 f. in T. 42 f., T. 29 in T. 47, T. 27 f. in T. 55 f. und T. 17 f. in T. 62 f.

36 Viertel = 66, vgl. Weber, Sämtliche Schriften, hg. v. G. Kaiser, Berlin und Leipzig 1908,
   S. 221.

elf Mal wiederholt wird, führt zur Prägung melodisch und metrisch ganz verschiedener Motive:

So sehr solche Dehnungen und Raffungen bereits auf den Wagnerschen Deklamationsstil vorausweisen, so sehr werden sie andererseits durch die Orchesterbegleitung neutralisiert, die zwar für die dramatische Wirkung von großer Relevanz ist, die aber durch ihre festgehaltene, vorwiegend viertaktige Grundstruktur eine durchgreifende Emanzipation der Satzkonstruktion von der „Quadratur", wie sie Wagner verächtlich nennt, verhindert.

T. 280—344: (Eglantine: „Der Gruft entronnen") Dieses von einem bewegten Orchestersatz getragene, manche harmonische Regionen berührende „Rezitativ", wo die beiden Verschwörer zusammentreffen und ihren Plan absprechen, leitet über zum Schluß der Szene, dem Duett, zum Racheschwur an Adolar und Euryanthe.

Bezugnehmend auf Grillparzers Bemerkung, in der „Euryanthe" finde sich „keine Spur von Melodie", kann zusammenfassend festgehalten werden, daß sie zwar einerseits den objektiven Sachverhalt nur teilweise trifft, daß sie aber andererseits die historisch fortschrittlichen, auf Wagner weisenden Züge der Oper, wenn auch in polemisch-restaurativer Absicht, anvisiert.

Adolf Müllner, der Schriftsteller und Theaterkritiker (1774—1829), mit dem Grillparzer Weber vergleicht, hatte mit seinem in der Nachfolge Zacharias Werners entstandenen Trauerspiel „Die Schuld", auf welches die Tagebuchnotiz anspielt, große Erfolge errungen. Aus dem Vergleich ergeben sich weitere Momente des Grillparzerschen Begriffs von musikalischer Prosa. Der Hinweis „erst im spätern Mannesalter beginnend" — zu ergänzen ist: mit der künstlerischen Produktion, was im Falle Webers nicht zutrifft — spricht den Prosaisten eine ursprüngliche, früh sich offenbarende Begabung ab. Sie versuchten, mit ihrem „scharfen Verstand" wettzumachen, was ihnen die Natur versagte. Beide seien „Theorie-Männer und daher auch Un-Künstler, sich hinneigend zur Kritik". Die Ablehnung von Theorie und Kritik als nicht nur unnötige, sondern sogar prohibitive Ingredienzien bei künstlerischer Produktion ist von der Frühromantik bis zu Benjamin und Adorno als Position kritisiert worden, die, von der Genieästhetik abgeleitet, die Entwicklung zu moderner Kunst hemmte. Grillparzers Bemer-

kung ist, obzwar polemisch gemeint, dem historischen Sachverhalt genau angemessen: fast alle bedeutenden Vertreter der musikalischen Prosa von Weber über
Berlioz, Liszt, Wagner bis hin zu Schönberg haben, in Korrespondenz zur Entwicklung des bürgerlichen Musiklebens, musiktheoretische Reflexionen publi-
ziert.

Ohne Webers eigene Äußerungen unvermittelt auf seine Kompositionen zu beziehen, erscheint es fast als Ironie des Schicksals, daß Weber 1817 in einer Korrespondenz mit Adolf Müllner über Probleme der Textvertonung[37], von der Grillparzer nichts wußte, Müllner gegenüber ausgerechnet die „innere Wahrheit der
Melodie" und die Möglichkeit von Wiederholungen als „herrliches Vorrecht der
Musik" geltend machte, mithin Bestimmungen anführte, die Grillparzers Ansicht
von der Melodie als „organischen verbundenen Satzes" zumindest nahestehen.
Den „unbegreiflich kleinlichen, der Kunst unwürdigen Geist des Malens und Aus-
pünktelns einzelner Momente zum großen Nachteil des Ganzen" hatte Weber bereits 1809 an Jomelli getadelt, den Johann Baptist Schaul in seinen im gleichen
Jahr erschienenen „Briefen über den Geschmack in der Musik" über Mozart gestellt hatte[38]. Wie sehr Weber sein Opernideal in Übereinstimmung mit der idealistischen Ästhetik formulierte, bezeugt folgende, für den Fragment gebliebenen
Roman „Tonkünstlers Leben" geschriebene Passage: „Es versteht sich von selbst,
daß ich von der Oper spreche, die der Deutsche und Franzose will, einem in sich
abgeschlossenen Kunstwerke, wo alle Teile und Beiträge der verwandten und be-
nutzten Künste ineinanderverschmelzend verschwinden und auf gewisse Weise un-
tergehend eine neue Welt bilden. ... Die Natur und das innere Wesen der Oper, aus
Ganzen im Ganzen bestehend, gebiert diese große Schwierigkeit, die nur den He-
roen der Kunst zu überwinden gelang. Jedes Musikstück erscheint durch den ihm
zukommenden Bau als ein selbständig organisch in sich abgeschlossenes Wesen,
und doch soll es als Teil des Gebäudes verschwinden in der Anschauung desselben"[39]. Indes stellt die Formulierung „aus Ganzen im Ganzen bestehend" zwar
ein ästhetisches Theorem der Oper, aber ebensosehr einen äquivoken Widerspruch
dar, den Weber in der „Euryanthe" historisch folgeträchtig zugunsten des übergeordneten Ganzen der Oper, der dramatischen Handlung, auflöste. Wenn man Webers Äußerungen von 1817 auf die einige Jahre später komponierte „Euryanthe"
bezieht — daß er seine Operntheorie inzwischen grundlegend geändert hätte, geht
aus keinem Dokument hervor —, so kann bei ihm dieselbe Diskrepanz zwischen
Theorie und Praxis aufgezeigt werden wie später bei Berlioz und Wagner, die alle,
pointiert ausgedrückt, theoretisch musikalische Poesie forderten und praktisch
musikalische Prosa komponierten[40].

37 Ebd., S. 372 und 374.

38 Ebd., S. 164.

39 Ebd., S. 469/470.

40 Vgl. Carl Dahlhaus, Wagners Konzeption des musikalischen Dramas, S. 61.

Grillparzer bringt in dem ersten Tagebuchblatt über den musikalischen Prosaisten Mosel die Kategorie des Charakteristischen mit der musikalischen Prosa in Verbindung: „Daher ist das — so gepriesene Charakteristische der Musik häufig ein sehr negatives Verdienst, das sich meistens darauf beschränkt, daß die Freude durch Nicht-Traurigkeit; der Schmerz durch Nicht-Lustigkeit ... ausgedrückt wird". Das Charakteristische, eine zentrale Kategorie der frühromantischen Ästhetik, gegen die sich Grillparzer, wie später Hanslick, wendet, wäre demnach nur zu abstrakter Negation eines bestimmten Gefühls, nicht zu dessen positiver Bestimmung fähig. Die positive Bestimmung von Gefühlsinhalten könne nur mittels sprachlicher Begriffe erfolgen, hinter deren Präzision die nur zu ungenauer Charakterisierung von Gefühlen befähigte Musik hintanstehe. „Der Musiker" — so schrieb Grillparzer 1821 über Webers „Freischütz"[41] —, „der mit seinen Tönen dem Dichter an Bestimmtheit des Ausdrucks es gleich tun will", ist vornehmlich deswegen ein „Verrückter", weil er bei der Charakterisierung des Bösen den für die Musik konstitutiven Bezirk reiner Schönheit und reiner Schönheit und reinen Wohlklangs verläßt und zur Darstellung des Häßlichen, welches als ästhetische Kategorie mit dem ethisch Schlechten korreliert, fortschreitet. Das Häßliche aber möchte Grillparzer von der Musik ausgeschlossen haben.

Die durchaus geschlossene Arie „Durch die Wälder" in der vierten Szene des ersten Freischütz-Aktes endet mit einem Bratschentremolo und tiefen Klarinettenklängen, welche den ersten Auftritt des Samiel vorbereiten. Die einzelnen Verse von Maxens, im Tempo freien Rezitativ werden von rhythmisch streng auszuführenden Synkopen der Pauke und der tiefen Streicher unterbrochen:

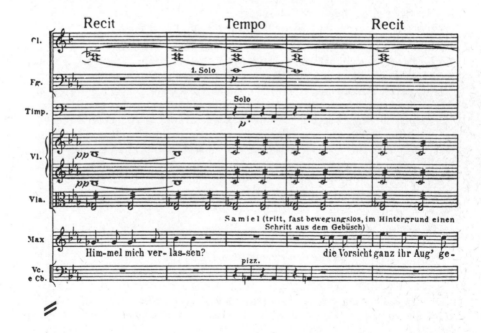

41 Grillparzer, Bd. 14, S. 36.

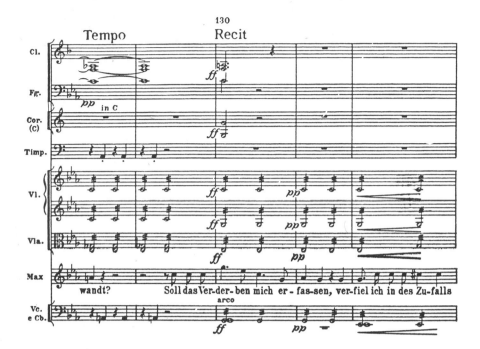

Die Stelle, deren düstere Koloristik eine Athmosphäre der Unheimlichkeit stiftet, ist ein Beispiel für die dramatisch legitimierte, von Grillparzer verworfene Suspension des musikalischen Schönheitsgesetzes im „Freischütz".

Zum Durchbruch gelangt die im ersten Akt nur angetönte Athmosphäre romantischen Grausens im Finale des zweiten Aktes, der berühmten Szene in der Wolfsschlucht. Die Technik des Melodrams, bereits früher in Schreckensopern der Revolutionszeit häufig eingesetzt, ist hier ein Moment des Häßlichen der musikalischen Prosa des „Freischütz". Einerseits wirkt die Heterogenität von Sprache und Musik, die Hegel als unbefriedigenden Wechsel der Prinzipien und darum als prosaisches Element beim Singspiel mißbilligte, beim Melodram doppelt, da sie simultan erscheint. Andererseits kann die Struktur melodramatischer Musik dem Grillparzerschen Begriff von Melodie entgegengesetzt sein. „Hier ist die Musik ganz formfrei, sie ist Fantasie in weitester Bedeutung des Worts, nähert sich der Weise, wie Rezitative begleitet und mit Zwischensätzen usw. durchflochten werden", heißt es in der Kompositionslehre von A. B. Marx über das Melodram[42].

Tritonus und verminderter Septakkord, die beide seit dem Barock als Topoi zur Charakterisierung des ethisch Schlechten, Sündhaften dienten, fungieren als konstitutive Elemente bei der melodramatischen Hauptpartie der Wolfsschluchtszene, bei Kaspars Kugelgießen. Während Kaspar Samiel beschwört („Schütze, der im Dunkeln wacht"), schleppen sich die tiefen Streicher vom A zum Dis hinauf. Besonders skandalös erscheint die Musik beim Gießen der sechsten Kugel. Während das wilde Heer vorüberzieht, dessen Geschrei melodielos auf dem as verharrt, wechselt der monströs instrumentierte Orchestersatz (2 Fagotte, 4 Hörner, Posaune, Celli und Bässe) starr zwischen sechster und zweiter Stufe in c-moll:

42 A. B. Marx, ebd., 3. Teil, S. 385.

Hegel unterscheidet zwischen dem Melodischen und dem Charakteristischen als den zwei grundsätzlichen Möglichkeiten der Textvertonung[43]. Während sich das Melodische, das „Sichselbstempfinden der Seele und das tönende Spiel des Sichvernehmens", über den spezifischen Inhalt hinaus zum eigentlichen „Gesang einer Musik" erhebt – die in sich abgeschlossene Melodie faßt gleichsam nur den

43 Hegel, Bd. 2, S. 306 f.

„Grundton eines Inhalts" auf –, prägt sich beim Charakteristischen der Wortinhalt „seiner ganzen Besonderheit nach" den Tönen ein. Paradigma des Charakteristischen ist das Rezitativ. Das Ideal der Vertonung liegt in der vermittelnden Synthese von melodischem und charakteristischem Prinzip: einerseits tendiert der melodische Gesang zu charakteristischer Bestimmtheit, andererseits die charakterisierende Deklamation zu organischer Gliederung und einheitsvoller Abgeschlossenheit, eine Vermittlung, deren Notwendigkeit von Adolf Nowak durch einen Rekurs auf die Dialektik von Herr und Knecht in der „Phänomenologie des Geistes" schlüssig nachgewiesen wurde[44].

Dieses Ideal der Vertonung kann indes leicht durch ein Übergewicht des Charakteristischen über das Melodische zerstört werden und in die Häßlichkeit, die Prosa, ausarten: „Überhaupt führt die Einigung des Melodischen und Charakteristischen die Gefahr mit sich, nach der Seite der bestimmteren Schilderung leicht über die zart gezogenen Grenzen des musikalisch Schönen herauszuschreiten, besonders wenn es darauf ankommt, Gewalt, Selbstsucht, Bosheit, Heftigkeit und sonstige Extreme einseitiger Leidenschaften auszudrücken. Sobald sich hier die Musik auf die Abstraktion charakteristischer Bestimmtheit einläßt, wird sie unvermeidlich fast zu dem Abwege geführt, ins Scharfe, Harte, durchaus Unmelodische und Unmusikalische zu geraten und selbst das Disharmonische zu mißbrauchen"[45].

Als Exempel einer solchen „unmusikalischen" Abstraktion des bestimmten Ausdrucks führt Hegel die Charakterisierung von Lachen und Weinen in Webers „Freischütz" an und tadelt die „Haltungslosigkeit" des lachenden „Herausplatzens" und der jammervollen „Trostlosigkeit": „Hinausschreien des Schmerzes und der Fröhlichkeit macht noch keine Musik"[46]. Der kritisierte Lachchor, der nach Hegels Begründung als musikalische Prosa zu gelten hat, verhöhnt Max in der ersten Szene:

44 Adolf Nowak, Hegels Musikästhetik, Studien zur Musikgeschichte des 19. Jahrhunderts Bd. 25, Regensburg 1971, S. 163 f. und 172 f.

45 Hegel, Bd. 2, S. 316.

46 Hegel, Bd. 1, S. 161.

Was Hegels Höreindruck als „haltungsloses Herausplatzen", als einen Realismus
registrierte, der die Idealsphäre der Musik zerstöre, ist in Wahrheit präzis auskom-
ponierte Musik, deren Harmonik in den Proportionen allerdings nicht mehr einem
symmetrischen Ideal entspricht. Das über die Dauer von fünf Takten in ostinaten
Achteln wiederholte g' des Altes, zu dem sich im zweiten Takt im Sopran die obe-
re Sekunde a' hinzugesellt: diese Sekundreibung des Lachlautes „He" ist keineswegs prosaische Wirklichkeit, die als isoliertes Moment außerhalb des kompositorischen Kontextes stünde, sondern Teil einer Subdominantspannung, die, mit
den synkopischen Fragen des Tenors zum Quintsextakkord der zweiten Stufe
vervollständigt, wächst und sich über den Sekundakkord der Dominante „organisch" in einer Kadenz löst. Die Prosa charakterlicher Bestimmtheit geht bei Weber ebensowenig wie später bei Wagner, an dessen musikalische Darstellungen
des Lachens etwa in der ersten „Rheingold"-Szene oder im dritten Akt der „Walküre" erinnert sei[47], als solche, sondern allein als durch den Kompositionspro-
zeß verwandelte ins musikalische Werk ein. Diese Verwandlung ist die künstleri-

47 Das erste Lachen der Rheintöchter, die Alberich verspotten, besteht musikalisch aus
   der Wiederholung der kleinen Sekunde f" – e" und ist der Darstellung des Lachens
   im „Freischütz" verwandt. Die weit umfangreicheren Lachpassagen des dritten „Walküre" – Aktes beruhen auf chromatisch absteigender Parallelverschiebung von Sext-
   akkorden.

49

sche Vermittlung zwischen den entgegengesetzten Prinzipien der Prosa und der Kunst, welche sich im Kunstwerk der musikalischen Prosa äußert.

Der Begriff der musikalischen Prosa, wie er bei Grillparzer und später bei Hanslick explizit, bei Hegel nur implizit auftritt, ist somit einerseits durch die ästhetische Kategorie der Häßlichkeit und andererseits durch das kompositionstechnische Moment der Auflösung der „organischen" Periodizitäts- und Melodiestrukturen bestimmt, deren Stilprinzip dem Rezitativ nahesteht und die Musik mit dem dramatischen Ausdruck „mechanisch" koordiniert.

Dem polemisch-negativen Bedeutungsgehalt, den der Begriff auf dieser geschichtlichen Stufe trägt, entsprechen die Rezeptionsweisen, welche die genannten Autoren mit nicht gerade schmeichelhaften Worten als der musikalischen Prosa adäquat bezeichnen. Rosenkranz meinte, die moderne Musik — er führt als Beispiel Meyerbeers Oper „Robert le diable" an — überschreite „schwindelnd die naturwahre Grenze, um die Nerven durch Überaufregung (surexcitation) zu spannen"[48]; Hanslick nannte die positive Rezeption von musikalischer Prosa „pathologisch"[49], Hegel gar „tierisch"[50]. Doch die radikalsten Formulierungen stammen von Grillparzer, der nach dem zweiten Anhören der „Euryanthe" voll Wut in seinem Tagebuch notierte: „Diese Musik ist scheußlich. Dieses Umkehren des Wohllautes, dieses Nothzüchtigen des Schönen würde in den guten Zeiten Griechenlands mit Strafen von Seite des Staates belegt worden seyn. Solche Musik ist polizeiwidrig. ... Von Stufe zu Stufe stieg das innere Grausen und ging zuletzt bis zu körperlicher Übelkeit. ... Diese Oper kann nur Narren gefallen, oder Blödsinnigen oder Gelehrten, oder Straßenräubern und Meuchelmördern"[51].

Doch so wenig Grillparzers Forderung nach staatlichen Eingriffen zum Verbot musikalischer Prosa führte, so genau innervieren andererseits die konservativen Ästhetiker wesentliche Momente des geschichtlichen Entwicklungsprozesses der Musik während der ersten Hälfte des 19. Jahrhunderts. Die Zunahme des Häßlichen in der Musik und ihre Entwicklung zur musikalischen Prosa ist ein Prozeß, der sich in historischer Parellelität zu den Entwicklungstendenzen der andern Künste vollzog. Man mag ihn zwar subjektiv ablehnen. Der Versuch jedoch, den Nowak in der sonst ausgezeichneten Darstellung von Hegels Musikästhetik unternahm, Hegels Theorem, das Häßliche dürfe die freie Schönheit nicht untergehen lassen, unter Rekurs auf Hegels anthropologischen Freiheitsbegriff als überzeitliche ästhetische Wahrheit zu begründen[52], ist angesichts der bereits vollzogenen Entwicklung der musikalischen Prosa zum Scheitern verurteilt.

48 Rosenkranz, Ästhetik des Häßlichen, S. 92.

49 Hanslick, Vom Musikalisch-Schönen, 16. Aufl. Wiesbaden 1966, S. 92.

50 Zit. n. Nowak, Hegels Musikästhetik, S. 150.

51 Grillparzer, Bd. 8, S. 128/129.

52 Nowak, ebd., S. 175 f.

III Musikalische Prosa als „taktfreie Musik"

(Gustav von Schlabrendorf und Ernst Wagner)

Eine der wichtigsten theoretischen Quellen für das Frühstadium des Begriffs der musikalischen Prosa ist erst in jüngster Zeit wieder entdeckt worden[1]. Heinrich Zschokke veröffentlichte 1832 im ersten Heft der von ihm herausgegebenen Zeitschrift „Prometheus. Für Licht und Recht" Schriften und Aufzeichnungen aus dem Nachlaß von Carl Gustav Jochmann, der 1830 gestorben war, und fügte ihnen die in Jochmanns Nachlaß verwahrten „Bemerkungen über Sprache" von Gustav, Graf von Schlabrendorf, Jochmanns Freund, bei[2]. In den „Bemerkungen über Sprache", einem kurzen Fragment, das Probleme der sprachlichen Rhythmik, Metrik und Akzentuierung in essayistischer Gedrängtheit behandelt, ist auch von „Poesie des Tons" und „musikalischer Prosa" die Rede.

Weder Datierung noch Autorschaft des Fragments lassen sich eindeutig bestimmen. Schlabrendorfs Autorschaft erscheint einerseits auf Grund der Überschrift des Textes („Schlabrendorfs Bemerkungen über Sprache"), andererseits auf Grund der Tatsache als wahrscheinlich, daß Jochmann das erste Kapitel seines anonym erschienen Buches „Über die Sprache", in welches er das Fragment in umgearbeiteter Form einbaute[3], „Bruchstück aus den Denkwürdigkeiten des Grafen S. ... " nannte. Nicht auszuschließen ist freilich, daß Jochmann den Text selbst endgültig formulierte. Angesichts dessen, daß Jochmann und Schlabrendorf es zeitlebens verschmäht hatten, in aufdringlicher Weise an die Öffentlichkeit zu treten, mag die Frage der Autorschaft als zweitrangig betrachtet werden. Bezüglich der Datierung lassen sich als Terminus ante quem 1828, die Publikation des Jochmannschen Buches, als Terminus post quem 1821, der Beginn der Bekanntschaft zwischen beiden, angeben[4].

Um die Funktion der Passage über „musikalische Prosa" in den „Bemerkungen über Sprache" als Exkurs ersichtlich zu machen, muß ihr Kontext knapp skizziert

---

1 Den Hinweis auf diese Quelle verdanke ich der freundlichen Mitteilung der Herren Professoren Dr. Rudolf Stephan und Dr. Reinhold Brinkmann.

2 Prometheus. Für Licht und Recht, Zeitschrift in zwanglosen Heften, hg. v. Heinrich Zschokke und seinen Freunden. Erster Theil, Aarau 1832, S. 166 – 171. Schlabrendorfs Fragment ist auch in der Neuausgabe von Jochmanns Buch Über die Sprache abgedruckt, auf den Seiten 377 f.

3 Jochmann verzichtete darauf, auch die Passage über „musikalische Prosa" in den edierten Text des Kapitels aufzunehmen. Es geschah wohl weniger aus Gründen einer etwaigen inhaltlichen Unkorrektheit als vielmehr deswegen, weil der Stellenwert der Passage als Exkurs, als Abschweifung, bei der Abhandlung der musikalischen Rhythmik im edierten Text eher störend als klärend gewirkt hätte.

4 Werner Kraft vertritt folgende Auffassung: „Jochmann hat die ,Bemerkungen über Sprache' wahrscheinlich unmittelbar nach dem Gespräch mit Schlabrendorf niedergeschrieben, ohne seinen eigenen Anteil an diesem Gespräch über die Rolle des Stichwortgebers hinaus auch nur anzudeuten; ... ". Vgl. Werner Kraft, Carl Gustav Jochmann und sein Kreis, Zur deutschen Geistesgeschichte zwischen Aufklärung und Vormärz, München 1972, S. 143. Demnach wäre die Datierung zwischen 1821 und 1824 anzusetzen.

werden. Nachdem grundsätzlich zwischen den antiken quantitierenden und den modernen akzentuierenden Sprachen unterschieden wurde, werden „Betonungsgrad" und „Betonungsgang" als Kategorien der akzentuierenden Sprachen behandelt. Während der Betonungsgrad der Stimme die Stärke der Silben und Wörter reguliert, betrifft der Betonungsgang, der auch „oratorischer Accent" genannt wird, das Steigen und Fallen der Stimme.

Schlabrendorf fragt nach der Relevanz dieser beiden Kategorien für die Musik und führt aus, hier gebe es keinen Betonungsgang für Einzeltöne, sondern nur für eine Reihe derselben, d. h. innerhalb einer Melodie, wenn man von dem „Quetscher", dem Glissando, absieht[5]. Grundkategorie der Musik sei der Betonungsgrad nach Länge und Kürze, Stärke und Schwäche, nämlich der Takt. „Wir können uns ohne Takt, sie heutigen Tages gar nicht vorstellen. Sie ist also gleichsam beständig nur Poesie des Tons"[6]. Der Ausdruck „Poesie des Tons" bedeutet nichts anderes als der in der Einleitung skizzierte Begriff einer „musikalischen Poesie in kompositionstechnischem Sinn", reduziert auf das rhythmisch-metrische Moment des Taktes. „Poesie des Tons" ist nach Schlabrendorf eine für die Musik als Kunst konstitutive Bedingung.

Vor dem Hintergrund dieser Theorie wurde damals die Möglichkeit von musikalischer Prosa diskutiert. „Man sagt, das Alterthum habe eine Musik gehabt, welche zwar rhythmisch, aber doch des Taktes entbehrend, sich frei in allen Tönen bewegt habe. Dies wäre also eine ungebundene Musik, oder die m u s i k a l i s c h e P r o s a gewesen. Ich zweifle, daß eine Prosa vor der Ton-Poesie bestanden habe, eben so begeisternd als diese, oder wohl gar noch mehr, als diese, wie Meibom glaubte. Der Takt beherrscht selbst die Schlachtlieder der amerikanischen Wilden. Aber diejenigen irren eben so sehr, welche die Unmöglichkeit einer musikalischen Prosa behaupten, oder daß sie dem Ohr und Gemüth zusagen könne. Auch Finken und Amseln, Lerchen und Nachtigallen singen Prosa, ohne allen Takt und doch anmuthig; und taktlos und doch anmuthig singt der Wind durch die Saiten der Aeolsharfe"[7].

Leider kann diese, um 1820 über „musikalische Prosa" geführte Diskussion heute nicht mehr genau rekonstruiert werden. In der zitierten Passage werden immerhin recht deutlich drei Positionen sichtbar.

Die Apologeten der musikalischen Prosa vertraten im Anschluß an Meiboms Forschungen über die antike Musik[8], welche den Nachweis ihrer Freiheit von taktmäßiger Gebundenheit erbracht hatten, die Meinung, der altgriechische Gesang sei musikalische Prosa und der neuzeitlichen musikalischen Poesie überlegen gewesen. Obschon sich der Terminus musikalische Prosa in Meiboms Werk nicht nachweisen läßt, haben ihn seine Anhänger der Sache nach kaum falsch interpretiert. So fortschrittlich Meiboms Kritik an den bis ins 19. Jahrhundert fortgesetz-

---

5 Schlabrendorf, ebd., S. 170.

6 Ebd., S. 169.

7 Ebd., S. 169/170.

8 Marcus Meibom (1626—1711) setzte sich für die theoretische und praktische Wiederbelebung der antiken Musik ein. Seine kommentierte Ausgabe wichtiger musiktheoretischer Schriften der Antike, Antiquae Musicae Auctores Septem, Graece et Latine, 2 Bde., Amsterdam 1652, blieb bis zu Jahns Aristides Quintilian-Edition (1882) grundlegend.

52

ten Versuchen war, die antike Metrik ins neuzeitliche Taktgefüge zu pressen, so mißverständlich wirkt andererseits der Gedanke, die auf den Grundlagen der antiken Verstheorie fußende griechische Musik sei deswegen musikalische Prosa. Die Voraussetzung für die Bestimmung der antiken Musik als musikalischer Prosa ist die zwar richtige, doch allein nicht ausreichende Inanspruchnahme der Taktlosigkeit als Definiens des Begriffs. Insofern ein Moment der Definition, die Taktlosigkeit, zum Begriffsganzen erhoben wird, besteht ein logischer Irrtum: Zwar ist jede musikalische Prosa tendenziell taktlos, doch ist nicht umgekehrt jede taktlose Musik bereits musikalische Prosa.

Die zweite Partei in Schlabrendorfs Text bildete die Seite der Polemik und behauptete, musikalische Prosa sei unmöglich oder sei zumindest nur unbefriedigend rezipierbar. Über die Argumente, welcher sich diese zweite Gruppe bediente, läßt uns Schlabrendorf im Ungewissen. Man möchte vermuten, daß sie der Sache nach mit den Vorwürfen übereinstimmen, welche im späteren Verlauf des 19. Jahrhunderts von konservativer Seite gegen die musikalische Prosa erhoben wurden, beispielsweise von Hugo Riemann gegen Franz Sarans Begriff des melischen, taktfreien Rhythmus[9].

Die dritte Position innerhalb der Diskussion schließlich ist die von Schlabrendorf selbst. Sie vermittelt zwischen den beiden andern, indem der Begriff weder geleugnet, noch enthusiastisch auf die antike Kunstmusik bezogen, sondern zur Bestimmung der „außerkünstlerischen Musik", der Musik der Natur, verwendet wird. Vogelgesang und der Klang der Aeolsharfe, beide „taktlos und doch anmutig", gelten Schlabrendorf als Beispiele von musikalischer Prosa, und zwar als akustische Vorgänge, die eindeutig außerhalb des eigentlichen Kunstbereichs der Musik liegen. Die Möglichkeit, den Vogelgesang und andere Klänge der Natur mittels des kompositorischen Prozesses als verwandelte ins Kunstwerk zu integrieren — eine seit ältester Zeit geübte Technik —, wird von Schlabrendorf nicht als Teil der musikalischen Prosa begriffen. Im fünften Kapitel soll anhand des „Waldwebens" in Wagners „Siegfried" auf die Relevanz des Vogelgesangs für den Prosaisierungsprozeß der Kunstmusik eingegangen werden[10].

Konnten wir bei Grillparzers Begriff des „musikalischen Prosaisten" ein Übergewicht des metaphorischen, mithin negativen Bedeutungsgehaltes von Prosa feststellen, so erscheint umgekehrt der Begriff musikalische Prosa in Schlabrendorfs „Bemerkungen über Sprache" losgelöst von den pejorativen Implikationen, welche die Geltung der Poesieästhetik zur Folge hatte, und stattdessen wertneutral bezogen auf das Moment der Taktlosigkeit von Musik, das vom eigentlichen, sprachlichen Gehalt von Prosa abgeleitet ist.

9 Riemann, System der musikalischen Rhythmik und Metrik, Leipzig 1903, S. 2. Sarans Begriff des „melischen Rhythmus" wird von Riemann als „Nonsens", als „rhythmisch amorphe Melodik" verworfen.

10 Es sei an dieser Stelle auf die Funktion hingewiesen, welche die Prosa des Vogelgesangs in Rudolf Westphals Theorie des musikalischen Rhythmus erfüllt. Mittels des Vogelgesangs, welcher der Melodiebildung der Kunstmusik entgegengesetzt ist, soll per viam negationis die Gültigkeit der metrischen Gesetze erwiesen werden. Hauptunterschied ist, daß gleichzeitiges Singen von Vögeln wohlgefällig, gleichzeitiges Erklingen menschlicher Stimmen ohne organisierten Zusammenhang aber qualvoll anzuhören sei. Vgl. R. Westphal, Allgemeine Theorie der musikalischen Rhythmik seit J. S. Bach, Leipzig 1880, S. XLVI/XLVII.

Eine weitere Quelle für den Begriff einer taktlosen Musik, welche in naher Beziehung zum Schlabrendorfschen Exkurs über musikalische Prosa steht, ist Ernst Wagners Essay „Musik" in der Satirensammlung „Historisches A B C eines vierzigjährigen Hennebergischen Fibelschützen"[11]. Wagner, ein heute fast vergessener Autor, war ein Freund Jean Pauls und veröffentlichte das „Historische A B C" im Jahre 1810. Ob zwischen Wagner und Schlabrendorf eine persönliche Verbindung bestand, bleibe dahingestellt. Auf jeden Fall ist die zeitliche Koinzidenz der beiden Quellen ein Indiz für die Aktualität der anfangs des 19. Jahrhunderts geführten Diskussion um die musikalische Prosa als Begriff einer taktlosen, freien Musik.

Wagner entwickelt in dem interessanten, doch wie die übrigen Stücke der Sammlung gewisser abstruser Züge nicht entbehrenden Essay eine Theorie über den Ursprung der Musik und des Taktes. Den ersten, von der Sprache verschiedenen Gesang habe der Mensch von den Singvögeln erlernt, und zwar sei der Vogelgesang darum von den Menschen nachgeahmt worden, weil er „selbst Naturmenschen und Kinder" zu rühren vermöge. Folgerichtig meint Wagner, der erste Gesang sei „vermutlich bloß Rezitativ und ohne allen Takt" gewesen. Der Takt sei erst mit der Mehrstimmigkeit, mit dem „Duo", notwendig geworden, woraus der Musik neben Vor- auch Nachteile entstanden seien. Zwar ermögliche die Regelmäßigkeit des Taktprinzips die Entfaltung kunstvoller Polyphonie, doch hindere sie die Musik daran — Wagner verwendet Begriffe der Kantischen Ästhetik —, sich zum „Range einer schönen Kunst" zu erheben, „da sie zwar (vielleicht) eine fast schöne Idee darzustellen vermögen würde, aber ohne anscheinende Freiheit". „Anscheinende Freiheit" erhielte die Musik erst, wenn sie „als lebendige Form so frei wie die Poesie auf das Vermögen der Begriffe selbst" wirken würde. Solange die Musik aber dem Taktprinzip gehorcht, ist ihr die Möglichkeit zu solcher Wirkung verwehrt. Der Schluß von Wagners kurzem Essay mutet an wie eine Prophezeiung der Entwicklung, welche die Prosaisierung der Musik zu Wagner und Mahler führte: „Wem es vorbehalten ist, in der Musik die Tyrannei des Taktes ganz zu verdecken und unfühlbar zu machen, der wird diese Kunst wenigstens scheinbar frei machen; wer ihr dann Bewußtseyn giebt, der wird sie zur Darstellung einer schönen Idee ermächtigen; und von diesem Augenblick an wird sie die erste aller schönen Künste seyn"[12].

Robert Schumann zitiert diesen Schlußgedanken Wagners in seiner Berliozkritik und bezieht ihn auf die „Symphonie fantastique". Ernst Wagners Begriff der musikalischen Prosa steht zwischen dem Schlabrendorfs und dem Schumanns in der Mitte. In seiner Theorie vom Ursprung der Musik als taktlosem, rezitativischem Gesang kommt Wagner in etwa der ersten, sich auf Meibom stützenden Position in Schlabrendorfs Diskussion der musikalischen Prosa nahe. In anderer Beziehung geht er aber weit über die retrospektiven Thesen dieser Partei hinaus, indem er sich nicht auf den Nachweis der Überlegenheit der alten über die neuere Musik versteift, sondern die Perspektive eröffnet, welche in der musikalischen Prosa für die zukünftige Musikentwicklung liegt. Klare Vorstellungen, geschweige denn Komponisten und Werke zeitgenössischer taktloser Musik zu nennen, ist Wagner um 1810 allerdings außerstande.

11 Ernst Wagner, sämmtliche Schriften, hg. v. Friedrich Mosengeil, Bd. 10, Leipzig 1828. Das „historische A B C" erschien als Anhang zu Wagners bedeutendstem Roman „Reisen aus der Fremde in die Heimat".

12 Wagner, ebd., S. 108.

IV Programmusik und musikalische Prosa

(Schumanns Berlioz-Kritik von 1835 und Wagners Aufsatz „Über Franz Liszts Symphonische Dichtungen" von 1857)

Schumanns 1835 geschriebene Kritik der „Fantastischen Symphonie" von Berlioz[1] zeigt zum ersten Mal die Relevanz des Prosabegriffs für die Zukunftstendenzen der Musik an einem konkreten Beispiel auf. In dem Dokument, das der Musikkritik alle Ehre antut, objektivieren sich manche Momente des Begriffs, so daß die Tatsache, daß er darin nicht explizit auftritt, angesichts der inhaltlichen Präzision des beschriebenen Sachverhaltes von untergeordneter Bedeutung erscheint.

Schumann nimmt an derjenigen Stelle seiner umfangreichen Kritik, welche sich auf die Prinzipien der Berlioz'schen Phrasenbildung bezieht und welche sich im engeren Sinn für die „musikalische Prosa" als relevant erweist, ausdrücklich Bezug auf Ernst Wagners Theorie des Ursprungs der Musik als taktfreier Kunst[2]. „Es scheint", schreibt er, „die Musik wolle sich wieder zu ihren Uranfängen, wo sie noch nicht das Gesetz der Taktesschwere drückte, hinneigen und sich zur ungebundenen Rede, zu einer höheren poetischen Interpunktion (wie in den griechischen Chören, in der Sprache der Bibel, in der Prosa Jean Pauls) selbständig erheben". Obgleich Schumann ausdrücklich festhält, er wolle diesen Ansatz, die Entwicklung der Musik zur „ungebundenen Rede", zur musikalischen Prosa, nicht ausführen, sondern lediglich andeuten, kann doch, was hier „höhere poetische Interpunktion" heißt, nur als Gegenbegriff dessen verstanden werden, was in dieser Arbeit mit dem Terminus „musikalische Poesie in kompositionstechnischem Sinn" als normale poetische Interpunktion erfaßt wird. Mit dem „Gesetz der Taktesschwere" sind die syntaktischen Periodizitätsgesetze gemeint. Vor diesem Hintergrund ist der Emanzipationsprozeß zu sehen, der in Dichtung und Musik zur freieren Strukturbildungen führte, und der Schumann die avancierten Passagen der „Fantastischen Symphonie" mit der komplexen Poesie der griechischen Chöre, der gedrängten Sprache der Bibel und mit Jean Pauls Prosastil zu vergleichen veranlaßte[3].

Daß Schumann es vermeidet, im zitierten Zusammenhang den Terminus musikalische Prosa explizit einzusetzen – er liegt der Sache nach zweifellos auf der Hand –, ist kein Zufall, sondern läßt sich aus den Kategorien seiner Poesieästhetik erklären. „Musikalische Prosa" wäre im Schumannschen Sprachgebrauch ein pejorativer Begriff, müßte er doch zunächst als Negation von musikalischer Poe-

---

1 Die 1835 geschriebene und in der Neuen Zeitschrift für Musik veröffentlichte Kritik ist im ersten Band der „Gesammelten Schriften über Musik und Musiker", hg. v. M. Kreisig, 5. Aufl. Leipzig 1914, S. 69 bis 90 abgedruckt. Die Seitenzahlen beziehen sich auf diese Ausgabe.
Vgl. Jacques Barzun, Berlioz and the Romantic Century, Boston 1950, Bd. 1, S. 158 f.

2 Schumann, ebd., S. 74.

3 1839 schrieb Schumann an einen belgischen Verleger: „Kennen Sie Jean Paul? Von dem hab ich mehr Kontrapunkt gelernt als von meinem Musiklehrer". Zit. n. K. H. Wörner, Die Musik in der Geistesgeschichte, Studien zur Situation der Jahre um 1910, Bonn 1970, S. 153.

sie, die als Grundbegriff seiner Musikästhetik den Kunstcharakter eines Musik-
werks stiftet, verstanden werden[4]. Wie aus Schumannschen Kritiken von Etüden-
werken hervorgeht, hätte ihm „musikalische Prosa" ungefähr bedeutet, was in
dieser Arbeit in technischer Hinsicht „musikalische Poesie" — das Schematisch-
Regelmäßige — heißt. Doch Poesie, und damit Kunstwert, spricht Schumann der
„Symphonie fantastique" keineswegs ab, wenn er auch einzelne Stellen als „prosaische" kritisiert: „Doch stößt man oft auf platte und gemeine Harmonien, auf
fehlerhafte, wenigstens nach alten Regeln verbotene, von denen indes einige ganz
prächtig klingen, — auf unklare und vage, auf schlecht klingende, gequälte, ver-
zerrte. Die Zeit, die solche Stellen als schön sanktionieren wollte, möge nie über
uns kommen, ebensowenig das Jahrhundert, das Bucklichte und Verrückte für
Apollo und Kante an Schönheit und Verstand erklärte"[5].

Klar drückt sich in dieser Passage die Affinität zum negativen metaphorischen Bedeutungsgehalt von Prosa aus. Die Ablehnung des Häßlichen als ästhetischer Kategorie erscheint Grillparzers Polemik gegen Weber nicht unähnlich. Aber gerade
darin offenbart sich Schumanns Scharfsinn, daß diese Art Häßlichkeit als Ausdrucksweise begriffen wird, welche durch die poetische Idee vermittelt und musikalisch dergestalt konkretisiert erscheint, daß sich an der spezifischen Formulierung nichts ändern läßt, ohne die Berlioz'sche Prägnanz ins „Matte, Unbedeu-
tende" zu verwandeln.

Solche scharf umrissene kompositorische Konkretion bleibt ein konstitutives
Merkmal musikalischer Prosa. Sie beansprucht eigene Kategorien und läßt sich
nicht auf das Schema der musikalischen Poesie reduzieren, ohne zerstört zu werden. Diese Begriffsmoment, das objektiv erst auf der Schönbergschen Stufe zu
voller Geltung gelangt, wird von Schumann bereits außerordentlich klar formuliert: „Aber mit welch kecker Hand dies alles geschieht" — gemeint sind die metrischen Lizenzen, die partielle Liquidation der Symmetrie zwischen Vorder-
und Nachsatz —, „dergestalt, daß sich gar nichts dazusetzen oder wegwischen
läßt, ohne dem Gedanken seine scharfe Eindringlichkeit, seine Kraft zu nehmen,
davon kann man sich nur durch eignes Sehen und Hören überzeugen"[6]. In der
Analyse des sprachlichen Prosabegriffs wurde dieses Moment der Konzentration
an dem Friedrich Schlegelschen Aphorismus hervorgehoben, „in wahrer Prosa
müsse alles unterstrichen sein"[7]. Die historische Entwicklung der Musik von der
Gestaltung beim Wiener Klassischen Stil zu komplexeren Formulierungen hin,
welche mehr und mehr das Spezifische, das Besondere eines musikalischen Gedankens hervortreten lassen, entspricht dem von Schlegel auf dem Gebiet der
Sprachprosa beschriebenen Sachverhalt.

4 Vgl. Dahlhaus, Musica poetica und musikalische Poesie, S. 123 f.

5 Schumann, ebd., S. 76. Die zweite Hälfte des letzten Satzes wurde für die Endfassung
der Kritik gestrichen.
Schumann zitiert in diesem Zusammenhang Fetis, der Berlioz einen „barbarischen Stil"
zum Vorwurf machte, und Mendelssohn, der in einem Brief an Moscheles aus dem Jahre
1834 über die Instrumentation der Symphonie schrieb: „Sie ist so entsetzlich schmutzig
und durcheinander geschmiert, daß man sich die Finger waschen muß, wenn man mal
eine Partitur von ihm in der Hand gehabt hat. Zudem ist es doch auch schändlich, seine
Musik aus lauter Mord und Not und Jammer zusammenzusetzen; denn selbst, wenn's
gut wäre, käme nichts anderes darin vor als dergleichen atrocités". Schumann, ebd.,
Bd. 2, S. 380.

6 Schumann, ebd., Bd. 1, S. 74.

7 Vgl. oben S. 23.

Im Zusammenhang mit Schlegels Äußerung wurde auch auf Jean Pauls Analyse der Kunstprosa eingegangen, nach der für den Prosastil die Vermeidung von Wiederholung, das ständige Neuformulieren konstitutiv ist gegenüber der zur Wiederholung tendierenden Gedichtstruktur. Nichts anderes meint Schumann, wenn er beiläufig dieses auch für die musikalische Prosa grundlegende Moment erwähnt: „Seine (Berlioz') schönsten Gedanken sagt er meistens nur einmal und mehr wie im Vorübergehen"[8]. Auch dieses Begriffsmoment besitzt nicht sowohl bei Berlioz – in der „Symphonie fantastique" kündigt es sich erst an und wirkt keineswegs grundlegend – als vielmehr erst in gewissen Werken der Neuen Wiener Schule konstitutive Wirksamkeit. Die Nichtwiederholbarkeit hängt als direktes Korrelat mit dem Moment der inhaltlichen Konkretion des musikalischen Gedankens, seiner prägnanten, ohne Umschweife das Wesentliche ausdrückenden Fassung zusammen.

Daß sich Schumann der historischen Konsequenzen bewußt war, welche sich aus der in dieser Weise als musikalische Prosa bestimmten „Symphonie fantastique" für die weitere Entwicklung der Musik ergäben, erhellt aus der interessanten, in der Endfassung der Kritik gestrichenen Passage: „Wenn mit Recht die Goethe-Mozartsche Kunstperiode als die höchste bezeichnet wird, wo die Phantasie die Fesseln des Rhythmus so götterleicht wie Blumenkronen trug, so scheint es ... daß die Musik wieder zu ihren Uranfängen ... zurückkommen wolle", d. h. sich zur musikalischen Prosa fortentwickle. An das Wagner-Zitat, das den Augenblick anvisiert, da die Musik „die erste aller Künste" sein werde, schloß Schumann die später ebenfalls gestrichene Frage: „Sollte dieser Augenblick mit Berlioz beginnen"[9]?

Schumann greift nachdrücklich den im ersten Kapitel in seiner historischen Tragweite erörterten Heineschen Gedanken vom „Ende der Kunstperiode" auf und überträgt ihn auf die Musik. Bildete für Heine der Tod Goethes im Jahre 1832 die befreiende Verpflichtung, neue Formen und Funktionen von Literatur zu entwickeln, so erwies sich die Vollendung der „musikalischen Kunstperiode", der Wiener Klassik mit Mozart und – so fügen wir hinzu – Beethoven, für Schumann als Notwendigkeit, neue Entwicklungsmöglichkeiten der Musik zu suchen, diejenigen der musikalischen Prosa. Es ist eine tiefe historische Einsicht, gerade in demjenigen Werk einen Neuansatz für die Musik nach dem Ende der Kunstperiode zu erblicken, an dessen Analyse sich Schumann der Begriff einer ungebundenen Musiksprache einstellt. Wenn unterstellt wird, das Streichen der zitierten Passage bedeute keine totale Negation ihres Sinnes, so läßt sich pointiert sagen: Mit dem Ende der Kunstperiode beginnt nach Schumann das Zeitalter der musikalischen Prosa, und zwar findet dieses Zeitalter seine erste Manifestation in der „Fantastischen Symphonie" von Berlioz (1830), die infolge der leitmotivischen und musikprogrammatischen Elemente für den Prosaisierungsprozeß der Musik objektiv wichtig ist. Die Parallele Heine – Berlioz oder auch Jean Paul – Berlioz wurde von Schumann mit der Absicht, das historische Neue herauszuarbeiten, gesetzt. Im weiteren Verlauf der Kritik bemerkt er ausdrücklich, wer prinzipiell mit der „ganzen Richtung des Zeitgeistes" nicht einverstanden sei – der „Zeitgeist" dulde in der „Fantastischen Symphonie" ein „Dies irae als Burleske" –,

8 Schumann, ebd., S. 77.
9 Ebd., S. 74.

der müsse die Argumente wiederholen, die gegen Byron, Heine, Hugo, Grabbe und andere vorgebracht worden seien[10]. Das Streichen der Passage über die „Kunstperiode" könnte allerdings ein Zeichen dafür sein, daß Schumann ahnte, sein Vergleich zwischen Heines neuen Dichtungsprinzipien und dem Berlioz'schen Kompositionsstil vermöchte bei eingehender Analyse kaum aufrecht erhalten bleiben. Verschieden ist zweifellos die intendierte kulturpolitische Wirkung. Was den Vergleich unter Umständen hätte sanktionieren können, wäre, von ästhetischen Berührungspunkten abgesehen, der in beiden Oeuvres wirksame Einfluß moderner Technologie auf ihre technische Konstruktion.

Gewann Schumann einerseits durch die Analyse der „Symphonie fantastique" den Eindruck eines fundamentalen geschichtlichen Ereignisses, so entging ihm andererseits keineswegs, daß in ihr „gleiche Takt- und Rhythmusverhältnisse mit ungleichen vereint und angewandt" sind[11], d. h. daß die „ungebundene musikalische Rede" nicht das Konstruktionsprinzip Berlioz' schlechthin, sondern nur ein Element seiner Formanlage ist. Dem gleichen Sachverhalt werden wir später bei Wagner wieder begegnen, wenn auch dort das Verhältnis, wenigstens im Vergleich zu Berlioz, zugunsten der musikalischen Prosa verschoben erscheint. Die völlig regelmäßigen Periodenkonstruktionen des ersten, zweiten und vierten Satzes der Symphonie sind es, welche Johann Christian Lobe um die Jahrhundertmitte zur apologetischen Feststellung legitimierten, Berlioz sei „oft klarer in seinem Periodenbau als mancher neuere Komponist, der nach Beethoven gekommen"[12]. Die wichtigsten Elemente musikalischer Prosa liegen im dritten und vor allem im letzten Satz.

Der Schluß des dritten Satzes („Scene aux champs") greift auf das kuhreigenartige Hirtenduett von Englisch Horn und Oboe zurück, welches am Anfang durch ihre sprechenden Signale die rustikale Sphäre beschworen hatte. „A la fin" — so Berlioz in der ersten Fassung seines Programms — „l' un des pâtres reprend le ranz de vaches; l' autre ne répond plus. Bruit éloigné de tonneére — Solitude — Silence". Die Antwort der Oboe auf die Frage des Englisch Horns wird durch das Donnerrollen der vier Pauken ersetzt, welche aus dem Nichts anschwellen und wieder im Nichts verschwinden:

10 Ebd., S. 85. Schumann erwähnt außerdem das lobende Urteil, das Börne in den „Briefen aus Paris" (Nr. 16, vom 8. 12. 1830) über die Symphonie fantastique gefällt hatte. Vgl., ebd., Bd. 2, S. 380/381.

11 Ebd., Bd. 1, S. 74.

12 Johann Christian Lobe, Berlioz, in: Fliegende Blätter für Musik, Wahrheit über Tonkunst und Tonkünstler, (anonym), Leipzig 1855, Bd. 1, S. 92.

Die Stimmung der Pauken in As, B, c und f.erlaubt eine harmonische Analyse der drei Einsätze:

1. Einsatz: (V^2) zu Es

2. Einsatz: f: V^2 zu I^6

3: Einsatz: f: simultan die Subdominante (B − F) und die Tonika (as − c).

Im gleichzeitigen Ertönen aller vier Pauken wird ihre Melodiefähigkeit suspendiert. Was resultiert, ist ein clusterähnliches Geräusch, das umso eher die Häßlichkeit der Prosa suggeriert, als bereits das trübe f-moll der Pauken gegen das F-dur des Englisch Horns kontrastiert.

Im „Songe d' une nuit du Sabbat", im letzten Satz der Symphonie, stößt Berlioz am weitesten ins Neuland der musikalischen Prosa vor. Die ersten zwanzig Takte des Larghetto-Beginns, formal eine Einleitung, zeigen die Möglichkeiten der Verwendung des verminderten Septakkordes im Frühstadium der Prosaisierung des musikalischen Materials. Die extreme Fungibilität dieses Akkordes schlägt dahin um, daß er gewissermaßen „an sich", außerhalb eines harmonisch klar definierten Kontextes zu stehen vermag. Die Suspension des Kadenzgeschehens korreliert hier mit einer Suspension des regulären Plans der Metrik: Drei-, Ein- und Viertaktgruppen folgen scheinbar frei aufeinander, wobei die verschiedenen Phrasen mit heterogenen Motiven gebaut sind, deren Mehrzahl den Möglichkeiten des verminderten Septakkordes entstammen. Insofern es in diesen zwanzig Takten kaum zu einer eigentlichen Melodiebildung kommt — die musikprogrammatischen Hintergründe sind offenkundig —, wirkt auf dieser Stufe die musikalische Prosa, entgegen Schumanns Verständnis, weit eher als freie Unbestimmtheit denn als höchste Bestimmtheit der Formulierung.

Intrikate metrische Probleme stellen sich im „Dies irae", dem zweiten Teil des „Hexensabbats", wo die mittelalterliche Sequenz als weitere Quelle der Prosa im Berlioz'schen Schaffen fungiert. Berlioz verwendet drei Verse der Sequenz, den ersten (dies irae, dies illa), den zweiten (solvet saeclum in favilla) und den siebenten (tuba mirum spargens sonum). Die formale Anlage ist durchaus schematisch, tendiert auf geschlossene Formbildung: Drei Teile (a, b, a') bestehen aus je drei sich in rhythmischer Diminution folgenden Durchführungen des melodischen Tonhöhenmaterials[13], wobei die Teile a und a' die beiden ersten Verse, Teil b aber den siebenten Vers zur Grundlage haben. Die rhythmische Diminution erfolgt nach dem Schema:

$$\text{𝅗𝅥. } \rightarrow \text{ ♩. } \rightarrow \text{ ♫ ♩}$$

So regulär einerseits die Grunddisposition erscheint, so unschematisch sind andererseits die darin formierten Gebilde in metrischer Hinsicht. Deren Irregularität resultiert aus zwei Faktoren, einmal aus den Versabschnitten selbst, die sich, da sie eine verschiedene Anzahl von Tönen umfassen, infolge des starren Verfahrens zu unterschiedlicher Länge ausdehnen, zum andern erklingen wie erratische Blöcke die 7 1/2 Takte langen c − g der Glocken, welche sich dem bereits für sich nicht einfachen metrischen Verlauf in scheinbar totaler Willkür überlagern und dadurch die metrische Konstruktion vollends komplizieren. Die konkrete Gestaltung der Metrik erhellt aus folgenden zwei Darstellungen:

13 Der Ausdruck Tonhöhenmaterial wird absichtlich verwendet, denn Berlioz hält nicht an dem original trochäischen Sprachrhythmus der Sequenz fest, sondern verwandelt ihn ins Gegenteil, in einen jambischen. Diese namentlich beim 6/8-Rhythmus offenkundige Entstellung des ursprünglichen Rhythmus mag als persiflierendes Moment programmatisch beabsichtigt sein.

1. Schema der Versabschnitte

		♩.	♪
1. Teil (a)	: 1. und 2. Vers	20 1/2 T.	10 T.	5 1/2 T.
2. Teil (b)	: 7. Vers	13 1/2 T.	7 T.	4 T.
3. Teil (a')	: gleich wie 1. Teil			

2. Schema der Glockeneinsätze im Verhältnis zu den Versabschnitten

——— = Glocken, stets 7 1/2 T.   ······· = Glockenpausen, Länge variabel

⌐ – – – ⌐ = Versabschnitte der Teile a, b und (teilweise) a'

61

Daß Berlioz die tonalen Eigenheiten der dorischen Sequenzmelodie, vor allem ihre tiefe VII Stufe, respektiert, bildet ein gelungenes Korrelat zur Außerkraftsetzung der metrisch-syntaktischen Normen, hätte doch ein Festhalten am üblichen harmonischen Kadenzschema einen innerkompositorischen Widerspruch zur Suspension der Periodizität bedeutet. Da bei der Kombination von „Dies irae" und „Ronde du Sabbat" das Rondo bereits wieder stabilisierend wirkt, ist es diese erste Partie des „Dies irae", wo Schumanns Begriff der ungebundenen Musiksprache der „Fantastischen Symphonie" am genauesten seine Erfüllung findet.

Der burleskenhafte Charakter beruht außerdem auf der Instrumentation: Blockartig und insofern konservativ wechseln beim ersten Versabschnitt drei Klangkörper einander ab. Die erste, besonders monströs klingende Gruppe besteht aus Fagotten und Tuben im Unisono, die nächste aus Hörnern und Posaunen, während die dritte mit hohem Holz und Streichern den grellen Kontrast bildet.

Für die Fähigkeit der Musik, prosaisch zu werden, stellen die damals nicht zuletzt durch Berlioz erzielten Fortschritte im Instrumentenbau einerseits und die wachsende systematische Organisation des Orchesterapparats andererseits entscheidende Voraussetzungen dar. Hier berührt sich der Begriff der musikalischen Prosa am nächsten mit dem allgemeinen gesellschaftlichen Bedeutungsgehalt von Prosa, der , wie gezeigt wurde, den Aspekt arbeitsteiliger Organisation des gesellschaftlichen Produktionsprozesses impliziert. Die Entwicklung des symphonischen Orchesterapparates wäre in dieser Form kaum möglich gewesen ohne den Aufschwung der Industrie in Westeuropa, deren neue Organisations- und Produktionsformen als Vorbild wirkten.

Berlioz' Instrumentationslehre ist Ausdruck dieser neugewonnenen Dimension des Komponierens, auch wenn sie sich im Grunde mit der additiven Beschreibung der Gesamtheit des verfügbaren Klangmaterials begnügt, statt die Instrumentation als theoretisches System zu entfalten. Die Relevanz der Instrumentation für die musikalische Prosa soll indes nicht bei Berlioz, sondern anhand von Beispielen aus Werken Wagners und Mahlers untersucht werden, weil sich erst dort ihre spezifischen Möglichkeiten realisieren. Nicht zufällig ist es Wagner, der in besonderem Maß auf das Berlioz'sche Orchester, ein „Wunder der Mechanik", hinweist und in „Oper und Drama" schreibt: „Das, was er den Leuten zu sagen hatte, war so wunderlich, so ungewohnt, so gänzlich unnatürlich, daß er dies nicht so gerade heraus mit schlichten, einfachen Worten sagen konnte: er bedurfte dazu eines ungeheuren Apparates der kompliziertesten Maschinen"[14].

Seit um 1800 in Paris die Gattung der „Symphonie à programme" aufgekommen ist, besteht bis hin zu Richard Strauss eine enge Verbindung zwischen der Entwicklung der Programmusik und dem Prosaisierungsprozeß der Musik. Die Verbindung, die sich in gemeinsamen Momenten der Sache und im besonderen in gemeinsamen theoretischen Quellen, seien es apologetische oder polemische, zum Ausdruck kommt, ist jedoch keine Identität. Für die Stufen der musikalischen Prosa bei Reger und vor allem bei der Neuen Wiener Schule ist die im 19. Jahrhundert der Programmusik entgegengesetzte Tendenz der klassizistischen Kammermusik und Symphonik Brahms'scher Provenienz eine wesentliche Voraussetzung.

14 Richard Wagner, Gesammelte Schriften und Dichtungen, 4. Aufl. Leipzig 1907, Bd. 3, S. 283.

Hatte Schumann mit seiner Berlioz-Kritik einen grundlegenden Beitrag zur theoretischen Deskription des Begriffs von musikalischer Prosa geliefert, so verwendete Wagner in dem 1857 verfaßten Aufsatz „Über Franz Liszts Symphonische Dichtungen" Argumente, die den Schumannschen sehr nahe stehen. Da die Wandlungen in Wagners Anschauungen über die Programmusik von Carl Dahlhaus bereits beschrieben wurden[15], beschränken wir uns hier auf eine knappe Interpretation des Textes.

Wagner, gleich Schumann ein Anhänger der Poesieästhetik, lehnte vor 1856 die Programmusik ab, weil die Unterstellung eines dichterischen Programms ein prosaisches Vorgehen sei und gegen die Idee des poetischen Kunstwerks verstoße. Denn poetisch ist ein Kunstwerk nach Wagner nur, wenn eine „dichterische Absicht für das Gefühl", nicht für den bloßen Verstand „verwirklicht" wird. Das Unterstellen eines verbalen Programms, ohne dessen Kenntnis das Gefühl, Wagners Grundinstanz der Rezeption von Kunst, dem Verlauf der Musik nicht zu folgen imstande ist, ist demnach eine prosaische Prozedur: entweder bleibt ein musikalisch nicht realisierter Überschuß an Intention vorhanden, oder es handelt sich um eine Verwirklichung für den bloßen Verstand (Dahlhaus)[16].

Noch krasser als von Wagners Exempel, der Liebesszene aus Berlioz' „Romeo und Julia", wird das Auseinanderklaffen von verbalem und musikalischem Inhalt von Félicien Davids symphonischer Dichtung „l' avant homme" demonstriert, in der nichts Geringeres als der geologische Zustand unseres Planeten zur Zeit der Lias- oder Keuperperiode eine musikalische Schilderung erfährt[17]. Gegenüber der „Erniedrigung" der Musik, welche die „Karrikaturen" der Programmusik dadurch bewirkten, daß „alles Verständliche darin immer nur noch aus der herkömmlichen, aber willkürlich und stümperhaft angewandten, zerrissenen Tanzform sich herleitete", rühmt Wagner — und dies bedeutet einen Wendepunkt in seinem Verhältnis zur Programmusik — an Liszts symphonischen Dichtungen das „unendlich entwickelte und bereicherte Ausdrucksvermögen"[18]. Im Unterschied zu den „Karrikaturen" werden Liszts Werke von Wagner akzeptiert, weil sie ihr Programm auf poetische und vom Gefühl nachvollziehbare Weise musikalisch realisieren.

Die Beschreibung der kompositionstechnischen und ästhetischen Probleme, welche das „bereicherte Ausdrucksvermögen" der Lisztschen Musik aufwirft, führt das Denken Wagner in größte Nähe zum affirmativen Begriff der musikalischen Prosa. Das Grundproblem besteht, knapp formuliert, in der Schwierigkeit, über die durch die Beethovensche Symphonik erreichte Stufe der Formkonstruktion hinauszuschreiten, ohne die Musik dadurch ihrer konstruktiven und rezeptiven Prinzipien verlustig gehen zu lassen. Was Wagner im Text unter „Regel aller Konstruktion" versteht, ist die bereits in „Oper und Drama" entwickelte Theorie der körperlichen Bewegungen von Marsch- und Tanzform oder des Sprachverses als

15 im Kapitel „Liszts sinfonische Dichtung und die ‚redende' Instrumentalmusik" des Buches „Wagners Konzeption des musikalischen Dramas, S. 111 f.
Vgl. auch Carl Dahlhaus, Wagner und die Programmusik, in: Jahrbuch des Staatlichen Instituts für Musikforschung Preußischer Kulturbesitz 1973, hg. v. D. Droysen, Berlin 1974, S. 50 f.

16 Dahlhaus, ebd., S. 112.

17 Zit. n. August Wilhelm Ambros, Die Grenzen der Musik und Poesie, Prag 1856, S. III.

18 Wagner, Bd. 5, S. 192/193.

der „unverrückbaren Basis der reinen Instrumentalmusik". Eine Abweichung von dieser Regel, wie beispielsweise die Nichtwiederholung der ersten Periode, müßte als „Übergang zur Formlosigkeit" angesehen und vermieden werden, da die Musik auf dieses „bindende, ja bedingende Moment für die Möglichkeit ihrer Erscheinung" nicht verzichten dürfe. Wagner konzediert allerdings, daß die Vorstellung der Orpheus- oder Prometheussage nicht umstandslos mit der Erfüllung der „Regel aller Konstruktion" musikalisch adäquat umzusetzen sei, sondern vielmehr neue musikalische Formulierungen zu finden zwinge. „Nun, hierüber wird Niemand in Zweifel bleiben" — so umschreibt Wagner das kompositionstechnische Problem musikalischer Prosa im die Jahrhundertmitte —, „vielmehr die Schwierigkeit bezeugen, wie jenen höheren, individualisierten Vorstellungen eine verständliche Form für die Musik abgewonnen werden könne, da diese bisher ohne jene niederen, generellen Formmotive allgemein verständlich zu gruppieren (ich weiß nicht, ob ich micht recht ausdrücke) unmöglich erschienen sei".

Wenn Wagner schreibt, was er hier meine, sei schwer klar zu machen, und spöttisch hinzufügt, er überlasse es den „täglich sich mehrenden großen Ästhetikern, den Begriff dafür dialektisch auszuarbeiten", so bezeugt dies die Schwierigkeit, den Prosaisierungsprozeß der Musik, der damals in Liszts Instrumentalwerken eine neue Stufe erreichte, in bestimmte Worte zu fassen. Der dialektische Begriff der Sache, den Wagner erwähnt, ist nämlich kein anderer als derjenige der musikalischen Prosa. Konnte das von Schumann an Berlioz' „Fantastischer Symphonie" angesprochene Moment der Konkretion des musikalischen Gedankens noch als akzidentelle Beobachtung verstanden werden, die im Werk selbst nur particll realisiert erscheint, so erfaßt zwanzig Jahre später Wagner bereits einen Grundzug des Lisztschen Schaffens, wenn er daran die „Prägnanz" und die „große und sprechende Bestimmtheit" hervorhebt[19], ein dem musikalischen Prosabegriff wesentlich inhärierendes Moment.

Das „Sprechende" des Lisztschen musikalischen Ausdrucks, dessen Idee Wagners eigenes Komponieren vom „Siegfried" an beeinflußte, beruht auf der kunstvollen, im Orchestersatz durchsichtigen Übertragung des Rezitativprinzips auf die symphonische Konstruktion. Dies an sich nicht neue Verfahren — es sei auf Beethovens neunte Symphonie verwiesen — erhält bei Liszt insofern neue Funktionen, als durch die häufigen intermittierenden Rezitativpartien dem Formverlauf eine Dimension zuwächst, die die symphonische Totalität sprengt. Da es in dieser Arbeit nicht um die Musikgeschichte des 19. Jahrhunderts als solche geht und darum auch nicht die historischen Prioritäten in ihrer Gesamtheit aufzuzählen die Aufgabe sein kann, verzichten wir an dieser Stelle auf die Analyse von Beispielen etwa aus der „Faustsymphonie" (1854–1857), der „Hunnenschlacht" (1857) oder aus „Hamlet" (1858). In diesen Werken erscheinen die Prinzipien des instrumentalen Rezitativs, von freier Tempogestaltung, von häufigem Taktwechsel usw., die insgesamt das „Sprechende" der Musik begründen, in gedrängter Form. Sie sind es, die Franz Liszts Beitrag zur musikalischen Prosa in erster Linie definieren.

19 Ebd., S. 195.

Die Methoden der charakterisierenden Tonmalerei haben im Lauf des 19. Jahrhunderts zu manchen kompositorischen Funden geführt, die mittels einer „innersymphonischen" Konstruktion nicht hätten realisiert werden können. Die Absicht, „außermusikalische" Klangereignisse mit den Mitteln der Symphonik nachzuahmen, befreite die Komponisten von der nur schwer erfüllbaren Forderung, einen nach den Gesetzen musikalischer Entwicklungslogik kohärenten Satz zu schreiben. Die konservativ-klassizistische Partei sparte denn auch nicht mit dem mannigfach variierten Vorwurf kompositorischer Impotenz. Insofern nun, als weder die Naturklänge als solche noch die mit künstlichen und künstlerischen Mitteln imitierten „außermusikalischen" Klangereignisse ihrer Faktur nach den syntaktischen Kunstgesetzen der Tonsatzkonstruktion entsprechen – zu einer derartigen Entsprechung, d. h. zur reibungslosen Integration in die symphonische Satzkonstruktion könnten sie nur unter der Gefahr des Verlustes ihres charakteristischen Gehaltes gezwungen werden –, ist es angebracht, sie in ihrer Gesamtheit zur musikalischen Prosa zu rechnen.

Es wäre allerdings ein endloses Unterfangen, all diese tonmalerischen Versuche zu erfassen und als Beispiele musikalischer Prosa abzuhandeln. Für den prinzipiellen Aspekt des Sachverhalts genügen die Analysen des Lachchors aus dem „Freischütz" und des Waldvogelgesangs aus „Siegfried". Indes sei zur Illustration der Fülle akustischer Alltagsereignisse als Basis möglicher tonmalerischer Schilderungen der Katalog zitiert, den Arthur Seidl 1900 in apologetischer Absicht den „schwachköpfigen Dogmatikern einer vorsintflutlichen Ästhetik" entgegenschleudert: „Und fürwahr! Sollen denn: Gebirgsjodler, Vogelstimmen, Grillenzirpen, Glockentöne, Orgelklänge, Dudelsackpfeife und Drehorgelmelodik, Jagd- und Posthorn oder Signaltrompete, Pauken- und Trommelwirbel, Donnergrollen, Gewehrknattern, Amboshämmern, Sturmesheulen, Windmühlengeschwirre, Pferdegetrampel, Peitschenknall und Rätschenlärm, Aeolsharfe oder Wirtshausmusik, Knochen- oder Holzklappern, das Flattern der Fahnenwimpel, das Flackern des Feuers oder das Knistern von Funken; ferner Tierlaute: wie Löwenbrüllen, Bärengebrumm, der Hahnenschrei, Bienengesumm oder Hammelblöken, wiederum so gut als Windeswehen, Wipfelrauschen und Ährenwogen, das Murmeln des Bächleins, das Plätschern des Wasserfalles und das Gurgeln der Meereswellen, das Ertönen der Pferdeschellen am Schlitten, eines elektrischen Läutwerkes oder der Memnonsäule, das Schnurren und Surren der Rädchen im Takte, ja selbst das geheimnisvolle Nornenspinnen und tiefe Vorsinnen eines neu heraufkommenden Tages im Heranbrausen der Morgenröte, wie das mählig leise Verklingen der Luft im Abendrot – ich meine: soll das Alles, und noch vieles Andere dazu, für das Gehör des Komponisten auf einmal nicht vorhanden sein, leer und stumm, schweigend wie tot im Dasein daliegen, nur weil es schwachköpfigen Dogmatikern einer vorsintflutlichen Ästhetik gefallen will (oder zufällig eingefallen ist), davor eine polizeiliche Warnungstafel aufzurichten"[20]?

Seidls Apologie der Programmusik setzt die Kunstmusik mit den akustischen Ereignissen der alltäglichen Realität, auch mit der Geräuschsphäre, in Verbindung. Allerdings besteht eine grundsätzliche Differenz zwischen der Art musikalischer Prosa, bei welcher die „außerkünstlerischen" Klangereignisse mit den technischen Mitteln der Musik nachgeahmt und insofern „zur künstlerischen Wahrheit erhoben werden" (Seidl), und jüngsten Entwicklungen, bei welchen akustische Um-

20 Arthur Seidl, Moderner Geist in der deutschen Tonkunst, Berlin 1900, S. 67/68.

weltereignisse sei es „an sich" als „Musik" gehört (John Cage u. a.), sei es verfremdet oder unverwandelt von Schallspeichern wiedergegeben werden (musique concrète, Luc Ferrari u. a.).

Interessante Experimente mit „prosaischen" akustischen Produktionsmitteln wurden während der russischen Kulturrevolution zwischen 1917 und 1921 durchgeführt. Da die traditionellen Musikinstrumente sich als unbrauchbar erwiesen, „Ouvertüren des Tagewerks" und „Sinfonien der Werkzeuge und Maschinen" zu realisieren — die radikale Vermittlung der „Prosa" des Arbeitsprozesses mit Gestaltungsprinzipien der Kunst sollte die Überwindung der bürgerlichen Kultur bewirken, die sich gerade im Abstand von dieser Sphäre ausgebildet hatte —, veranstaltete man sogenannte Maschinenkonzerte, bei denen Motoren, Turbinen, Hupen usw. verwendet wurden, und Tänzer die Maschinen repräsentierten. In Baku fand gar eine „Sinfonie der Arbeit" statt, an der sich die Nebelhörner der Kaspischen Flotte, die Fabriksirenen sowie Artillerie, Flugzeuge, Maschinengewehre und Massenchöre beteiligten, und Dirigenten mit Signalflaggen von hohen Häusern aus die Intonation und die Einsätze steuerten[21].

Soweit die nur beschränkt erschlossenen Quellen aus jener Zeit erkennen lassen, setzte sich in diesen Bestrebungen zu einer proletarischen Kultur, deren Mittel den vom Futurismus propagierten teilweise korrespondieren, der metaphorische Gehalt von Prosa gegenüber ihren wie immer auch gearteten sprachlichen Momenten übermächtig durch. Indem Prosa hier unmittelbar, des Widerstandes der ihr entgegengesetzten Poesie ledig, zum Kunstprinzip erhoben wird, scheint sie sich in diesen Experimenten in reiner Weise zu verwirklichen. Die Reinheit dieser ursprünglichen Prosa ist jedoch insofern eine Fiktion, als die Verwendung ihres metaphorischen Momentes, der Arbeits- und Kriegswelt, als Material künstlerischer Gestaltung keine tragfähige Grundlage darstellte, die als Ausgangspunkt einer kulturellen Entwicklung sich geschichtlich zu bewähren imstande gewesen wäre. Die Semantik des Alltags beherrschte jenes Material völlig und verunmöglichte seine Transformation zu einem künstlerischen Gebilde, in dem eine Dialektik zwischen dem prosaischen Inhalt und einem kunstfähigen Formprinzip zur Entfaltung hätte gelangen können.

21 Zit. n. Proletarische Kulturrevolution in Sowjetrußland (1917—1921), Dokumente des „Proletkult", hg. v. R. Lorenz, Sonderreihe dtv 74, München 1969, S. 13.
Vgl. dazu auch Hanns Eislers „neue Art musikalischer Prosa", unten, S. 145 f.

V Musikalische Prosa bei Richard Wagner

Wagners Werk, das musikalische Zentrum des späteren 19. Jahrhunderts, steht objektiv in der Mitte der Entwicklung der musikalischen Prosa. Als erster Komponist greift Wagner den Terminus in seiner theoretischen Hauptschrift „Oper und Drama" (1850 / 1851) explizit auf und weist ihm bestimmte inhaltliche Momente zu. Der Versuch einer Darstellung des Begriffs bei Wagner muß allerdings die Schwierigkeit bewältigen, das Verhältnis von Theorie und kompositorischer Praxis zu klären, d. h. es muß grundsätzlich zwischen dem auch in Wagners Theorie noch „negativen" Bedeutungsgehalt von musikalischer Prosa und der objektiven „positiven" Relevanz des Begriffs in seinen Werken unterschieden werden. Daraus, daß Wagner, ein Anhänger der Poesieästhetik, aus ästhetischen, aber auch aus kompositionstechnischen Gründen die musikalische Prosa ablehnt, darf keinesfalls auf eine tatsächliche Irrelevanz des Begriffs in seinem Werk geschlossen werden. Ob Wagner allerdings, wie Carl Dahlhaus schreibt, musikalische Poesie theoretisch fordere und, im Widerspruch zur Theorie, musikalische Prosa komponiere, wird die Untersuchung abzuklären haben. Um schließlich auf eine weitere Komplikation einleitend aufmerksam zu machen: die Versvertonung einerseits, auf welche sich Wagners theoretischer Begriff von musikalischer Prosa in erster Linie bezieht, und die Grundstruktur der Musik andererseits müssen als zwei Momente auseinandergehalten und gesondert behandelt werden, obschon sie der Sache nach untrennbar zueinander gehören.

Zu Beginn sei erörtert, was der Ausdruck „musikalische Prosa" in „Oper und Drama" beinhaltet[1], und dabei auf Carl Dahlhaus' überzeugende Darstellung des Argumentationszusammenhangs verwiesen, in dem der Begriff fungiert[2]. Der übergeordnete Kontext, in den Wagner die „musikalische Prosa" einführt, handelt generell von der Vertonung von Verstexten − eine mögliche Verwendung von Prosatexten im Musikdrama schließt Wagner von vornherein aus − und spezifisch vom Problem der Übereinstimmung bzw. Nicht-Übereinstimmung von Sprachakzent und musikalischem Akzent. Die Alternative, welche bereits bei Grillparzers Polemik gegen Weber erwähnt wurde und deren dialektische Überwindung Wagner in seiner Schaffenspause sich zum Ziel gesetzt hatte, wird folgendermaßen umschrieben: Entweder liegt der Primat bei der „im voraus fertigen, ihrem Wesen nach aus dem Tanze gewonnenen Melodie", bei der unabhängig vom Sprachvers komponierten Musik, oder er liegt beim sprachlichen Akzent, wie er sich im Wortvers ausdrückt. In beiden Fällen erscheint das von Wagner ernst genommene Gleichgewicht innerhalb der poetischen Einheit von Sprache und Musik gestört, ergeben sich doch für die jeweilige Gegenseite die nachteiligsten Konsequenzen. Denn liegt die Präponderanz bei der „im voraus fertigen Melodie", also bei einer Musik, welche tendenziell auch als Instrumentalmusik bestehen könnte, so fallen die Sprachakzente des Verses bald auf

---

1 Wagner, Gesammelte Schriften und Dichtungen, Bd. 4, S. 113 f.
2 Dahlhaus, Wagners Konzeption des musikalischen Dramas, S. 60 f.

betonte, bald aber auf unbetonte Zählzeiten und entbehren so einer beständigen musikalischen Berücksichtigung ihres inhaltlichen Gewichtes. Die richtige, von Wagner nicht ausgesprochene Voraussetzung für diesen Sachverhalt ist, daß bei guter deutscher Poesie die Akzente des Sprachrhythmus durchaus nicht immer mit dem metrischen Betonungsschema zusammenfallen. Noch viel weniger aber trägt der Endreim — so fordert Wagner sprachtheoretisch unhaltbar — den inhaltlichen Hauptakzent des Verses. Als Modell nämlich, so sei in Parenthese vermerkt, ließe sich ein bruchloses Übereinstimmen denken zwischen der „im voraus fertigen Melodie", welche doch nichts anderes als eine gemäß den metrischen Regeln der „musikalischen Poesie" gebildete Komposition ist, und schlechter Sprachpoesie, bei der Metrum und Rhythmus identisch sind. Da Wagner indes qualitativ wertvolle Dichtung als Basis einer Vertonung voraussetzt, ist klar, daß die „musikalische Poesie", dieses erste Verhältnis der musikalischen zu den sprachlichen Akzenten, bei welchem inhaltlich völlig unwesentliche Silben den musikalischen Hauptakzent tragen können, überwunden werden muß.

Das Ziel, die musikalischen Akzente mit den Sprachakzenten der Dichtung zusammenfallen zu lassen, führt Wagners Argumentation zur antithetischen nächsten Stufe, zur musikalischen Prosa. Dieser Begriff bezeichnet den Primat des Sprachakzentes vor dem musikalischen, die Abhängigkeit der Betonungsverhältnisse der Komposition von den unregelmäßigen Akzenten der Versdichtung.

„Hielt sich nun der Musiker", schreibt Wagner, „dem es nur um melodisch verstärkte, aber an sich treue Wiedergabe des natürlichen Sprachausdruckes zu thun war, an den Accent der Rede, als an das Einzige, was ein natürliches und Verständnis gebendes Band zwischen der Rede und der Melodie knüpfen konnte, so hatte er hiermit den Vers vollständig aufzuheben, weil er aus ihm den Accent als das einzig zu Betonende herausheben, und alle übrigen Betonungen, seien es nun die eines eingebildeten prosodischen Gewichtes, oder die des Endreimes, fallen lassen mußte. Er überging den Vers somit aus demselben Grunde, der den verständigen Schauspieler bestimmte, den Vers als natürlich accentuierte Prosa zu sprechen: hiermit löste der Musiker aber nicht nur den Vers, sondern auch seine Melodie in Prosa auf, denn nichts Anderes als eine musikalische Prosa blieb von der Melodie übrig, die nur den rhetorischen Accent eines zur Prosa aufgelösten Verses durch den Ausdruck des Tones verstärkte"[3].

Musikalische Prosa bedeutet demnach für Wagner nicht die Vertonung von Sprachprosa, sondern die Vertonung von prosaisch akzentuierten Versen, d. h. von Poesie, für deren Betonungsverhältnisse allein der Sprachakzent, nicht aber ein Regelmäßigkeit stiftendes Grundmetrum oder gar die Endreime maßgebend sind.

Warum Wagner diesen Begriff musikalischer Prosa als mögliches Konzept für sein Komponieren theoretisch verwirft, kann erst aus den Konsequenzen begründet werden, die sich aus einer prosaischen Versvertonung für die Grundstruktur der Musik ergäben. „Musikalische Prosa" hätte zur Folge, daß das auch in „Oper und Drama" noch gültige Prinzip der „musikalischen Poesie in kompositionstechnischem Sinn" außer Kraft gesetzt würde. Denn so eindeutig der späte Wagner im Aufsatz „Über das Opern-Dichten und Komponieren im Besonderen" die „Quadratmusiker" verspottet, welche im schieren Erfüllen der Periodizitätsschemata dem Kunstanspruch Genüge zu tun vermeinen[4], so fraglos hält er um die Jahr-

3 Wagner, Bd. 4, S. 113/114.
4 Wagner, Bd. 10, S. 174.

hundertmitte theoretisch noch an der Notwendigkeit der repetitiven Momente fest, welche dem Komponieren in Analogie zum sprachlichen Poesiebegriff zugrunde liegen: „Eine Melodie prägt sich aber nur dadurch dem Gehöre faßlich ein, daß sie eine Wiederkehr bestimmter melodischer Momente in einem Rhythmus enthält; kehren solche Momente entweder gar nicht wieder, oder machen sie sich dadurch unkenntlich, daß sie auf Takttheilen, die sich rhythmisch nicht entsprechen, wiederkehren, so fehlt der Melodie das bindende Band, welches sie erst zur Melodie macht, – wie der Wortvers ebenfalls erst durch ein ganz ähnliches Band zum wirklichen Verse wird"[5]. Durch Umdrehung dieses Satzes, in dem die für die vorliegende Arbeit wesentliche Analogie zwischen sprachlicher und musikalischer Poesie, resp. Prosa klar zum Ausdruck kommt, läßt sich ein weiteres Moment des Wagnerschen Begriffes von musikalischer Prosa formulieren.

Sie bezeichnet entweder eine Musik, deren Melodie ohne wiederkehrende Elemente sich frei entfaltet – dies wäre radikale Prosa – oder eine solche, bei der die einander in der Wiederholung entsprechenden Melodieelemente auf metrisch verschiedenen Stellen des Takt- und Periodizitätsgefüges erscheinen – was eine weniger radikale Prosa wäre. Insofern als Wagners Begriff der „Versmelodie" als „bindendes und verständliches Band zwischen Wort- und Tonsprache"[6] in diesem Zusammenhang seinen präzisen Stellenwert hat, ist eine Melodie, der das „bindende Band" der Poesietechnik fehlt, musikalische Prosa. Sie wird von Wagner abgelehnt, weil sie sich als Musik ohne repetitive Elemente dem „Gehöre nicht faßlich" einprägt, weil sie damit seiner Forderung nicht entspricht, das Kunstwerk müsse unmittelbar, ohne vorangehende oder begleitende Reflexion, dem „Gefühl" sich mitteilen. Mit diesem Argument reiht sich Wagner ein in die Reihe der Kritiker, die von der Schwierigkeit, ja der Unmöglichkeit der Rezeption musikalischer Prosa sprechen. Wir werden später fragen, wieweit sich dieser theoretische Ansatz in Wagners Musikdramen selbst verwirklicht, die doch esoterischer Züge nicht entbehren, und leiten mit einem Exkurs über den Wagnerschen Prosabegriff im allgemeinen, woraus sich, zumindest indirekt, ebenfalls seine Ablehnung der musikalischen Prosa begründen ließe, zur Darstellung des Ziels des Gedankengangs in „Oper und Drama" über, zur Legitimation der stabgereimten Dichtung als Textbasis des musikalischen Dramas.

Wagners Prosabegriff, der sprachliche und der metaphorische, deckt sich im Ganzen mit demjenigen der deutschen idealistischen Ästhetik. Bis in Einzelheiten übereinstimmende Theoreme, etwa bezüglich des Romans, lassen den zumindest mittelbaren Einfluß Vischers für die Wagnersche Ästhetik in „Oper und Drama" erkennen. Bedeutsam erscheint das Gewicht, welches Wagner der geschichtlichen Polarisierung von Verstand (Prosa) und Gefühl (Poesie) beimißt. Ein Abschnitt in „Das Schauspiel und das Wesen der dramatischen Dichtkunst", dem zweiten Teil von „Oper und Drama", ist dem Begriff der Sprachprosa gewidmet[6]. Sie ist das Resultat des Prosaisierungsprozesses der Sprache, der von der ursprünglichen Einheit von „Gebärde-, Ton- und Wortsprache", einem Ausdruck des Gefühls, weg zur Ausbildung der modernen Sprache des Verstandes führte. Da der Zweck der modernen Sprachen in der Darstellung von Sachverhalten liegt, die „nur der gesellschaftlichen Konvention, nicht aber der sich selbst bestimmenden Natur der Dinge" angehören, sind die von ihnen ausgedrückten Bedeutungen nicht mehr

5 Wagner, Bd. 4, S. 114.
6 Ebd., S. 96 f.

auf die konkreten Erscheinungen bezogen und als abstrakte nicht zu fühlen, sondern nurmehr zu denken. „Diese Sprache", schreibt Wagner, „beruht vor unserem Gefühle somit auf einer Konvention, die einen bestimmten Zweck hat, nämlich nach einer bestimmten Norm, in der wir denken und unser Gefühl beherrschen sollen, uns in der Weise verständlich zu machen, daß wir eine Absicht des Verstandes an den Verstand darlegen"[7]. Für Wagners Ästhetik ist selbstverständlich, daß in einer modernen Sprache, deren Zweck eine Zunahme „mechanisch vermittelnder Partikel" bedingt, nicht gedichtet, d. h. eine dichterische Absicht nicht verwirklicht, aus dem Verstand an das Gefühl mitgeteilt werden kann. Da somit Sprachprosa ebensowenig wie Endreimpoesie als Textgrundlage des musikalischen Dramas in Frage kommen, zielt die Wagnersche Argumentation in „Oper und Drama" zur stabgereimten Dichtung hin, welche einerseits als poetische Sprache einen gedrängten, dem Gefühl mitteilbaren Ausdruck besitze und andererseits die bereits explizierten Inkonvenienzen der regulären Endreimpoesie vermeide.

Die Stabreimdichtung – ihre Theorie wird hier nur insoweit rekapituliert, als es für unser Thema erforderlich ist – erscheint Wagner als diejenige Form der Poesie, welche die Realisation seiner musikdramatischen Absicht, der Verwirklichung eines dichterischen Inhaltes für das Gefühl, am besten gewährleistet. Die Funktion der Wurzel sei es, eine inhaltliche Verwandtschaft zwischen den stabreimenden Wörtern dem Gefühle zu erschließen. Es geht Wagner um die „Darstellung der Verwandtschaft der zu Tönen gewordenen Vokallaute an das Gefühl". Dies kann jedoch nicht vom Wort-, sondern erst vom Tondichter bewältigt werden[8]. Je mehr er solche ästhetische Erörterungen in den Vordergrund rückt, umso mehr unter schlägt er die kompositionstechnischen Implikationen der Stabreimtheorie.

In ihrer Essenz verschafft sie Wagner die Möglichkeit, zwischen der „Poesie der Quadratur", der schematischen Regelmäßigkeit, und der „musikalischen Prosa", der regellosen Freiheit, einen mittleren Weg zu definieren. Auf der einen Seite wird die „Poesie der Quadratur" dadurch vermieden, daß die Variabilität der Hebungszahl pro Vers und die unregelmäßigen Akzentabstände im Vers – zwei Momente, die der Stabreimdichtung der Möglichkeit, nicht der Notwendigkeit nach eigen sind – als flexibilitätstiftende Faktoren auf das kompositorische Gefüge einwirken. Auf der anderen Seite sind es die archaisierende Gedrängtheit der Sprache und ganz allgemein das Prinzip der Versstruktur, welche als gliedernde, und zwar in metrisch-poetischem Sinne gliedernde Faktoren fungieren und von der Seite des Textes her der Prosaisierung der Wagnerschen Musik Grenzen setzen.

Der mittlere Weg aber, von dem wir sprachen, ist eine Idee. In Wirklichkeit besitzt er nach beiden Seiten hin recht große Spannweiten, denen im „Ring" – auf ihn muß die Argumentation in „Oper und Drama" in erster Linie bezogen werden – verschiedene kompositorische Stufen oder Schichten entsprechen. Hatte Alfred Lorenz die in der Ring-Tetralogie enthaltenen Kompositionsstufen als von Anfang an beabsichtigte Steigerungskonzeption idealisierend zu verklären

7 Ebd., S. 98.
8 Ebd., S. 138.

70

versucht[9], so enthüllt Dahlhaus nicht allein innere Widersprüche der Konzeption, sondern weist außerdem bei den verschiedenen Kompositionsschichten unterschiedliche dramatische Funktionen nach[10]. Der Verfasser hält das der musikalischen Prosa gewidmete Kapitel von Dahlhaus' 1971 erschienenem Buch „Wagners Konzeption des musikalischen Dramas" insgesamt für grundlegend und möchte die folgenden analytischen Ausführungen als Ergänzungen dazu verstanden wissen.

Wenn Dahlhaus Wagners „Alliterationsmanie" als einen Versuch interpretiert, die komponierte musikalische Prosa, die Unregelmäßigkeit der Akzentabstände und die tendenzielle Auflösung der Periodizität, als Poesie ästhetisch zu legitimieren[11], so trifft der Satz zwar für die avancierten Partien, für die musikalischer Prosa, zu, nicht jedoch für die metrisch durchaus regelkonformen, für die der Begriff „musikalische Poesie" auch in technischer Hinsicht wohl anwendbar ist. Daß es im „Ring" ganze Strecken gebe, in welchen eine „förmlich mathematisch genaue Vier- bzw. Achttaktigkeit vorherrsche", hatte bereits Alfred Lorenz, dessen Reduktionsversuchen des Unschematischen aufs Schema wir damit keineswegs Recht geben wollen, in einer Polemik gegen Wilhelm Kienzl betont, der 1904 Wagner mit dem Hinweis, er habe die Viertaktigkeit aufgegeben, zum Vertreter musikalischer Prosa erklärte[12].

Sobald die Hebungszahl der stabgereimten Verse einigermaßen konstant bleibt, tendiert auch die Musik zu metrisch regelmäßigeren Bildungen. Zu Beginn der dritten Szene des „Rheingold" („Hehe! hehe! hierher! hierher!") singen Alberich und Mime je sieben zweihebige Verse und schließen mit einem dreihebigen. So irrelevant der Stabreim als solcher für eine Vertonung ist, so relevant erscheint hier andererseits die Regelmäßigkeit des Textes für die Strukturierung der Musik. Jede Hebung beansprucht einen halben Takt, jeder zweihebige Vers somit einen Takt. Durch die repetierende Reihung von Eintaktmotiven entstehen zwei 8 1/2, resp. 9 Takte umfassende reguläre „Sätze".

Um noch ein Beispiel in diesem Zusammenhang zu erwähnen: In den Schmiedeszenen des ersten Aktes von „Siegfried" bildet die handwerkliche Tätigkeit ein „prosaisches", ein gesellschaftlich zweckgebundenes Element, dessen rhythmische Stetigkeit der Vermittlungspunkt zu seiner Integration in das „poetische" Kunstwerk ist. Das Schmiedemotiv, sei es punktiert im 3/4 – oder unpunktiert im 2/4 – Takt, eignet sich als Eintaktmotiv weder zu geschlossener Periodenbildung noch zu musikalischer Prosa, sondern tendiert in seinem Wiederholungszwang entweder zu statischen Feldern oder zu Entwicklungspartien. Die Häufigkeit regelmäßiger Strukturbildungen in diesem Akt — es überwiegen viertaktige Gruppen — ist nach Wagners Absicht keine Regression. Die Emanzipation musikalischer Prosa ist ihm nie, auch nicht im „Siegfried" und in der „Götterdämme-

9 Alfred Lorenz, Das Geheimnis der Form bei Richard Wagner, Bd. 1, Der musikalische Aufbau des Bühnenweihfestspiels der Ring des Nibelungen, Berlin 1924, S. 61: „Natürlich durfte die symphonische Arbeit in einem Werke, welches sich durch 10 Akte lang immer steigern sollte, nicht von Anfang an mit ganzer Fülle einsetzen".

10 „Die historischen Entwicklungsstufen erscheinen ästhetisch, im einzelnen Werk, als Schichten, deren Differenz eine dramatische Funktion erfüllt". Dahlhaus, Wagners Konzeption des musikalischen Dramas, S. 70.

11 Dahlhaus, Musikalische Prosa, (1964), S. 181.

12 Lorenz, ebd., S. 53 f.

rung", Selbstzweck, sondern muß sich als Mittel zur Verwirklichung einer dramatischen Absicht rechtfertigen. Die Schilderung von Siegfrieds überschäumender Jugendkraft, seines unproblematisch gesunden Charakters, erfolgt mittels der „poetischen" Verfahrensweisen tradierter Strukturbildung.

In der dritten Szene des ersten „Siegfried"-Aktes greifen liedhafte und erzählerische Partien ineinander. Siegfrieds Schmiedelied „Notung! Notung! neidliches Schwert!" wird von Mimes Raisonnement: „Er schmiedet das Schwert und Fafner fällt er" unterbrochen. Lassen sich ganz allgemein Rezitativ- und Arienelemente bis tief in den „Ring" hinein nachweisen — dies ist zur Bestimmung der hier vorliegenden Stufe der musikalischen Prosa wichtig —, so wirkt im Schmiedelied die Refrain-Couplet-Technik als weiteres Moment der Tradition, bei dem Wagners Abweichungen vom Schema ebenso relevant wie das Schema selbst sind. Die begriffliche Scheidung in Refrain und Couplet ist beim Schmiedelied so notwendig wie schwierig. Einerseits ist die dreimalige Wiederkehr von „Hoho! Hoho! Hohei! Hohei! Blase Balg, blas die Glut!" zweifellos ein Refrain, andererseits erhält aber auch die Stelle „Notung! Notung! Neidliches Schwert!" durch ihr mehrmaliges Auftreten Refrainwirkung, obgleich sie vom Schema her zum Couplet gerechnet werden müßte.

Viermal erscheint das eigentliche Couplet, jedesmal mit derselben Baß- und Harmoniestruktur, ohne jedoch zweimal gleich zu sein:
1. „Zu Spreu nun schuf ich die scharfe Pracht" (S. 328 f.)[13].
2. „Wild im Walde wuchs ein Baum" (S. 333 f.).
3. „Des Baumes Kohle, wie brennt sie kühn" (S. 340 f.).
4. „Im eignen Schweiße schwimmst du nun" (S. 361 f.).

Formbildend wirkt das von den Leitmotiv-Exegeten als „Motiv der Schmelz- und Schmiedelieder" bezeichnete eintaktige Baßmotiv, zu dessen stufenweise fallendem Duktus die Vokalmelodie parallel verläuft.

Der Couplettext besteht aus dreiversigen Strophen, wobei die beiden ersten Zeilen zweihebig, die dritte aber dreihebig sind, z. B. „Zu Spreu nun schuf ich / die scharfe Pracht / im Tiegel braht ich die Spähne".
1. Das erste Couplet umfaßt einen solchen Dreizeiler. Die musikalische Akzentsetzung korrespondiert regelmäßig mit der textlichen, indem jeder Sprachakzent auf den Taktanfang fällt.
2. Das zweite Couplet besteht aus zwei Dreizeilern, welche sich, bei gleichem Verhältnis zwischen sprachlichem und musikalischem Akzent wie im ersten Couplet, klar in Vorder- und Nachsatz gliedern.
3. Ebenfalls zwei dreizeilige Strophen umfaßt das dritte Couplet, das die metrisch-harmonische Struktur des zweiten melodisch variiert. Die schematische Korrespondenz in der Akzentuierung von Sprache und Musik wird hier dadurch preisgegeben, daß Wagner zwischen den zweiten und dritten Vers der zweiten Strophe den dem Refrain entstammenden Text „Hohei, hoho, hohei" einflicht und deswegen gezwungen ist, die beiden vorangehenden Zeilen („In springenden Funken / sprühet sie auf") melodisch umzugestalten. Dadurch, daß hier die Sprachakzente auf halbe, statt auf ganze Takte fallen, entsteht Raum für die Erweiterung des Textes ohne Änderung der musikalischen Grundstruktur des Couplets. Insofern die Digression des Textes keine musikalische zur Folge hat, wird der regelmäßige Ablauf des Lieds zwar belebt, doch nicht gestört.

13 Die Seitenzahlen beziehen sich auf die Partituren der Edition Eulenburg.

4. Aufgehoben wird die Grundstruktur erst im vierten Couplet. Es wäre wegen Mimes Einwürfen kaum als solches erkennbar, besäßen wir nicht in Wagners Dichtung ein klares Kriterium für diese Bestimmung. Mimes Einschübe und die darauf folgende Neugestaltung von Melodie und Tempo haben die Funktion, das musikdramatische Geschehen über den Schluß des ersten Teils des Schmiedeliedes hinaus in Bewegung zu halten, ja es durch die Dialogisierung der Musik in einen höheren Fluß zu versetzen.

Mimes erste Einwürfe im vierten Couplet (,,Hei, weiser Wandrer!" und ,,Dünkt' ich dich dumm? ") berühren weder die syntaktische Gesamtanlage noch die Struktur von Siegfrieds Hauptmelodie, die den Liedanfang wieder aufgreift. Erst Mimes dritter Einschub (,,Wie gefällt dir nun mein feiner Witz? ") suspendiert die vorgegebene Struktur und bewirkt die Erweiterung des Couplets um vier Takte. Nach dieser Digression leitet Siegfrieds letzter, dreihebiger Vers mit neuer Melodie und neuem Orchestersatz (Schwertmotiv) zur Prozedur des Gießens über. Diese Stelle und der Zwiegesang von Siegfried und Mime am Schluß des Aktes verdienen wohl den Namen ,,dialogisierte Musik", welche Wagners Theorie als Ideal musikdramatischer Gestaltung entwickelt. Nach Dahlhaus[14] ist ,,die musikalische Dialektik Beethovens bei Wagner zu einer musikalisch-rhetorischen geworden". Doch die ,,Dialogisierung" der Musik, so deutlich sie zur Sprengung der Periodizitätsschemata beiträgt, ist nicht identisch mit musikalischer Prosa. Für sie gibt es in der Wagnerschen Musik noch andere Quellen.

Die wichtigste dieser Quellen scheint dem Verfasser in der Tradition des Recitativo accompagnato zu liegen. Wagner kritisiert bekanntlich im ersten Teil von ,,Oper und Drama" die für die Oper bisher konstitutive Unterscheidung zwischen Arie und Rezitativ, entwirft eine Vermittlung zwischen beiden, im Drama gegensätzlich fungierenden Formprinzipien und rühmt wenig später am ,,Tannhäuser", bereits in ihm sei der Wechsel zwischen Rezitativ und Gesang aufgehoben[15]. Zwar weiß er um die Bedeutung des instrumentalen Rezitativs bei Beethoven und Liszt — an seiner Interpretation des Rezitativs der Celli und Bässe in Beethovens neunter Symphonie lobt er den ,,fast ganz wie frei sich ausnehmenden Vortrag"[16] —, zwar anerkennt er auch beim vokalen Rezitativ die ,,freiere Bewegung des musikalischen Ausdrucks", doch kritisiert er daran den ,,bloß rhetorischen Ausdruck", der sich nie ,,zur Melodie aufschwingen" könne, ohne in die Gesangsform der Arie zurückzufallen[17].

Seit dem Aufblühen der Polemiken um Wagners Werk hat die Diskussion um die Relevanz der Rezitativtradition in ihm für Apologie und Polemik eine große Rolle gespielt. Liszt verteidigt 1850 den ,,Lohengrin" mit dem Hinweis auf die Übereinstimmung der musikdramatischen Grundsätze von Wagner und Gluck und meint, Wagner hätte gewiß, wenn es nicht bereits geschehen wäre, das Vorwort zur ,,Alceste" geschrieben. Durch die ,,deklamierende Beredsamkeit und die Sensibilität der Instrumentation" knüpfe Wagner außerdem an die Tradition Webers

14 Dahlhaus, Wagners Konzeption des musikalischen Dramas, S. 110.

15 Über die Aufführung des ,,Tannhäuser", Bd. 5, S. 128.

16 Bericht über die Aufführung der 9. Symphonie von Beethoven (1846 in Dresden), Bd. 2, S. 54.

17 Wagner, Bd. 3, S. 314.

an[18]. In gleicher Weise wie bei Hanslick hat auf Seiten der Polemik im zwölften „Brief über Richard Wagner an einen ungen Komponisten" von Johann Christian Lobe die Betonung des Recitativo accompagnato als Technik, die dem „Lohengrin" und der „Euryanthe" gemeinsam sei, keinen andern Zweck als Wagners Originalitätsanspruch herabzusetzen[19]. Gegen Leichentritt, Soubis und andere Forscher, welche Wagner in die Linie der Rezitativtradition einreihten, insistiert Alfred Lorenz ein halbes Jahrhundert später auf der historischen Leistung Wagners, dessen „vereinheitlichendes Genie eine stets originäre, ausdrucksvolle Musik" geschaffen habe, und behauptet, es sei lediglich die äußere Erscheinung der Musik, die rezitativähnlich sei[20].

Neuerdings hat auch Carl Dahlhaus darauf hingewiesen, daß die Tradition des Recitativo accompagnato „eine der tragenden Voraussetzungen" des musikalischen Dramas ist[21]. Dem Verfasser scheint allerdings, Dahlhaus versäume, sämtliche sich aus diesem Sachverhalt für die musikalische Prosa ergebenden Konsequenzen zu ziehen, wenn er unter dem Begriff in erster Linie die Auflösung der „quadratischen" Periodenstruktur versteht. Die musikalische Prosa entstand bei Wagner nicht nur durch die Auflösung der syntaktischen Quadratur, des in der Einleitung mit „musikalischer Poesie" bezeichneten Systems der Harmonik und Metrik, sondern auch durch die Weiterentwicklung und Neuformierung von Rezitativtechniken, für die der schematische Grundriß nie Gültigkeit besessen hatte[22]. Sowohl die „Prosaisierung" der Poesie – als Auflösung der regulären Periodizität – als auch die „Poetisierung" der Prosa – als metrische Verfestigung von ursprünglich vagen Rezitativformeln – konstituieren Wagners musikalische Prosa, ohne daß die Entscheidung darüber, welcher der konträren Prozesse wirksam sei, in jedem Fall leicht zu treffen wäre. Kompositorische Momente der Rezitativtechnik sind ebenso wie Relikte von geschlossenen Formen nicht allein für Wagners „romantische" Opern grundlegend, sondern lassen sich bis weit in die Ringkomposition hinein, bis zum „Siegfried", als tragende Basis nachweisen. Erst in der „Götterdämmerung", wo erstmals der Begriff eines „Netzes" von Leitmotiven in einem symphonischen Orchestersatz sich objektiviert – bis dorthin, also auch noch im „Siegfried", kann meist bloß von einem Leitmotiv-„Faden" gesprochen werden –, verliert die Rezitativtechnik an Bedeutung.

18 Franz Liszt, Gesammelte Schriften, hg. u. üs. v. L. Ramann, Bd. 3, Dramaturgische Blätter, 2. Abt. Richard Wagner, Leipzig 1881, S. 139.

19 Johann Christian Lobe, Fliegende Blätter für Musik, Leipzig 1855, Bd. 2, S. 31.

20 Alfred Lorenz, Das Geheimnis der Form bei Richard Wagner, Bd. 1, S. 63.

21 Dahlhaus, Soziologische Dechiffrierung von Musik, Zu Theodor W. Adornos Wagnerkritik, The international review of music aestetics and sociology, Vol. I, Nr. 2, Dez. 1970, S. 141 und 145.

22 Ernst Kurth, dem manche Einsichten in den Prosaisierungsprozeß der Musik zu verdanken sind – den Begriff der musikalischen Prosa hat er allerdings nicht explizit verwendet –, schrieb: „Die unmittelbarste historische und technische Vorform, von der Wagner zum freien Sprechgesang selbst weiterschreiten konnte, stellt denn auch das Rezitativ dar; als die einzige Melodieform, die sich nie ganz der Viertaktigkeit und dem scharf zäsierenden rhythmischen Grundgefühl unterworfen hatte ... ". Die romantische Harmonik und ihre Krise in Wagners Tristan, 2. Aufl. Bern 1923, S. 443.

Drei Beispiele aus der „Walküre" mögen den Sachverhalt präzisieren. Nach Hundings Befehl, Sieglinde solle sich zur Nachtruhe begeben, wird in der zweiten Szene des ersten Aktes das Fortgehen der Frau szenisch-musikalisch auskomponiert. Die szenische Gebundenheit der Wagnerschen Musik ist ein Faktor ihrer Prosaisierung. Die Musik, die simultan zur visuellen Darstellung der äußeren Momente der Handlung erklingt, löst sich vom „Tanz"- oder „Vers"-Schema und versucht, die Gangart der Handlung nach Tempo und Charakter nachzuzeichnen. Die 58 Takte von Sieglindes Abgang gliedern sich, den Wagnerschen Regieanweisungen gemäß, in vier Phasen:

1. T. 1—48: (Nach dem Wortlaut der Dichtung) Sieglinde nimmt sinnend ein Trinkhorn vom Tisch, geht zu einem Schrein, aus dem sie Würze nimmt, und wendet sich nach dem Seitengemache: auf der obersten Stufe bei der Thür angelangt, wendet sie sich noch einmal um, und

2. T. 49—52: richtet auf Siegmund — der mit verhaltenem Grimme ruhig am Herd steht, und einzig sie im Auge behält — einen langen, sehnsüchtigen Blick, mit welchem sie ihn endlich auf eine Stelle im Eschenstamme bedeutungsvoll auffordernd hinweist.

3. T. 53—54: Hunding, der ihr Zögern bemerkt, treibt sie dann mit einem gebietenden Wink fort.

4. T. 55—58: worauf sie mit dem Trinkhorn und der Leuchte durch die Thüre verschwindet.

Die erste und inhaltsreichste Phase des Abgangs beginnt in c-moll, der Tonart, welche als Tonika die ganze Szene zusammenklammert, und zwar mit dem Tonrepetitionsmotiv der tiefen Streicher, einer Variante des Hunding-Motivs, das von der ausdrucksvollen Clarinettenmelodie (Sieglinde-Motiv), einem Paradigma sprechender Instrumentalmelodik, abgelöst wird. Der metrische Aufbau dieses ersten Teiles, der in sich durch den Tonikaabschluß und den Wechsel der Instrumentation in Takt 28 zweigegliedert wird, stützt sich sowohl auf stabilisierende als auch auf befreiende Elemente. Prosahaft wirken zum einen metrische Lizenzen wie die erste Phrasengliederung von drei und fünf Takten, zum anderen das Schweigen, in das die freien Melodien verebben. Stabilisierender Faktor ist vor allem die übergeordnete Fügung der Motive und Motivgruppen: das Schema von Sequenz und Motivvariation ist traditionell. Ein Streichertremolo bereitet die zweite Phase vor, Sieglindes stummen Hinweis auf das Schwert. Baßtrompete und Oboe lassen in geheimnisvoller Symbolik das „Schwertmotiv" anklingen, doch unvermittelt und abrupt treiben forsche Gebärden von Hunding — die rauhen Tuben mahnen an Kriegesklang — Sieglinde erneut zum Weggang an. Mit einem letzten Blick auf ihren Bruder und der damit ausgedrückten Hoffnung korrespondiert im ursprünglich langsamen Tempo ein nochmaliges Erklingen des Schwertmotivs über dem Tonika-Quartsextakkord.

Ein für die „Walküre" äußerster Grad an Divergenz zwischen Versstruktur und musikalischer Taktordnung besteht in der Partie Sieglindes „O fänd' ich ihn heut' und hier, den Freund" bis „umfing den Helden mein Arm" aus ihrem Dialog mit Siegmund in der dritten Szene des ersten Aktes. Die Stelle ist, nach Dahlhaus' Kriterien, eine „dichterisch-musikalische Periode"von 34 Takten Umfang. Die sechzehn Verse der Dichtung, 14 zweihebige und zum Schluß zwei dreihebige, gliedern sich, in Korrespondenz zu ihrem Inhalt, in der Komposition in fünf Teile, die sich allerdings verschieden deutlich voneinander abheben. Eingangs schlagen vier einleitende Takte mittels des Schwertmotivs den neuen, ariosen Charakter an.

Takte	Verse	
1. 4–11	1–4	der erste Vers umfaßt drei Takte, der zweite zwei, der dritte und vierte zusammengenommen zwei Takte.
2. 12–18	5–8	fünfter und sechster Vers umfassen zusammen drei siebter und achter vier Takte.
3. 19–22	9,10	dieser dritte Teil ist eine Wiederaufnahme von Takt fünf weg, die um einen Takt verkürzt ist, da der zehnte Vers nur einen, statt zwei Takten umfaßt.
4. 23–26	11–14	pro Vers ein Takt.
5. 27–34	15,16	der 15. und 16. Vers sind dreihebig. Der 15. umfaßt drei, der 16. fünf Takte, wobei nochmals auf die Musik von Takt fünf zurückgegriffen wird. Die Silbe „Hel – den" ist über ganze zwei Takte gedehnt.

Der Entwicklungsstand der Harmonik ist typisch für die „Walküre". Zwar handelt es sich noch nicht um „schwebende" Tonalität nach Schönbergs Definition, doch läßt der Eintritt der Tonika bis zum Schluß der „dichterisch-musikalischen Periode", also während 33 Takten, auf sich warten. Der dreimalige Bläsereinsatz zu Beginn des ersten, dritten und fünften Teils auf der Subdominante, resp. Tonika läßt jedoch an der durchgreifenden Tonikafunktion von G-dur keinen Zweifel entstehen. Die Dehnungs- und Kontraktionsmöglichkeiten, die der Sprachvers bei der Melodiegestaltung erfahren kann, sind bereits sehr groß. Extreme Beispiele sind der zweihebige Vers „O fänd' ich ihn heut", der drei Takte umspannt (T. 4–7), und die beiden zweihebigen Verse „käm' er aus Fremden / zur ärmsten Frau", welche zusammengenommen ganze zwei Takte ausfüllen (T. 9–11).

Insofern, als von einer syntaktisch regelmäßigen Periodisierung keine Rede sein kann, ist ein zentrales Moment musikalischer Prosa erfüllt. Trotzdem weist die neue Art der Formbildung noch deutliche Überreste der alten auf. Der Halbschluß zur Submediante im elften Takt ließe sich, bei anderer Fortsetzung, durchaus als Ende eines Vordersatzes auffassen. Neben den Sequenzen im zweiten und vierten Teil wirkt in erster Linie die erwähnte dreimalige Exposition des Fanfarenmotivs in den übrigen Teilen formbildend für die „dichterisch-musikalische Periode", deren Vokalmelodie arios und deren Orchestersatz tendenziell symphonisch sind. Ihre musikalische Prosa beruht hier nicht auf einer wie immer auch neu formierten Rezitativtechnik, sondern ist ein Exempel für die ebenfalls wirksamen Kräfte, die von Innen heraus tatsächlich zu einer Auflösung des ursprünglich kompakten Gefüges der Syntax hinstreben.

Von der Stelle in der ersten Szene des zweiten Aktes der „Walküre", wo Wotan der Forderung Freias nachgibt – „Was verlangst du? – Lass' ab von dem Wälsung!" –, einem Höhepunkt des Dramas, sagt Dahlhaus, die „syntaktische ‚Qua-

23 Wagners Konzeption des musikalischen Dramas, S. 67/68.

dratur' sei in ‚musikalische Prosa' aufgelöst und die ‚feste' Tonalität in eine ‚schwebende' übergegangen"[23]. Gleichwohl resultiert die musikalische Prosa der Stelle weniger aus der Auflösung einer periodischen Syntax, sondern eher umgekehrt aus einer Verdichtung und Verfestigung ursprünglich vager Rezitativtechniken.

Der achtfache Tempowechsel innerhalb der dreißig Takte — das Tempo dependiert von den Handlungscharakteren — trägt entscheidend zur Prosaisierung der Musik bei, insofern er die Rezitativstruktur des Dialogs von der früher im allgemeinen willkürlichen Tempowahl entbindet und die Kategorie des Tempos zum konstitutiven Element prosaischer Formbildung erhebt. In der Regelmäßigkeit des Wechsels zwischen den Dialogpartnern und in der strengen Zuweisung der Tempi an sie — dem zögernden Wotan („langsamer") steht die fordernde Fricka („lebhafter") gegenüber — ist allerdings noch ein Element zu sehen, das wie die konstitutive Leitmotiv- und Sequenztechnik eine Entfaltung zu voller Freiheit verhindert. Die Harmonik, von Dahlhaus mit Schönbergs Terminus „vagierend" bezeichnet, besteht nicht nur aus schroff divergierenden Tonarten, sondern es zeichnet sich, bei aller Kühnheit im Berühren von Nebenstufen, die Umklammerungsfunktion ab, welche c-moll (dur) in diesem Dialog als Grundtonika erfüllt, vorausgesetzt, die Periode reiche nicht nur bis „Die Walküre walte frei", sondern umfasse auch die folgende Forderung Frickas „Verbiete ihr Siegmunds Sieg", mit der die Harmonik zur Ausgangstonika C zurückkehrt.

Wagners „Ring" ist reich an Charakteren des Gemeinen, Niederträchtigen, Häßlichen. Verschieden sind die Erscheinungsweisen bei den Nibelungen Alberich und Mime, bei den Riesen Fasolt und Fafner, und schließlich beim Menschen-Heroen Hagen. Da indes in der Gestalt des Drachen das Böse sich besonders drastisch als das Häßliche visualisiert, eignet sich der zweite Akt des „Siegfried" am besten zur Untersuchung der Frage, auf welche Weise sich das Häßliche, dessen Relevanz für den Prosabegriff im ersten Kapitel erörtert wurde, in Wagners Musik realisiere.

Zur Charakterisierung von Fafners Drachengestalt — sie ist nicht formlos, sondern unförmig-plump — bedient sich Wagner nicht metrischer Lizenzen, sondern koloristischer und rhythmisch-intervallischer Mittel. Die Instrumentation des zweiten Aktes ist singulär. Vor dem düstern Hintergrunde von Streichertremoli schleppen sich, von Bässen, Pauken und Kontrabaßtuba in tiefsten Lagen gespielt, die Fafner- und Wurmmotive mühsam vorwärts. Wer hier musikalische Prosa im Sinne einer Emanzipation der Syntax erwartet, sieht sich vom stets konkreten Denken Wagners getäuscht: es sind regelmäßig wiederkehrende Zwei- und Fünftaktgruppen, die des Drachen mühselig-prosaische Fortbewegung charakterisieren. Intervallisch konstitutiv ist der Tritonus des Fafnermotivs, der, wie im Freischütz, zur Darstellung des Bösen als des ästhetisch Häßlichen verwendet wird. Die stärkste musikdramatische Wirkung erreicht Wagner an der Stelle, wo Siegfrieds Kampf mit dem Drachen beginnt.

Mitten in Siegfrieds unschuldig-natürlichem Hornspiel, das dem ebenfalls die schuld- und vertragslose Sphäre der Natur verkörpernden Waldvogel gilt, regt sich, in beabsichtigter tonaler Beziehungslosigkeit — es, fes, ges gegen Siegfrieds F-dur —, das Wurmmotiv der Tuben in rhythmischer Überdimensionalität, bringt Siegfrieds Melodie zum Abbruch und leitet damit den Kampf ein. Nach Wagners Anweisung hat der Sänger des Fafner durch ein Sprachrohr zu singen. Die Steigerung und Verzerrung der menschlichen Stimme ist hier als Funktion von Häßlichkeit eingesetzt. Fafner, der vor dem Kampf kaum andere Intervalle als Tritoni brüllt, steht ein für Archaisch-Schreckhaftes. Das Häßliche erscheint hier als Vorschönes, nicht als destruierte Schönheit.

Umrahmt wird Siegfrieds Kampf mit Fafner durch die Waldweben- und Waldvögel-Episoden, das eine Mal instrumental, nach der Berührung mit Fafners Blut auch vokal.

Die Musik als besonderer Erscheinung des Kunstschönen steht außerhalb der Programmusik dem Naturschönen beziehungslos gegenüber. Der Gesang von Vögeln gilt seit jeher als Punkt, an dem sich Natur und Kunst treffen. Als akustische Erscheinung der belebten Natur hat er Melodik und die Tendenz zur Wiederholung mit der Kunstmusik gemeinsam. Im Unterschied zum „Rheingold"-Vorspiel, wo das Naturschöne im Kantischen Sinn als Erhabenes, Schreckhaft-Großes im Kunstgebilde auftrat, erscheint es hier als poetisches Phänomen, welches sich dem naturhaften Siegfried auf wunderbare Weise offenbart. Überhaupt manifestiert sich Natur bei Wagner niemals als Prosa im metaphorischen Sinn, sondern soll, gemäß seiner Intention, den extremen poetischen Gegensatz zur Sphäre der Prosa bilden, die ursprüngliche Einheit der Poesie nämlich, da sich Poesie und Prosa noch nicht als Unterschiede ausgebildet haben.

In technischer Hinsicht steht Wagners Waldweben in der Mitte zwischen dem Chaos der Natur und der Gesetzesordnung der Kunst. Die Vogelmelodien strömen stets einstimmig, niemals mehrstimmig, in einer rhythmischen Komplexität einher, die den Eindruck unreglementierter Freiheit hervorruft. Zu diesen freien Melodien bildet das taktweise Akkordwechseln des grundierenden Streichertremolos einen unaufdringlichen Gegenpart der Regelmäßigkeit. Die von den Leitmotivexegeten aufgezählten vier Waldvogelmotive — es könnten noch mehr genannt werden — sind ein- oder zweitaktige Melodien, deren metrische Position im 9/8–Takt unterschiedlich ist und deren rhythmische Strukturen aus folgender Übersicht ersichtlich werden[24]:

Seiten	Taktart	Rhythmische Struktur im 9/8–Takt	Instrument
571/572	3/4	*[Notenbeispiel]*	Oboe
572	9/8	*[Notenbeispiel]*	Flöte
573	3/4	*[Notenbeispiel]*	Clarinette
573	3/4	*[Notenbeispiel]*	Clarinette
573	3/4	*[Notenbeispiel]*	Flöte
574	4/4	*[Notenbeispiel]*	Oboe
575	4/4	*[Notenbeispiel]*	Clarinette

Die Tabelle, noch unvollständig, da die meisten Varianten nicht erfaßt sind, zeigt, zu welcher Mannigfaltigkeit rhythmischer Strukturierung Wagner fortzuschreiten imstande ist, sobald er der präformierenden Basis der Periodizität ledig komponiert. Daß die Freiheit der Vogelmusik nirgends chaotisch erscheint, beruht einerseits auf der konsequent durchgehaltenen Homophonie, andererseits auf der Regelmäßigkeit des oft zweitaktigen Einsatzabstandes der Melodien. Anzumerken wäre, daß sich der Begriff der musikalischen Variante im Sinne Ador-

24 Vgl. Antonius Sommer, Die Komplikationen des musikalischen Rhythmus in den Bühnenwerken Richard Wagners (= Schriften zur Musik, hg. v. W. Kolneder, Bd. 10), Giebig 1971, S. 108 f.

nos[25] am strengsten am „Naturschönen" ableiten ließe. Die Veränderungen, welche die beiden letzten der obenstehenden Waldvogelmotive bis zum Schluß des zweiten Aktes erfahren — sie sind ja bereits unter sich verwandt —, dürfen als Paradigmata der Variantentechnik gelten. Die Variante erscheint nämlich, im Unterschied zur Variation, als zufällige, von naturhafter Willkür hervorgebrachte Veränderung eines musikalischen Gebildes.

Der Vogelgesang im „Siegfried" ist eine der Stellen, bei welchen die Polemik gegen Wagner zu seinen Lebzeiten einhakte. Der Metriker Rudolf Westphal unterschied 1880 zwischen Melos und Melodie: Während Melos form- und rhythmuslos sei — der Vogelgesang ist ein exemplarischer Typus des Melos —, besitze Melodie eine „organische Gliederung" und entstehe aus den sich „gegenseitig subsumierenden Abschnitten" von „Versfuß, Kolon, Periode und System"[26]. Aufgrund dieser Unterscheidung mußte Westphal Wagners Begriff der „unendlichen Melodie" irrig, nämlich als contradictio in adjecto, erscheinen. Wagners „unendliche Melodie" sei in Wahrheit nichts als „unendliches Melos" und die Theorie derselben die Theorie der „rhythmuslosen Musik"[27]. Zu diesen Argumenten, womit Westphal Wagner der Formlosigkeit musikalischer Prosa bezichtigte — als Reaktion auf solche Polemiken ist Lorenz' gescheiterter Versuch zu werten, die Wagnerschen Großformen als tektonische Gebäude zu sanktionieren —, fügt Westphal die wichtige Bemerkung bei, rhythmuslose Musik sei schwerer im Gedächtnis zu behalten und könne darum weniger „volksmäßig, d. i. Gemeingut des Publikums werden"[28]. Mit diesen Worten ist eine gesellschaftliche Dimension des Begriffs musikalischer Prosa angesprochen, die als Rezeptionsproblem esoterischer Musik im Verlauf des musikalischen Prosaisierungsprozesses bis hin zur gegenwärtigen Avantgarde Gegenstand heftiger Auseinandersetzungen ist.

Nicht nur in den Ausführungen Westphals, die bei allem Irrtum doch wahre Momente der Wagnerschen Musik anvisieren, klingt ein Zusammenhang zwischen den Begriffen „unendliche Melodie" und „musikalische Prosa" an. Objektiv besteht ein Zusammenhang zwischen ihnen; sei es, daß „unendliche Melodie" in

25 Theodor W. Adorno, Mahler, eine musikalische Physiognomik, Frankfurt am Main, 1960, S. 116 f. Vgl. aber anderseits den Versuch, die Gesetzlichkeit der Variantenkonstruktion im ersten Satz von Mahlers Dritter Symphonie zu bestimmen, unten S. 97 f.
Zum Problem des Variantbegriffs vgl. auch Maria Porten, Zum Problem der „Form" bei Debussy. Untersuchungen am Beispiel der Klavierwerke, München 1974.

26 Rudolf Westphal, Allgemeine Theorie der musikalischen Rhythmik seit J. S. Bach, S. XLVI f. Um die Jahrhundertwende greift Franz Saran den Begriff des Melos auf und unterscheidet zwischen orchestischem, sprachlichem und melischem Rhythmus. Der „orchestische" Rhythmus umfaßt die „Marsch-, Arbeits- und Tanzbewegungen", der „sprachliche" die poetische Prosa und das Rezitativ, beim „melischen" Rhythmus aber „erfaßt der rhythmische Trieb den reinen musikalischen Ton", wodurch der „reinste Ausdruck der psychischen Gliederung der Gemütsbewegungen" entstehe. Sarans Beispiele des melischen Rhythmus sind u. a. die Hirtenmelodie zu Beginn des dritten Aktes von „Tristan" und die Vogelstimmen im „Siegfried". Vgl. Franz Saran, Deutsche Verslehre, München 1907, S. 141 f.
Walter Wiora griff 1957 Sarans Begriff des melischen Rhythmus auf; Europäische Volksmusik und abendländische Tonkunst, Kassel 1957, S. 196 f.

27 Westphal, ebd., S. XXXVIII.

28 Ebd., S. L.

kompositionstechnischer Hinsicht, wie bei Ernst Kurth, als „Überwindung des Elements, das die klassische Melodik im Bann der gezirkelten Zweitaktigkeit und all der noch größeren, auf ihr beruhenden und synthetisch aufbauenden Proportionen bis in die symmetrische Periodisierung hinein hielt"[29], verstanden wird, oder sei es, daß darunter, wie bei Carl Dahlhaus, ein primär ästhetischer Begriff, nämlich die „Knüpfung eines Motivzusammenhangs", der garantiert, daß die Musik „in jedem Augenblick Sinnvolles zu sagen hat"[30], gemeint wird[31]. Offenkundig ist die tendenzielle Übereinstimmung zwischen Ernst Kurths Theorie der romantischen Harmonik und der musikalischen Prosa, wenn Kurth in psychologischer Terminologie von den „Erregungen unterhalb der Klänge" spricht, wodurch „von unten herauf die klassischen Harmonieformen aufgewellt und bis zu vollem Zerfließen gelöst werden, ... und für neue Bedingungen der Klangbildung die Voraussetzungen entstehen"[32].

Auf welche Weise der mittels der Leitmotivtechnik geknüpfte Motivzusammenhang, die Idee der „unendlichen Melodie", mit der gleichzeitigen Irregularität der Syntax zusammenhängt, wird von Dahlhaus überzeugend erläutert[33]. Dahlhaus' Theorie des bei Wagner gültigen „Ausgleichsprinzips" muß an dieser Stelle kurz rekapituliert werden. Dem „Analogieprinzip", demzufolge „der Grad der Simplizität oder Kompliziertheit, den die Syntax ausprägt, dem der Form entsprechen müsse", stellt er das „Ausgleichsprinzip" entgegen: „das Prinzip, daß der melodische oder thematisch-motivische Zusammenhang um so dichter und prägnanter sein müsse, je verwickelter oder brüchiger die musikalische Syntax ist, und daß umgekehrt bei einer schematisch regulären Periodenstruktur die formbildende Wiederkehr von Melodieteilen, Themen oder Motiven akzidentell oder sogar überflüssig erscheint". „Lohengrin ist, um grob zu kontrastieren", heißt es später, „regulär in der musikalischen Syntax und schwer faßlich — arm an melodischen Zusammenhängen — in der Form. Umgekehrt ist der „Ring" reich an formbildenden, prägnanten Motivzusammenhängen ... , doch verwickelt und irregulär in der musikalischen Syntax".

So grundlegend Dahlhaus' Einsicht in die Entwicklung der Wagnerschen Kompositionstechnik ist, so scheint dem Verfasser doch, daß aus dem Sachverhalt des „Ausgleichprinzips" nur teilweise, nämlich nur für den „Ring", die Konsequenzen für die Bestimmung des Begriffs der musikalischen Prosa bei Wagner gezogen werden. Die Auflösung der syntaktischen „Quadratur" und die neue Verwendung von Rezitativtechniken im „Ring" bleiben in ihrer Relevanz für die musikalische Prosa unbestritten. Doch dieser Aspekt ist nicht der einzige Punkt, wo

29 Ernst Kurth, Romantische Harmonik, S. 444.

30 Dahlhaus, Wagners Konzeption des musikalischen Dramas, S. 35 u. 107.

31 Vgl. dazu Fritz Reckow, Unendliche Melodie, in: Handwörterbuch der musikalischen Terminologie, hg. v. H. H. Eggebrecht, Wiesbaden 1972 f.

32 Kurth, ebd., S. 31. Kurths Satz, Wagners Musik „löse sich von der rhythmisch bedingten Geometrisierung wieder zu ungebundener Formausspinnung" zwar in entscheidender Weise, doch „noch keineswegs in einem bis ans letzte durchgreifenden Masse", erfaßt die Wagnersche Stufe innerhalb des Prosaisierungsprozesses der Musik präzis. Ebd., S. 445/446.

33 Wagners Konzeption des musikalischen Dramas, S. 50 und 51.

sie sich in Wagners Werk verwirklicht, denn es lassen sich verschiedene Momente des Prosabegriffs auf verschiedene Entwicklungsstufen Wagners beziehen. Die „Armut an melodischen Zusammenhängen" in den romantischen Opern, namentlich im „Lohengrin", erweist im (gewiß nur tendenziellen) Vermeiden melodischer Wiederholungen das Prinzip jener Melodiebildung als eines der musikalischen Prosa. Ohne die Melodiebildung im „Lohengrin" mit derjenigen einer nicht durch „wiederkehrende Momente gebundenen Melodie" – so nannte Wagner in „Oper und Drama" die Melodie musikalischer Prosa[34] – umstandlos gleichzusetzen, muß die Freiheit der Melodik im „Lohengrin", deren Ausmaß noch ebenso begrenzt ist wie das der syntaktischen Emanzipation im „Ring", dennoch als Element der musikalischen Prosa bei Wagner anerkannt werden.

Der hier angesprochene Sachverhalt, die Stufe der musikalischen Prosa in Wagners romantischen Opern, vermag, zu einem Teil wenigstens, die gegen diese gerichtete zeitgenössische Polemik zu erklären. Johann Christian Lobe analysiert 1855 im sechsten der „Briefe über Richard Wagner an einen jungen Komponisten" die ersten 61 Takte des Allegros der „Tannhäuser"-Ouvertüre mit einer, wie er meint, „mikroskopisch jedes Einzelne durchforschenden Genauigkeit"[35]. Nachdem er das „Urmaterial der Gedanken", 19 eintaktige Motive, von denen keines „absolut neu sei", aufgezählt hat, werden die 61 Takte in elf aufeinanderfolgende Abschnitte eingeteilt. Uns interessiert in diesem Zusammenhang nicht, wieweit Lobes „mikroskopische" Analyse im Einzelnen stimmt, sondern mit welchen Worten dieser Kritiker, der kein Dilettant war und es mit den Regeln der Kunst ernst meinte, die ungewohnten Entwicklungsprinzipien der Wagnerschen Melodik zu fassen versuchte. „Von diesen fünf Bilderchen", so nennt Lobe die Melodien der ersten fünf Abschnitte, „hat keines das Geringste mit dem anderen gemein, jedes ist ein in Gestalt und Sinn von jedem andern ganz verschiedenes Wesen. – Wollte man eine Rede in dieser Weise beginnen, so könnte sie etwa lauten: ,Ich ging gestern spazieren. Die Kirche war heute sehr schlecht besucht. Der Himmel droht mit Regen. Ich freue mich. Der grüne Baum.' Hier haben Sie fünf kurze nacheinander erregte Vorstellungen, wovon jede für sich verständlich ist, alle zusammengenommen aber keine Gedankeneinheit erkennen lassen. – Die nach jenen fünf Bilderchen folgenden sechs musikalischen Gedanken kann man als Perioden bezeichnen; aber auch bei ihnen verliert sich die Empfindung des Aphoristischen nicht, und so huschen in diesen einundsechzig Takten elf Vorstellungen an uns vorüber, die mag jede für sich so wahr sein als sie wolle, zu einem klaren Organismus sich nicht verbinden, und unausbleiblich den Eindruck des Verworrenen hervorbringen müssen"[36]. Obgleich „die Empfindung des Aphoristischen" nicht dasselbe wie die „Bedeutungsprägnanz eines Aphorismus" ist – dieser Inhalt wird bei Schönberg zur Grundkategorie musikalischer Prosa –, darf doch Lobes Ausdruck, ebenso wie der von Schumann auf Berlioz gemünzte, insofern als Bezeichnung für ein Ingrediens des Begriffs musikalischer Prosa gelten, als damit eine antiklassische, gegen die Regeln musikalischer Konsequenzlogik verstoßende Formbildung angedeutet wird.

34 Vgl. oben S. 76.

35 J. C. Lobe, Fliegende Blätter für Musik, Bd. 1, S. 444 f.

36 Ebd., S. 447. Lobe vergleicht an anderer Stelle die dem „Kunstorganismus" entgegengesetzte musikalische „Unform" – sie wäre eine Komposition „ohne Einheit, ohne thematische Arbeit, ohne Symmetrie der Teile und ohne Haupttonart" – mit einer „Rede ohne Interpunktion, ohne Satz-, Perioden- und Sinnabteilung", also mit schlechter Prosa.

Mit singulärer Deutlichkeit erscheinen im kompositorischen Werk und im kulturpolitischen Wirken Wagners, etwa in seinen Vorstößen zur Neuorganisation des Theaters, die veränderte gesellschaftliche Stellung des Komponisten einerseits und die fortschreitende Entwicklung des arbeitsteiligen musikalischen Produktionsapparats, des Orchesters, andererseits. Doch Wagners Ästhetik verbot es, die zunehmende Relevanz der Technologie fürs Kunstwerk in diesem selbst nach außen zu kehren. Die rational produzierte Musik soll irrational perzipiert werden, alles Technische soll im „Organischen", um Wagners Lieblingswort zu gebrauchen, als verschwindendes Moment untergehen. Wenn Wagner das musikalische Drama ein „organisch Seiendes und Werdendes" nennt[37], so soll sein Kunstwerk als Natur gelten. Doch über diesen traditionellen ästhetischen Ansatz hinaus gründet der Sachverhalt, daß bei Wagner Natur zu einer Grundkategorie des Werkes werden konnte — man denke etwa an den „Ring" —, in deren Gegenteil, der Technik.

An dieser Stelle, dem Schluß dieses Kapitels, möchte der Verfasser den Zusammenhang skizzieren, der zwischen der Instrumentation[38] — denn in erster Linie handelt es sich um deren Technik — und der Entwicklung der musikalischen Prosa besteht.

Die Instrumentation zur Zeit der Wiener Klassik war dem Prinzip nach eine strophische Strukturierung in Blöcken. Hauptklangträger war der homogene Klangkörper des Streichertuttis, demgegenüber die Holz-Gruppe schematisch behandelt werden konnte, während die Hauptfunktion des Blechs im Forte-Zusatz lag. Diese blockhafte Anordnung gewährte dem Komponisten vom Klang her keine Unterstützung für eine prosaische Strukturierung der Musik, sondern war das instrumentationstechnische Korrelat zum periodischen System der Syntax.

Eine bereits bei Schubert sichtbare Tendenz zur Aufhebung dieses instrumentationstechnischen Grundschemas wird im „Lohengrin", einem Zentrum für diesen Aspekt des Komponierens[39], weiter kultiviert. Sobald Holz und Blech als „buntere" Klangkörper, um damit den Unterschied zur Homogenität der Streicher anzudeuten, sich emanzipierten und die Streicher von ihrer Funktion als alleinigem Hauptklangträger entbanden, erwies sich das Schema der Wiener Klassik, das ihren Einsatz regulierte, als nicht mehr tragfähig. Wagners Konsequenzen waren im „Lohengrin" die bevorzugte Setzweise von Holz und Blech in weiter Lage und in verschrankter Stellung. Die recht unschematisch gehandhabte Verschränkungstechnik ließ sich bis jetzt noch kaum systematisieren — den ernsthaftesten Versuch dazu bildet Rimsky-Korssakows Instrumentations-

37 Wagner, Bd. 4, S. 204. Vgl. dazu Tibor Kneif, Die Idee des Organischen bei Richard Wagner, in: Das Drama Richard Wagners als musikalisches Kunstwerk, hg. v. C. Dahlhaus, (= Studien zur Musikgeschichte des 19. Jahrhunderts, Bd. 23), Regensburg 1970, S. 63 f.

38 Vgl. dazu Egon Voss, Studien zur Instrumentation Richard Wagners (= Studien zur Musikgeschichte des 19. Jahrhunderts, Bd. 24), Regensburg 1970. Vgl. auch Peter Nitsche, Klangfarbe und Form. Das Walhallthema in Rheingold und Walküre, in: Melos/NZ, 1. Jg. Heft 2, Mainz 1975, S. 83 f.

39 Vgl. Theodor W. Adorno, Versuch über Wagner, München/Zürich 1964, S. 73 ff.

lehre[40] — und wird darum oft mit irrationalen Argumenten, wie Wagners Genialität usw., erklärt.

Doch wie musikalische Prosa überhaupt insofern rational ist, als sich in ihr eine musikalische Aufklärungstendenz realisiert, so scheint auch die Instrumentation des „Lohengrin" rational begründet und begründbar. Insofern als das Klangbild in der Regel über eine gewisse Zeitspanne hinweg gleich bleibt, muß auch im „Lohengrin" von Grundregistern gesprochen werden. So ergibt in tiefen und mittleren Lagen oft die verschränkte Koppelung von Fagotten und Hörnern eine Grundstrukturierung, die bei weiter Lage sehr differenzierungsfähig ist, und in welche hinein etwa Posaunen oder Klarinetten als Zusätze gesetzt werden. Zur Sicherung der Homogenität eines Mischklangs setzt Wagner wenn möglich den Farbklang, der oben als Solozusatz fungiert, auch in Mitte oder Baß. Beispielsweise erklingt oft unten die Baßklarinette als Verdoppelung von Horn oder Fagott, wenn oben die Klarinette selbständig steht[41]. Eine Analyse der Verdoppelungen — sie sind in der Oktave häufiger als im Unisono — müßte berücksichtigen, wie Wagner die harmonische Relevanz der einzelnen Akkordtöne durch die Instrumentation verdeutlicht. Doch wollen wir uns nicht in diesem „embarras de richesse" verstricken — wesentlich ist, daß der Klang im „Lohengrin" als etwas in sich Amorphes, als etwas Gleitendes, gewissermaßen als ein Medium erscheint, das erst sekundär eine Gliederung erfährt[42]. Allerdings bildet der Lohengrinsche Farbklang erst eine Vorstufe, enthält erst die Möglichkeit zur Prosastrukturierung, ebenso wie seine Syntax im Ganzen regulär ist.

Zwei einander entgegengesetzte Momente veranlassen von der Technik der Farbgebung her die Bildung prosaischer Musikstrukturen: die Möglichkeit verschwimmender, verfließender Klänge einerseits und distinkter, konturierter andererseits. Die konkrete Nutzung dieser bereits im „Lohengrin" potentiell enthaltenen Möglichkeiten für die musikalische Prosa erfolgt jedoch erst beim späteren Wagner und vor allem bei Gustav Mahler.

Auch im „Tristan", dem Fundament der neuen Musik, ist der emanzipierte Prosabegriff noch latent. Während beim „Lohengrin" trotz allem ein Denken in Klanggruppen noch vorherrscht, besitzt der „Tristan" durch die neue Funktion des Solos — sie ist gleich zu Beginn ersichtlich — eine aufgesprengtere Organisation. Den Variationsmöglichkeiten des Klangs, die hier mindestens so groß wie im „Lohengrin" sind, wächst dadurch eine neue Dimension zu, daß sie durch die motivische Arbeit, durch die Leitmotivtechnik, zusätzlich ausgewiesen und motiviert erscheinen. Der Mischklang des „Tristan" ist nicht allein ein Resultat der Instrumentation. Er ist ebensosehr ein Produkt der chromatischen Harmonik. Da die Chromatik den Klangeindruck vereinheitlicht, um nicht zu sagen ni-

40 Nikolai Rimsky-Korssakow, Grundlagen der Orchestration, redigiert v. M. Steinberg, ins Deutsche übersetzt v. A. Elukken, Berlin-Moskau-Leizpzig-New York 1922, Bd. I, S. 42 f., S. 71 f.

41 Vgl. beispielsweise die zweite Szene des zweiten Aktes, S. 294.

42 Obzwar Friedrich Nietzsches Satz, „Richard Wagner wollte eine andere Art Bewegung der Seele, welche, wie gesagt, dem Schwimmen und Schweben verwandt ist", sich vor allem auf die rhythmisch-metrische Seite der Wagnerschen Kompositionstechnik bezieht, ist der Verfasser der Ansicht, daß Nietzsches Beobachtung ihren Grund ebensosehr in Wagners Instrumentationstechnik besitzt. Vgl. Nietzsche, Gesamtausgabe, 1. Abt. Bd. 3, Menschliches, Allzumenschliches 2. Bd., Leipzig 1906, S. 73/74.

velliert, sind die Möglichkeiten, die für die musikalische Prosa im „Tristan" enthalten sind, nicht völlig ausgeschöpft. Die Kontinuität der Klänge, welche Wagner inaugurierte, ist scheinhaft.

Insofern nun, formelhaft ausgedrückt, Wagner am Schein festhält, komponiert er unprosaische Musik, Mahler dagegen, der diesen Schein als solchen aufdeckt, schreibt musikalische Prosa im emanzipierten Sinn des Begriffs. Oder, um die Grundstationen der Instrumentation hinsichtlich der musikalischen Prosa schematisch auszudrücken: „Lohengrin" baut auf der Kontinuität der Klänge auf, „Tristan" schafft den Ausgleich zwischen Kontinuität und Diskretion, und bei Mahler schließlich verschiebt sich das Gewicht zur Diskretion der musikalischen Gebilde hin.

Die notgedrungen knappen Ausführungen seien mit einem Beispiel aus Mahlers siebenter Symphonie beschlossen. Prinzipiell gilt, daß Farbe nicht „an sich", sondern erst innerhalb des Kontextes, in dem sie auftritt, definiert ist. Die innere Logik einer Einzelstelle ist durch zwei Faktoren bestimmt: durch den Zusammenhang und durch die eigene Erscheinung, kontinuierlich im Zusammenhang und diskret in ihrer Einzelheit. Es waren nicht zuletzt die Farbmöglichkeiten, welche den späten Wagner und Mahler zur plastischen Individualisierung der Musik inspirierten.

Als Beispiel solcher Individualisierung – ein Einzelgebilde, das im Kontext steht, aber zugleich aus ihm herausragt – diene jene Stelle aus der ersten Nachtmusik, wo zwei Celli mit dem Horn in skurriler Weise „dialogisieren"[43]. Das Moment der Diskretion an dieser Stelle besteht darin, daß Cello- und Hornklang gewissermaßen eine „absolute" Existenz erhalten, das Moment der Kontinuität aber darin, daß die Celli auf diese Funktion wenige Takte zuvor vorbereitet werden und insofern nicht unvermittelt zum Horn hinzutreten. Prosaisch ist diese Stelle nicht auf Grund einer besonders weitgetriebenen Konstruktivität, sondern im Gegenteil auf Grund ihres largen Charakters, überspitzt gesagt, auf Grund der Unmöglichkeit ihrer selbst. Musikalische Prosa ist im Werk Gustav Mahlers oft Ausdruck der „Unanständigkeit", der Rebellion gegen das „gute" Komponieren.

43 Mahler, 7. Symphonie, sämtliche Werke Bd. VII, hg. v. E. Ratz, Wiesbaden 1960, S. 92, 7 Takte nach Ziffer 84.

VI Konstruktion des Romans bei Gustav Mahler

> „Freunde, habt nur vorzüglich wahres, herrliches
> Genie, dann werdet ihr euch wundern, wie weit
> ihrs treibt! —"
> (Jean Paul in „Regeln und Winke für Romanschreiber")

Da der Ausdruck musikalische Prosa auf das Werk Gustav Mahlers nicht zu Lebzeiten des Komponisten bezogen wurde, sondern erst Jahrzehnte später bei Arnold Schönberg[1] und im besonderen bei Theodor W. Adorno[2] auftritt, sind einige Worte zur Begründung dieses Kapitels angebracht. Nicht zufällig dürfte sich der Einsatz der Wortgeschichte verspätet haben, legt doch die wenigstens beim frühen Mahler durchaus reguläre Syntax den Gedanken an eine prosaähnliche Struktur der Musiksprache nicht unbedingt nahe, so daß erst der umfassendere Prosabegriff, den Adorno konzipierte, einen Kern des Mahlerschen Oeuvres treffen konnte: Musikalische Prosa als Roman. Sowenig Ästhetik und Literaturtheorie seit dem deutschen Idealismus den innigen Zusammenhang zwischen Prosa und Roman verkannten — der äquivoke Prosabegriff fundierte den Roman sprachlich, formal und geschichtsphilosophisch[3] —, sowenig ist der Versuch willkürlich, ästhetische und formale Probleme der Mahlerschen Musik durch einen Rekurs auf den Roman als Kategorie musikalischer Prosa zu entschlüsseln.

Ebenso wie der literarische Roman eine Spätform ist, die noch bei Spielhagen nur als Nachfolgerin des Epos und unter Respektierung von normativen Gesetzen dramatischer Komposition ästhetische Würde erringen konnte, bezeichnet auch der musikalische Roman eine späte Entwicklungsstufe der Symphonik, die sich von der oft mit dem Drama verglichenen Sonatenhauptsatzform einerseits und dem seit der Wiener Klassik regelhaften viersätzigen Zyklus andererseits durch episch-prosahafte Tendenzen in Satzkonstruktion und zyklischer Anlage abhebt. Da die Analogie zwischen Symphoniesatz und Drama, die geschichtlich in Weimarer und Wiener Klassik auffallend koinzidiert, implizit auf einer geschlossenen Form von Drama beruht, läßt sich Mahlers Symphonik nicht nur mit dem Roman, sondern ebenso sinnvoll mit dem Typus des offenen Dramas[4] vergleichen. Beide Vergleichsformen, Roman und offenes Drama, ergänzen einander durch ihre innere Affinität, die zuerst an Shakespeares Dramen sich erschloß, von denen Friedrich Schlegel meinte, sie hätten einen „Anstrich von Roman"[5]. Die Legitimität der Analo-

---

1   Arnold Schönberg, Style and Idea, New York 1950, S. 83. Vgl. unten, S. 130 f.

2   Theodor W. Adorno, Mahler, eine musikalische Physiognomik, Frankfurt am Main 1960, passim.
    Ders., Wiener Gedenkrede 1960, in: Quasi una Fantasia, Musikalische Schriften II, Frankfurt am Main 1963, S. 115 f.
    Ders., Epilegomena, ebd., S. 138 f.

3   Vgl. oben Kapitel I, v. a. S. 28 f.

4   Vgl. Volker Klotz, Geschlossene und offene Form im Drama, in: Literatur als Kunst, hg. v. W. Höllerer, 6. Aufl. München 1972, S. 23 f.

5   Zit. n. Helmut Schanze, Friedrich Schlegels Theorie des Romans, in: Deutsche Romantheorien, Beiträge zu einer historischen Poetik des Romans in Deutschland, hg. und eingel. v. R. Grimm, Frankfurt am Main 1968, S. 65.

gie, die dieses Kapitel trägt, soll nicht im voraus diskutiert werden. Die Parallelen, die gezogen werden, möchten in keiner Weise einen anderweitig nicht erklärbaren musikalischen Sachverhalt beweisen, sondern sollen als zusätzliche Erhellung einer Formanalyse dem Leser, mit Kant zu sprechen, angesonnen werden. So bekannt die Vergleiche sind, in denen Romanciers ihre Werke mit Symphonien in Parallele setzten, so verfälschend wäre ihre simple Umkehrung, erhoffte sich doch der literarische Roman von der Musik eine Stärkung seiner oft auf Symmetrie und Wiederholung zielenden Konstruktivität, eine Tendenz mit esoterischen Konsequenzen, während Mahlers Symphonik vom Roman gerade umgekehrt eine Befreiung aus Formfesseln der Symmetrie erlangte und damit, wenigstens teilweise, durchaus exoterische Intentionen verband.

Das Roman-Kapitel in Adornos Monographie über Mahler — einem Buch, das in unvergleichlicher Weise Erkenntnis von Kunst selbst zu Kunst gestaltet, Schlegels „Übermeister" überbietend — auch nur zu erreichen, sieht sich der Verfasser außerstande, zieht aber den Ruch des Eklektizismus dem fragwürdigen Ruhm von Bilderstürmerei vor. Verzichtet wird auf den Versuch, eine Gattungstheorie oder einen Idealtypus des musikalischen Romans durch Abstraktion von Momenten zu entwickeln, die verschiedenen Werken gemeinsam sind, denn der musikalische Roman ist im Unterschied zum literarischen keine Gattung, auch dann nicht, wenn außer Mahler noch andere Symphoniker sowie Richard Wagner berücksichtigt würden. Er umfaßt vielmehr eine Tendenz von Formprinzipien, die in verschiedenen Werken unterschiedlich fungieren, weshalb sich die Frage nach Möglichkeit und Gültigkeit der Analogie, wenigstens in unserem Rahmen, am ehesten nach der gründlichen Analyse einer seiner Erscheinungsformen beantworten läßt. Nicht um sich die Arbeit zu erleichtern, fiel des Verfassers Wahl auf den Satz, der schon bei Adorno als Paradigma eines Romans erörtert wird, den ersten Satz der Dritten Symphonie, sondern weil seine Intention, Adornos Ausführungen kritisch zu ergänzen, auf einem Rekurs auf Theorien des Romans und des offenen Dramatyps beruht, der in einer Analyse dieses Satzes eine besonders geeignete Voraussetzung findet.

Zum Programm, das im Fall der Dritten Symphonie eine spezielle Bedeutung besitzt, erscheinen einige Bemerkungen eingangs nicht überflüssig. Wie die Entstehungsgeschichte des Werkes zeigt — sie ist durch den Briefwechsel mit Anna von Mildenburg und die Aufzeichnungen von Nathalie Bauer-Lechner sehr genau dokumentiert[6] —, sind die programmatischen Satztitel, die in nicht weniger als acht verschiedenen Fassungen aus den Jahren 1895—1896 vorliegen[7], nicht oder jedenfalls nicht nur „ein Versuch, eben für Nichtmusiker einen Anhaltspunkt und Wegweiser für den Gedanken- oder vielmehr Stimmungsgehalt der einzelnen Sätze und für das Verhältnis derselben zueinander und zum Ganzen zu geben" — so

6 Gustav Mahler, Briefe 1879—1911, hg. v. A. M. Mahler, Berlin, Wien, Leipzig 1925, S. 159 f.
   Nathalie Bauer-Lechner, Erinnerungen an Gustav Mahler, hg. v. J. Killian, eingel. v. P. Stefan, Leipzig, Wien, Zürich 1923, S. 19 f., v. a. S. 40 f.
   Vgl. die zusammenfassende Darstellung bei Henry-Louis de la Grange, Mahler, Vol. I, London 1974, S. 327 f.

7 Vgl. die tabellarische Übersicht bei De la Grange, ebd., S. 789 f.

Mahler 1902 an Joseph Krug-Waldsee[8] —, sondern spielten als Gesamtplan bei Konzeption und Niederschrift des Werkes zweifellos eine erhebliche Rolle für den Komponisten selbst. So naiv-hybrid die stufenmäßige Entwicklung der Welt-Totalität, die auch den metaphysischen Überbau mit einschließt, als systemstiftendes „inneres Programm" erscheint, so überraschend sind die zahlreichen Umstellungen innerhalb der scheinbar so rigiden Konzeption. Die wichtigste Modifikation, der Wegfall des 1895 noch geplanten siebenten Satzes, des Wunderhornliedes „Das himmlische Leben", dürfte damit zusammenhängen, daß der damals noch als Einleitung gedachte Teil „Der Sommer marschiert ein. (Fanfare und lustiger Marsch) ... (Nur Bläser mit Contrabässen)"[9] sich bei der Komposition im folgenden Sommer zu dem Riesengebilde der ersten Abteilung ausweitete, die, nun Einleitung und ersten Satz zusammen umfassend, mit einer Aufführungsdauer von ca. dreiviertel Stunden einer der längsten Sätze der symphonischen Literatur ist.

Wer sich die Bedeutung der Erzählung bei den Satztiteln — „Was mir das Felsengebirge erzählt" usf. — vergegenwärtigt und wer außerdem Mahlers erklärte Vorliebe für Romanlektüre, namentlich für Cervantes, Jean Paul und Dostojewsky, berücksichtigt, dem erscheint auf Seiten der Poetik eine Affinität Mahlers zu romanhaften Konzeptionen als wahrscheinlich. Mit der sechssätzigen Anlage erweiterte Mahler, nach dem Vorbild Beethovens und Tschaikowskys, die langezeit für die Gattung Symphonie normative Vierzahl der Sätze und träumte überdies anfangs von „großen Zusammenhängen zwischen den einzelnen Sätzen", woraus jedoch, von wenigen Reminiszenzen abgesehen, nichts geworden sei[10]. Daß es um die zyklische Einheit, die Mahler durch die Konsequenz des inneren Programms statt durch eine prästabilierte Harmonie von Satztypen erzwingen möchte, prekär bestellt ist, leugnet niemand. Er selbst mochte dies gespürt haben, wenn er einzelne Sätze, am häufigsten den zweiten, isoliert zur Aufführung freigab, oder wenn er bei Aufführungen der ganzen Symphonie zwischen erste und zweite Abteilung die Konzertpause einschob. Inwiefern der auf eine geschlossene Mannigfaltigkeit zielende Systementwurf gerade durch romanhafte Formtendenzen gesprengt wurde, könnte nur eine Analyse der einzelnen Sätze und ihres Stellenwertes im Ganzen aufzeigen, auf die hier ebenso verzichtet werden muß wie auf eine Entwicklung des Gedankens der „unterirdischen Kommunikation" (Adorno) zwischen den einzelnen Werken Mahlers, einer Idee übrigens, die in der Romanliteratur ihr Vorbild nicht erst bei Balzac, Dostojewsky oder Thomas Mann, sondern bereits bei Friedrich Schlegel findet, der, vielleicht von Jean Pauls frühen Romanen inspiriert, notierte: „Offenbar gehören nicht selten alle Romane eines Autors zusammen, und sind gewissermaßen nur ein Roman"[11].

Wenn Mahler nach Beendigung der Komposition in dem Brief an Max Marschalk vom 6. August 1896 eine „endgültige" Titel-Reihe fixiert, deren Überschrift „Ein Sommermittagstraum" und deren Beginn „Einleitung: Pan erwacht. Nr. 1: Der

8 Gustav Mahler, Briefe, S. 324.

9 Zit. n. Alma Mahler, Gustav Mahler, Erinnerungen und Briefe, 2. Aufl. Amsterdam 1949, S. 53.

10 Vgl. Bauer-Lechner, S. 41.

11 Friedrich Schlegel, Kritische Fragmente (Lyceum), Nr. 89, in: Kritische Friedrich-Schlegel-Ausgabe, Abt. I, Bd. 2, Charakteristiken und Kritiken I (1796—1801), hg. und eingel. v. H. Eichner, München, Paderborn, Wien 1967, S. 158.

Sommer marschiert ein (Bacchuszug)" lautet[12], und anderseits demselben Freund ein halbes Jahr zuvor von der „Plattheit, zu einem Programm Musik zu erfinden" schreibt und ihm für sein Schaffen „eine wechselvolle und vor allem durch logische Entwicklung der inneren Idee ... fesselnde Ausführung" empfiehlt[13], so ist zwar die Differenz zwischen Titel und Programm deutlich, doch erscheint nicht ausgemacht, ob Mahlers spätere Ablehnung der Satztitel seine Musik als absolute ausreichend begründet, wie Carl Dahlhaus andeutet[14]. Müßte nicht, gerade im Interesse, wenigstens auf einer ersten Stufe Poetik, Werk- und Rezeptionsästhetik zu trennen, ein Jahre nach der Komposition erfolgter Akt des Autors, der Rückzug der Titel, als Eingriff gelten, der die Rezeptionsästhetik des Werkes betrifft und demnach irrelevant für Poetik und Werkästhetik ist, für welche die Satzüberschriften ein nicht exkamotierbares Faktum darstellen? Die Frage möchte weniger beantwortet werden als vielmehr ein leises Unbehagen an der Prämisse der Analyse anmelden, die besagt, der Inhalt des Romans der Dritten, von dem allerdings nur gleichsam das erste Kapitel untersucht wird, sei nichts anderes als seine Form. Obwohl sich diese Prämisse im weiteren präzisieren wird, dünkt sie den Verfasser unabdingbar, nicht allein deswegen, weil der exzeptionelle Satzverlauf bis heute nur allzuviele Musikschriftsteller zu poetisierenden Paraphrasen inspirierte, sondern weil auch in der nach Adorno ehrgeizigsten Mahler-Interpretation von Gianfranco Zàccaro[15] noch immer vorausgesetzt wird, Raisonnement über Musik könne unmittelbar, ohne sich auf eine bis ins Subkutane der Technik dringende Formanalyse zu stützen, ihren ästhetischen und geschichtsphilosophischen Gehalt freilegen.

Unsere Analyse steht vor der Schwierigkeit, weder bloß Mittel zur ästhetischen Deskription eines Werkes noch lediglich Zweck mit dem Ziel der Theorie zu sein, sondern die Bestimmungen, die Carl Dahlhaus alternativ setzt[16], miteinander verknüpfen zu müssen. Denn einerseits geht es zwar generell um Theorie, nämlich um die Entwicklung des Begriffs der musikalischen Prosa an Mahlers musikalischem Roman, doch soll die Theorie, für die die Analyse Voraussetzung ist, nicht als Abstraktionsmodell oder Idealtyp gelten, sondern mit ihrer Voraussetzung, dem ersten Satz der Dritten, untrennbar verbunden bleiben. Auf der andern Seite darf die Analyse diesen Satz auch nicht nur als für sich befragtes Kunstwerk zum Gegenstand haben, denn Kategorien des musikalischen Romans, auf die sie sich alsdann zu stützen hätte, sind noch kaum entwickelt. So wird die Analyse, zumindest im Ansatz, sich herkömmlicher Mittel bedienen müssen — der eine wird sie innerhalb einer Abhandlung über musikalische Prosa als zu umfangreich,

12 Gustav Mahler, Briefe, S. 198.

13 Brief vom 26. 3. 1896, ebd., S. 187, und Brief vom 12. 4. 1896, ebd., S. 191.

14 Carl Dahlhaus, Die rätselhafte Popularität Gustav Mahlers, Zuflucht vor der Moderne oder der Anfang der Neuen Musik, in: „Die Zeit", 27. Jg., Nr. 19, Hamburg, 10. Mai 1972.
   Vgl. Hermann Danuser, Zu den Programmen von Mahlers frühen Symphonien, in: Melos/NZ 1. Jg. Heft 1, Mainz 1975, S. 14 f.

15 Gianfranco Zàccaro, Gustav Mahler, Studio per un' interpretazione, Mailand 1971.

16 Carl Dahlhaus, Analyse und Werturteil (= Musikpädagogik, Forschung und Lehre, hg. v. S. Abel-Struth, Bd. 8), Mainz 1970, S. 17.

der andere als zu knapp empfinden −, bis die solcherart freigelegte Werkstruktur, die keinesfalls zweckmäßig zurechtgeschnitten werden soll, sich zwangslos dem Vergleich mit dem literarischen Roman zu einer Perspektive öffnet, deren Horizont wohl imaginär bleiben und nicht blank in musikalische Begriffe einlösbar sein wird. Sollte es sich bei dieser Aufgabe um eine Quadratur des hermeneutischen Zirkels handeln, so dürfte nach Ansicht des Verfassers, der keine andere Möglichkeit sieht, das Problem des musikalischen Romans bei Mahler sinnvoll zu behandeln, die Aporie in der Sache selbst liegen.

Analyse des ersten Satzes der Dritten Symphonie

Bei der zunächst schwer überschaubaren Länge des Satzes erscheint die Präsentation einiger bereits vorliegender Gliederungen im Sinne einer Vorverständigung, die in den Problemkreis einführt, sinnvoll. Daß auch dieser Satz, wenigstens in gröbsten Umrissen, dem Sonatenschema folgt, bestreitet mit Ausnahme von Clytus Gottwald[17] niemand, doch schroff divergieren die Ansichten darüber, wie die Gliederung zu vollziehen sei, entfällt doch weitgehend das Kriterium von dessen innerer Funktionalität. Unter Absehung kleinerer Unterschiede lassen sich die Schemata in zwei Gruppen zusammenfassen. Der eine Schematypus[18] gliedert den Satz in Einleitung, Exposition, doppelte Durchführung und Reprise, der andere[19] in doppelte Einleitung und Exposition, Durchführung und Reprise. Die Differenz zwischen doppelter Durchführung und doppelter Einleitung und Exposition betrifft jedoch nicht nur den Schnittpunkt in T. 369, von dem nicht festzustehen scheint, ob er den Anfang der Durchführung oder der veränderten Wiederholung der Exposition bezeichne, sondern hat aus verständlichen doch nicht zwingenden Gründen einschneidende Unterschiede in der Bewertung des Verhältnisses von Einleitung und Exposition zur Folge. Entspricht auf der einen Seite der Annahme einer langen, doppelten Durchführung (T. 369−642) die einer ebenfalls langen Einleitung (T. 1−246) − dazwischen läge die kurze Marschexposition −, so korrespondiert auf der andern der These einer kurzen Durchführung (T. 530−642) die einer Einleitung von bloß 26 Takten, der dann eine riesige, in je zwei Hauptgruppen gegliederte Doppel-Exposition folgen würde (T. 27−529). Die Widersprüchlichkeit der beiden Schematypen beruht zum einen auf einer un-

17 Gustav Mahler und die musikalische Utopie, I. Musik und Raum, Ein Gespräch zwischen György Ligeti und Clytus Gottwald, in: Neue Zeitschrift für Musik, hg. v. E. Thomas, O. Tomek und C. Dahlhaus, 135. Jg. Heft 1, Mainz 1974, S. 9.

18 Vgl. Richard Specht, Gustav Mahler, III. Symphonie, thematische Analyse, Leipzig, Wien o. J., S. 5.
Helmut Storjohann, Die formalen Eigenschaften in den Symphonien Gustav Mahlers, Diss. masch. Hamburg 1952, S. 48 f.
Theodor W. Adorno, Mahler, S. 109.
Dieter Schnebel, Über Mahlers Dritte, in: Neue Zeitschrift für Musik, hg. v. E. Thomas, O. Tomek und C. Dahlhaus, 135. Jg. Heft 5, Mainz 1974, S. 285 f. folgt dieser Gliederung, setzt jedoch den Expositionsbeginn in T. 164 statt in T. 247 an.

19 Paul Stefan, Gustav Mahler, eine Studie über Persönlichkeit und Werk, 3. Aufl. München 1920, S. 123 zitiert die Gliederung von Johann Wagenaar.
Henry-Louis de la Grange, Mahler, S. 801 f.

terschiedlichen Verwendung der Termini, würde sich also durch eine Begriffser-
klärung auflösen, zum andern aber auf der Komplexität der Sache selbst, die zu
erhellen Aufgabe der Analyse sein wird. Die konkrete Formidee, die sich in einer
dreiteiligen Gliederung (mit doppelter Durchführung) äußert, steht nämlich mit
der materialen, vierteiligen Form, die eher der Gattungstradition (mit doppelter
Exposition) nahekommt, in einer komplexen Beziehung, auf die die Äquivoka-
tionen unseres Schemas verweisen. Es resultiert aus einer Kritik der beiden Schematypen und versucht, beider Vorteile zu vereinen.

Teil I   Exposition (T. 1–368)
          Einleitung und Exposition
          (T. 1–253)   (T. 254–368)

Teil II   Durchführung (T. 369–642)
          Einleitung',   Exposition'   und   Durchführung
          (T. 369–462) (T. 463–529)   (T. 530–642)

Teil III Reprise (T. 643–875)
          Einleitung"   und Exposition"
          (T. 643–736)   (T. 737–875)

Weder implizieren die Termini der Sonatenhauptsatzform hier nähere Funktions-
verhältnisse, noch soll durch das bloße Schema ein Traditionsbezug erschlichen
werden, denn die Schubladen der Formontologie verbürgen zu Mahlers Zeiten
erst recht kein ästhetisches Gelingen, sondern bedeuten eher ein geschichtsphilosophisches Verdikt. Wenn allerdings am Schema durchaus eine Wohlproportio-
niertheit der Hauptteile ersichtlich wird, so möchte dies zwar nicht die Satzform
als tektonische begründen, doch ein Fingerzeig dafür sein, daß Adornos Interpretation der musikalischen Prosa als Formkategorie des Satzes – das Sonatenschema
sei „wirklich nur noch dünne Hülle über dem inwendigen, ungebundenen
Formverlauf"[20] – einer Ergänzung bedürftig sein könnte. Seine Bemerkungen,
die Proportionen des Satzes seien „vorweltlich" und die Form selber würde
„schreckhaft-ungeheuerlich, Objektivation des Chaos"[21], zielen auf einen von
der „literarischen Idee des großen Pan" abgeleiteten Romanbegriff, den vorab
eine Tendenz zu Disproportionalität und Akonstruktivität kennzeichnet. Demgegenüber die innere Logik des Gebildes nachzuweisen ist die Absicht des Verfassers. Der zwar nicht völlige, doch weitreichende Ausfall der Kategorien, die
für die Logizität der traditionellen Sonatenhauptsatzform zuoberst verantwort-
lich sind und die ein „System von Funktionen" (Dahlhaus) bilden, zeitigt keinen Formzerfall, keine potpourriartige Reihung von Teilen, weil die freigesetzte
Prosa, statt ungebunden auszuschweifen, mittels neuartiger Konstruktionsprinzipien einen Roman begründet, der auch in der Musik ein „gebundenes Buch"[22]
ist.

Um keine Voraussetzungslosigkeit vorzutäuschen, sollen das innere Programm,
die wichtigsten Formprinzipien und die abstrakte Formidee des Satzes vorweg
erwähnt werden. Das innere Programm lautet in Mahlers poetisch-philosophi-

20 Adorno, Mahler, S. 108.

21 Ebd., S. 109.

22 Vgl. Arno Schirokauer, Bedeutungswandel des Romans, in: Zur Poetik des Romans,
   hg. v. Volker Klotz (= Wege der Forschung, Bd. XXXV), Darmstadt 1965, S. 20.

scher Formulierung: Entwicklung von Sein zu Werden, Entfaltung der unbeleb-
ten zur belebten Natur[23], in kompositionstechnischen Begriffen ausgedrückt
aber: Übergang von einem Trauermarsch, der virtuell an Ort und Stelle tritt
(Einleitung), zu einem Militärmarsch mit zielgerichteter Vorwärtsbewegung
(Exposition). Thematische Kontinuität, eine Voraussetzung für die zeitliche
Expansion, resultiert aus einer integralen Variantentechnik, indem wesentliche
Partien aus Trauer- und Militärmarsch von der motivisch-thematischen Substanz
des ersten Hörnerthemas zehren. Schließlich tritt, um eine obzwar heteronome
Sukzessionslogik beim Militärmarsch zu stiften, die Vorstellung einer „räumlich
bewegten Musikquelle" (Adorno) auf den Plan als ein Prinzip, das den Formverlauf gewissermaßen von außen her fundiert. Die Gesamtform des Satzes aber bildet sich dergestalt, daß diese Konzeption des inneren Programms in drei Fassungen,
den Teilen I, II und III (Exposition, Durchführung und Reprise), nach dem Modell
These, Antithese und Synthese komponiert ist, das zur Kennzeichnung des Formprozesses hier heranzuziehen keine Koketterie mit einer leider ausgelaugten philosophischen Terminologie bedeutet.

Exposition des inneren Programms (Teil I)

Nach der stolzen Vorstellung des Hauptthemas, einer Art Exordium der Symphonie, entfaltet sich der Einleitungskomplex in zwei umfangreichen Doppel-
strophen, an die sich der Militärmarsch der Exposition schließt:

Exordium (A)	Einleitung (B, B')	Exposition (C)
(T. 1–26)	a (T. 27–131), b (T. 132–163)	(ca. T. 247–368)
	a' (T. 164–224), b' (T. 225– ca. 246)	

Mit dem in strahlendem Unisono von acht Hörnern herausgeschmetterten „Weckruf"[24] präsentiert sich gleich zu Beginn die Hauptgestalt als, da Zitat[25], allseits
bekanntes Subjekt, dessen Geschichte für den Satzverlauf von größter Bedeutung, oftmals gar mit ihm identisch sein wird.

23 Vgl. u. a. Paul Bekker, Gustav Mahlers Sinfonien, Berlin 1921, S. 109: „Erweckung und
Befruchtung der Materie durch den Schöpfergeist, hier gefaßt als Geist des Naturlebens,
bildet den Inhalt des ersten Sinfonieteils".

24 Eine Partiturhandschrift aus dem Jahre 1896 übermittelt, daß Mahler einzelne Stellen
folgendermaßen bezeichnete: Zu Beginn „Der Weckruf", T. 132 f. „Pan schläft",
T. 148 f. „Der Herold", T. 539 f. „Das Gesindel", T. 583 f. „Die Schlacht beginnt"
und T. 605 f. „Der Südsturm". Zit n. Paul Stefan, Gustav Mahler, S. 125. Der Verfasser behält im folgenden den einen oder andern dieser bildhaften Ausdrücke bei.

25 Das Thema klingt an das Lied „Ich hab' mich ergeben", an Brahms' Akademische
Fest-Ouvertüre sowie an den Finalbeginn von dessen Vierter Symphonie an; vgl.
Monika Tibbe, Lieder und Liedelemente in instrumentalen Symphoniesätzen Gustav
Mahlers (= Berliner musikwissenschaftliche Arbeiten, hg. v. C. Dahlhaus und R. Ste-
phan, Bd. 1), München 1971, S. 108.

Kräftig. Entschieden

Tiefe Bläserakkorde und schließlich noch allein die Große Trommel führen über zur Sphäre des „unbelebten Seins". Über einer trauermarschähnlichen Begleitung erklingt eine Trompetenfanfare, deren überdehntes cis" sich sehnsüchtig am statischen d-moll-Klang reibt, zusammen mit einem Oktavsprung-Motiv in viermal verschiedener rhythmischer Kombination (T. 30–53). Von keinerlei Logik als der Willkür des Zufalls scheinen diese Varianten bestimmt, doch wird der Eindruck von Chaos mittels einer durchaus planmäßigen Montagetechnik erzielt. Zu den beiden Motiven gesellt sich in T. 39 ein „wild" auffahrendes Baßmotiv, gleich den andern durch einen gewissermaßen vormelodischen Gestus geprägt, als entbehre die starre Natur noch der eigentlich melodiebildenden und damit subjektivitätsstiftenden Kraft. Hatten nach dem „Exordium" die Fagotte (T. 28 f.) die Erinnerung an den Weckruf unterschwellig aufrechterhalten, so schallen in T. 58 f. in den „feurig-flüssigen" Akkord (Adorno) die Hörner, die das dreitönige Motiv des Weckruf-Nachsatzes direkt aufgreifen, durch seine Umkehrung (T. 59/60) aber auch an die Wendung der Fagotte anknüpfen, und setzen ihre Melodie rezitativhaft emphatisch fort.

In der seitensatzähnlichen Episode (b, T. 132–147, „Pan schläft"[26]) trägt die Oboe über flimmernden Streichertremoli eine liebliche Melodie vor, nächst dem Weckruf die für den Formverlauf konsequenzenreichste:

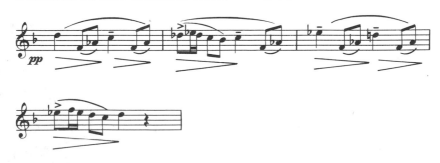

26 Vgl. oben Anmerkung 24, S. 93.

94

Ihre lyrische Fortsetzung in der Solo-Violine (D-Dur) wird von dem „Herold"-Ruf[27] der Klarinetten (Des-Dur, T. 148 f.) drastisch unterbrochen, der gleichsam von außen, ohne innermusikalische Vorbereitung, überraschend hereintönt. Der chaotisch-vorweltliche Trauermarsch, der sich bereits in der Episode b zu beseeltem Melos entwickelt hatte, scheint damit entgültig überwunden. Die Diskontinuität der Klarinettenfanfare signalisiert das heteronome Formprinzip des kommenden Militärmarsches, der, als Marschbewegung der Bässe in Gang versetzt, aber immer leiser wird und schließlich in einer langen Generalpause (T. 163) versiegt. Warum?

Poetisch-programmatische und musikalisch-tektonische Intentionen greifen ineinander: während es nach jener Konzeption wenig überzeugend wäre, bereits an dieser frühen Stelle des Formprozesses den Bewegungszug des Militärmarsches das starre Sein überwinden zu lassen, so ermöglicht der Rückfall in den Trauermarsch zugleich, die bisherige Entwicklung des musikalischen Geschehens noch einmal, als Variantenkomplex, darzustellen und dadurch den Bau des riesigen Satzes mit einem angemessenen Eingangstrakt zu eröffnen. Der Rückgriff ist zugleich Fortschritt, da der bisherige, durch kaum gebändigte kollektive Gewalt geprägte Charakter sich nun, im berühmten Posaunensolo, zu einem von individueller Trauer wandelt. Über der zum 3/2-Takt verdichteten Trauermarschbegleitung hebt ihr Gesang mit den beiden, durch sprechende Pausen geschiedenen Klagelauten an (T. 166 f.), die wohl auf die auch instrumentatorisch hervorgehobenen Töne der Takte 41, 48 und 56 verweisen, während der Fortgang, „Zwischengebilde zwischen Rezitativ und Thema, Melos und Fanfare" (Adorno), auf die Hörnerpartie von T. 58 f. rekurriert. Ob die Binnenvariante von T. 185––209 als zweite Binnenstrophe zur ersten (T. 164–184) oder als ihr Nachsatz zu verstehen sei, der sie zu einer Periode von 45 Takten ergänzen würde – die harmonische Disposition könnte dies stützen –, mag offenbleiben.

Bei der dreiteiligen Episode b' (T. 225–236) sind im Vergleich zu b die beiden hinteren Glieder vertauscht, so daß diesmal die Oboenmelodie (Des-dur) von dem Herold (C-dur) verscheucht wird[28]. Hatte sich bei der ersten Strophe die Musik gewissermaßen mit einer davonziehenden Schlagzeugkapelle verloren (T. 150––165), so scheint hier, beim Übergang von Einleitung zu Exposition, zunächst dasselbe sich zu ereignen, doch verschwindet die Marschmusik diesmal nicht völlig in der Ferne, sondern bleibt als undeutlich durcheinanderschwirrendes Stimmengeflecht des Streicherkörpers „wie aus weiter Ferne" noch hörbar, woher ein Marschfragment „deutlich" zu vernehmen ist, dessen zweite Phrase sich bereits in T. 155, damals konsequenzlos, gemeldet hatte:

(T. 247/248 in l. Vl., zuvor in T. 245/246 in Vcl.)

27 Vgl. ebd., S. 93.

28 Überblickt man den bisherigen Verlauf des Satzes, so darf er wohl als Beispiel dafür gelten, zu wie verschiedenen Resultaten eine Analyse gelangen kann, wenn sie einseitig nur vom Standpunkt des idealen Hörers oder aber aus Kenntnis des gesamten Werkes heraus erfolgt. Gibt es in diesem Fall keinen Zweifel an unserer Gliederung, so müßte in jenem einem idealen Hörer ein Verständnis des bisherigen Verlaufs, der Einleitung, als Exposition einer Sonatenhauptsatzform durchaus konzediert werden: „Exordium" A wäre dann die kurze Einleitung zu B (a + b) und B' (a' + b'), die ihrerseits als Doppelexposition mit Haupt- und episodenhaftem Seitensatz beurteilt würden. Vgl. zu diesem Problem Erwin Ratz, Zum Formproblem bei Gustav Mahler, Eine Analyse des ersten Satzes der Neunten Symphonie, in: Die Musikforschung, Kassel und Basel, Jg. VIII Heft 2, S. 172.

Während bisher die prosahafte Formtendenz die Abschnitte der Einleitung nicht kunstvoll vermittelte, sondern mit äußerst drastischen Zäsuren, die einzig von den kahlen Rhythmen der Großen Trommel überbrückt wurden, voneinander sonderte, leitet sie hier mit einer kontinuierlichen Raumwirkung zur Exposition über.

Diese, ein Militärmarsch von 120 Takten, mißachtet die traditionellen harmonisch-thematischen Funktionsbestimmungen einer Sonatenexposition völlig und nähert sich, indem auch hier eine doppelstrophige Anlage erkennbar ist, einer Art — sit venia verbo — tonaler (nicht thematischer) Barform an:

D (T. 247–301)   D' (T. 302–330)
   c (T. 247–272); d (T. 273–301)   c' (T. 302–314); d' (T. 315–330)
v.a. a-moll, F-dur;   F-dur   a-moll;   F-dur

E (T. 331–368)
   d" (T. 331–350); d'" (T. 351–362); e (T. 362–368)
             D-dur

Obschon der durchgehende Bewegungszug das übergeordnete Prinzip ist, in das sich die thematischen Gestalten einfügen, entbehrt die Reihung der Teile, wie aus dem Schema ersichtlich, nicht einer gewissen harmonischen und thematischen Disposition, wird also als „Sukzessions-Collage"[29] nur unvollständig erfaßt. Denn für die beiden Strophen D und D' ist gerade der Wechsel zwischen collageartig eingefügten neuen Motiven (in c, c') und altbekannten wie den Varianten des Weckruf-Vordersatzes (T. 273 f.) oder des Episodenmotivs (T. 279 f.) (in d, d') charakteristisch, während beim Abgesang[30], der der Steigerungsanlage gemäß plötzlich nach D-dur rückt, immer neue Varianten des Weckruf-Vordersatzes (in d", d'") eine thematische Vereinheitlichung bewirken.

Am Expositionsende erschließt eine ebenso einfache wie wirkungsvolle Wendung zur Submediante eine großartige Raumperspektive. Nachdem der Marsch im Abgesang seinen Höhepunkt erreicht hatte — die Rückkehr zum Unisono, kommentiert durch den sieghaften Kontrapunkt der Trompeten, unterstreicht den Resultatcharakter (T. 351 f.) —, bricht die Kontinuität des Schreitens in einer stehenden Klangfläche zusammen (T. 362 f.), von fern Bruckners komplexem Akkord aus der Neunten vergleichbar. Die Stelle ist gleichzeitig Höhe- und Wendepunkt des bisherigen Verlaufs. Höhepunkt als dynamischer Gipfel der Marsch-Steigerung, Wendepunkt, also Negation des Höhepunktes, hinsichtlich seines funktionalen Stellenwerts nach vorn: Der Wechsel der Perspektive greift in der Kulmination selbst auf Oktavsprung- und Baßmotiv aus dem Chaos der Einleitung (T. 29, resp. T. 39 f.) zurück, eine Rückblende, die den folgenden Wiedereintritt der Einleitung vorbereitet und als Angelpunkt der gesamten Formkonzeption den musikalischen Prozeß über eine einmalige Erfüllung der Entwicklung des inneren Programms hinaus zum großangelegten Symphoniesatz zu entfalten erlaubt, der erst dadurch zum musikalischen Roman wird.

---

29 György Ligeti, in: Gustav Mahler und die musikalische Utopie, II. Collage, Ein Gespräch zwischen György Ligeti und Clytus Gottwald, in: Neue Zeitschrift für Musik, hg. v. E. Thomas, O. Tomek und C. Dahlhaus, 135. Jg. Heft 5, Mainz 1974, S. 290.

30 Adorno, Mahler, S. 60, nennt die Stelle „Erfüllung als Abgesang".

„Erreicht ihr (der Dritten Symphonie, H. D.) erster Satz eine eigentliche Allegro-Exposition", schreibt Adorno, „ist diese nicht einfach, wie der Rhythmus es suggeriert, ein langer Marsch, sondern der Teil verläuft so, als ob das musikalische Subjekt mit einer Kapelle mitzöge, die allerhand Märsche nacheinander spielt. Impuls der Form ist die Vorstellung einer räumlich bewegten Musikquelle. Wie manche jüngste Musik hat der Satz, seiner inneren Struktur nach, kein festes, sondern ein labiles Bezugssystem"[31]. Indem das Mahlersche Orchester weder zu einer Marschkapelle regrediert noch deren Musik zur „absoluten" Tonkunst erhebt, ist das Verhältnis von Autonomie und Heteronomie im ersten Satz der Dritten komplex. Der Militärmarsch der Exposition — so wäre die Adornosche Interpretation fortzusetzen — ist eine Art musikalischer Fiktion. Fingiert wird die Lokomotion einer Kapelle durch das Symphonieorchester, das in der Funktion eines Widerspiegelungsorgans als fiktiver Perzipient und realer Produzent in einem wirkt, während es doch üblicherweise allein die Aufgabe der Produktion kennt und sich deshalb das Problem von Fiktion und Widerspiegelung in autonomer Musik nicht stellt. Heteronomie als Prinzip musikalischer Gestaltung, während der Einleitung angedeutet in der Substitution der traditionellen Vermittlungstechniken durch die Trommelüberleitungen, wird mit dem Herold-Signal (T. 148 f., T. 237 f.) konstitutiv. Daß die Musik an dem Widerspruch zwischen Autonomie und Heteronomie nicht zerbricht, verdankt sie der Raffinesse, mit der Mahler einerseits die heteronome Marschmusik einem Tonartenplan und einer thematischen Vereinheitlichung unterwirft, Maßnahmen, die die Tendenz zur Sukzessions-Collage ausgleichen, und anderseits die Perzeption-Produktion der fiktiven Annäherung im kompositorischen Detail gestaltet, vor allem aber der Integration des Militärmarsches in den gesamten Formprozeß des Satzes.

Traum als Erinnerung (Teil II)

Wenn die Mahlersche Variante, im Gegensatz zur Variation, „die technische Formel für das episch-romanhafte Moment der immer ganz anderen und gleichwohl identischen Gestalten"[32] ist, müßte eine Analyse ihrer Gesetzlichkeit der Schlüssel zur Erkenntnis dessen sein, was mit einer musikalischen Romankonstruktion gemeint sein kann. „Das Verhältnis der Abweichungen zueinander, das Maß ihrer Nähe und Entfernung, ihre Proportionen und syntaktischen Beziehungen", so heißt es weiter bei Adorno, „bilden die konkrete, auf keine allgemeine Regel zu destillierende Logik von Mahlers epischem Komponieren"[33]. Gewiß — dies ist ein wichtiger Grund zum Verzicht auf die Entwicklung einer allgemeinen Romanpoetik Mahlers; unsere Analyse möchte aber statt allgemeiner gerade die besonderen, nämlich die für den ersten Satz der Dritten gültigen Regeln der Variationstechnik aufzudecken versuchen. Da indes der Gestaltbegriff der Adornoschen Varianten-Kategorie zweierlei umfaßt, Gestalt als Motiv und als tektonischer Komplex[34], zwei zusammenhängende, doch für die Aufgabe einer Form-

31 Ebd., S. 110.
32 Ebd., S. 116.
33 Ebd., S. 119.
34 Ebd., S. 118.

kritik zu unterscheidende Aspekte, sollen im folgenden zunächst Kategorien
der Variantentechnik in ihrer tektonischen Funktion entwickelt und erst später Probleme der Geschichte von Motiven aufgeworfen werden.

Vorerst das Schema der Verfahrensweise:
Einleitung* (B*, T. 369–462)
  a* (T.369–410), (T.411–423); a** (T. 424–436), (T.436–454); b* (T. 455–4

Modell: a (T. 58–95), a' (T. 204–208),a' (T. 185 f.), (T.95–109); v.a.. b (T. 132–1

Exposition* (C*, T. 463–529)
  c*, d*, b** (T. 463–491); d** (T. 492–529)
Modell: – – b' (T. 225 f.); d''' (T. 351–362)
Durchführung (T. 530–642)

Unter Aussparung von „Exordium", Chaospartie (T. 27–57) sowie der Trommelüberleitungen werden die zweigliedrigen Parallel-Strophen der Einleitung von Teil I
(a, b, a', b') durch Extrapolation von b, das an die Stelle des zunächst weggelassenen b' tritt, zu einem barformähnlichen Teil, soweit es die thematische Variantensubstanz, nicht ihre konkrete musikalische Ausprägung betrifft, umgestaltet, indem deren Weitschweifigkeit komprimiert, ihre szenische Gliederung zu einem
kompakten Verlauf konzentriert wird. War in Teil I der Kontrast von Tutti und
Solo (a, a') durch die intermittierende Episode b vermittelt, in der das Solo-Prinzip vorbereitet wurde, so wird dieser Gegensatz auch nach der Extrapolation der
b-Episode beibehalten, ja er wird für Teil II eigentlich konstitutiv, da nach der ersten Tutti-Partie der Einleitung deren Rest mitsamt der Expositionswiederholung
dem Solo-, die Durchführung aber wiederum einem nun gesteigerten Tutti-Prinzip
gehorchen.

Die Geringfügigkeit der Abweichungen bei der Hörnerpartie zu Beginn von Teil II
– die T. 369–410 übernehmen ungefähr die T. 58–95 – unterstreicht vorerst den
Wiederholungscharakter dieses mittleren Formteils. Anschließend führt ein rhythmisch komplexer Durchbruch vor allem des Blechs (T. 411–423), der den in den
Posaunen (T. 204–208) angedeuteten expandiert, hinüber zu einer neuen Sphäre sekundären musikalischen Seins. Die eben noch als ungefähre Wiederholung
bloß gesetzte Abbildhaftigkeit der Variantenkonstruktion wird im „sentimentalen" Posaunensolo (T. 424–436) auf die Stufe des Selbstbewußtseins erhoben, als wäre Musik selbst als Subjekt zu solcher Erinnerung fähig. Im Vergleich
zu den T. 185 f., wo die rezitativhafte Melodie zur akzentuierten Trauermarschbegleitung gegenwärtige Trauer ausgedrückt hatte, erscheint die Trauer hier im
geschlosseneren Gebilde mit der leicht einfärbenden Begleitung als eine über fern
Vergangenes. Die Reflexion, die diese und die weiteren zurückliegenden Gestalten umwandelt, realisiert sich technisch insbesondere in Uminstrumentation, solistischer Besetzung und dynamischer Zurücknahme der Hauptstimmen, Modifikationen der Begleitung, sowie in der Umstellung von Abschnitten der Modellvorlage. Die Zweigliedrigkeit des Posaunensolos in Teil I erhält hier in einer staunenswerten Variante eine Entsprechung, indem das Englisch Horn in einer Art
Nachsatz (T. 436–454) den Erinnerungscharakter der Posaune fortsetzt. Es han-

delt sich dabei um nichts anderes als um eine Integration der zuvor (ab T. 411) desintegrierten Hörnerpartie (T. 99 f.) aus dem kraftvollen Tuttiteil der ersten Einleitung in den „sentimentalen" Soloteil der Einleitungswiederholung. Kann es an der Stichhaltigkeit der Ableitung angesichts der raffinierten Verfugung der Posaune mit dem Englisch Horn keinen Zweifel geben – die Posaune hat hier die dort überleitenden T. 95–98 der Trompeten zu ihrem Schluß –, so erhellt gerade diese Stelle, wie wesentlich Schönbergs Unterscheidung zwischen Produktion und Essenz auch für die Mahlersche Variantentechnik ist, haben doch Modell und Variante, obschon der Substanz nach fast identisch, weder hinsichtlich des Charakters noch der fomalen Funktion etwas gemein. Die Integrationskraft der Erinnerung fügt schließlich durch die Kontinuität der Begleitung und den „Echoton" der Klarinetten auch die reduzierte b*-Episode dem rückwärtsgewandten Wesen der Einleitungswiederholung ein (T. 455–462).

Unversehens, doch ohne Herold-Ruf und ohne Supposition einer fiktiven räumlichen Marschbewegung bricht das Melos der unsordinierten Solo-Violine ab, und ein neuer, surrealistisch flimmernder Raum, in dem alles „ppp! Wie aus weitester Ferne" klingen soll, baut sich beim Beginn der Expositionswiederholung (T. 463 f.) vom tiefen F aus nach oben auf. Der Superlativ der fingierten Distanz ist keine quantitative Steigerung des Positivs von Teil I, sondern indiziert eine qualitativ andere Sphäre musikalischen Raums und musikalischer Zeit: jene des Traums, in welche der expandierte Durchbruch hinübergeführt hatte. Traum ist nicht Chiffre für die Irrationalität einer Verfahrensweise, vor der die Analyse ratlos bliebe, sondern begründet die Gesetzlichkeit der Formkonstruktion von Teil II als spezifischer Variante von I, indem er als übergreifende Formidee Einleitungs-, Expositionswiederholung und Durchführung, die Abschnitte der materialen Form also, zu einem Gesamtkomplex verbindet und dadurch die Formkritik zur Unterscheidung von materialer und idealler Form zwingt, eine Komplexität, die den Satz entscheidend kennzeichnet.

Nachdem die veränderte Hypostasierung der Raumidee den Beginn der Expositionsvariante hatte erkennen lassen, tritt in T. 468 als „gedämpfte" Trompetenfanfare eine Gestalt auf, die neu zu sein scheint, aber inmitten des Militärmarsches von Teil I (T. 295 f.), verkappt von der Hauptstimme (Vl., Fl., Ob.) und dem aufsteigenden Kontrapunkt der Trompete, als Nebenstimme der Hörner bereits eingeführt worden war. Soll, wie Adorno erwähnt[35], Proust darauf aufmerksam gemacht haben, daß in Musik zuweilen neue Themen das Zentrum eroberten wie bis dahin unbemerkte Nebenfiguren in Romanen, so ist diese Fanfare nicht sowohl neues Zentrum als Wegbereiterin der zentralen Figur des Weckrufs, der, von ihr begleitet, in der nachfolgenden Sequenz (T. 478 f.) erscheint. Als Stimme des tiefen Holzes bleibt er allerdings im Hintergrund, traumhaft verzerrt zudem durch die bei dieser F-dur-Variante „falschen" Töne h und cis'. Seit dem merkwürdigen Kontrapunkt der Tuba (T. 458 f.) scheint die Harmonik aus den Fugen geraten zu sein. Zunächst häufen sich übermäßige Dreiklänge (T. 466 f.), dann dissonieren insbesondere die orgelpunktartigen Bässe F und G exterritorial zur H-dur-Harmonik, und schließlich, bei den Fragmenten, die in der Mitte zwischen Naturlaut und Militärmotiv stehen (T. 476/477), erklingt simultan H-dur gegen C-dur. Solche Dissoziation der im Ganzen eher rückständigen Harmonik

35 Ebd., S. 99.

hat auf der Ebene des Formplans eine Entsprechung darin, daß die b'-Episode, die bei der Einleitungswiederholung extrapoliert wurde, wenigstens andeutungsweise in die Expositionswiederholung intrapoliert wird (T. 482–491).

Solcherart greift das Traumprinzip der Variantenkonstruktion auf Entlegenes zurück, spart zugleich den größten Teil des Militärmarsches aus, dessen Metamorphose die Durchführung sein wird, und baut stattdessen den in Teil I kurzen Abgesang (T. 351 f.) zu einem umfangreichen Variantenkomplex aus (T. 492–529). Tendierte jener Abgesang zu einem sieghaften Höhepunkt, dessen Erfüllung Mahler ihm allerdings versagte, so darf dieses beseelte Hinströmen, das ohne üppige Fülle eine unnachahmliche Sinnlichkeit des Orchesterklangs erreicht, in seiner Tendenz zum Versiegen als negativer Höhepunkt des Satzes gelten. Indes melden sich immer unabweisbarer Baßmotive, die der selbstvergessenen Ruhe des Abgesangs schließlich ein Ende setzen und so die drastische Unmittelbarkeit des Durchführungsbeginns vermitteln.

„Das Hauptmodell der Durchführung, der b-moll-Einsatz (T. 530), wird zwar ein paar Takte lang solo aufgestellt, als sollte er fugiert werden, beißt sich dann aber höchst fugenwidrig auf einer Note fest, und wer auf die wohlerzogene Antwort wartet, wird gefoppt. Ältere idiomatische Elemente wie die Schubertschen Doppelschläge sind potenziert zum antizivilisatorischen Überfall"[36]. Unsere Analyse möchte als Beispiel spezifisch Mahlerscher Durchführungstechnik zeigen, daß das Baßmodell, dessen Kopf das Anfangsmotiv des Militärmarsches ist, zwar nicht fugiert wird, doch beim „antizivilisatorischen Überfall" als wie immer auch verschleierte Konstruktionsbasis fungiert.

T.530

36 Ebd., S. 110.

Obschon gewisse rhythmische und melodische Beziehungen zwischen den ein-
taktigen Marschfloskeln evident sind, handelt es sich eher um eine kettenartige
Reihung als um eine Motiventwicklung. Fundierend erscheint, bei intrikater Metrik, ein periodenähnliches Harmonieschema:

4 T.	4 T.	1 T.
b-moll (I – V)	Des-dur	b-moll (I)

Dem Baßmodell folgen zwei dreizehntaktige, variierte Sequenzen in as-, resp.
es-moll (T. 539–551, T. 552–564), deren überzählige Takte sich durch jeweils
drei Takte Vorspann und einen angehängten Schlußtakt erklären. Prinzipiell
stimmen Modell und Sequenzen in der harmonischen Anlage (Tonika, Auswei-
chung zur Mediante und Rückkehr zur Tonika) überein, doch weist der Ersatz
des Halbschlusses in T. 4 des Modells durch die zweite Stufe in T. 3 und die demzufolge einen Takt früher erfolgende Wendung zur Mediante bei den Sequenzen
(T. 544/545, T. 557/558) darauf hin, daß deren metrische Struktur quer zu jener des Baßmodells steht. Eventuelle Zweifel, ob diese Partie als Ergebnis einer
kühnen Variantenkonstruktion richtig begriffen ist, werden durch die Sequenz-
struktur, durch weitgehende melodische Parallelen zwischen den neu hinzutre-
tenden Oberstimmen beider Sequenzen und endlich dadurch ausgeräumt, daß
in der zweiten Sequenz die Streicher das transponierte Modell fast unverändert
wiederbringen. Das Skandalon der Passage liegt in der ersten Sequenz, wo der ursprüngliche Reihungszusammenhang der Motivfloskeln zerstückelt ist und diese
Maßnahme auch nicht ein einziges Mal durch Substitution verwandter Floskeln
gemildert erscheint. Da Koinzidenzen planmäßig vermieden werden, ist zu fragen nach der Logik des Absurden, Absurden jedenfalls gemäß Kriterien traditio-
neller Durchführungstechnik, deren Ableitungslogik allenfalls eine Vertauschung
der beiden Sequenzen ansatzweise Genüge geleistet hätte. Zur Erklärung reichte
weder der Hinweis darauf, daß Mahler an Brahms, dem Logiker par excellence,
die „schönen Themen" höher schätzte als ihre „sogenannten Durchführungen",
die er als deren Verschandelung empfand[37], noch die wohl triftige Bemerkung,
eine hypothetische Beziehung der Verfahrensweise motivisch-thematischer Arbeit auf eine Melodie, die verhältnismäßig unverbindlich Marschfloskeln koppelt,
stünde von vorneherein schief. Wurde beim Expositionsbeginn von Teil II die
räumliche Entfernung sprunghaft erreicht, so wird sie hier im jähen Hereinbre-
chen des Neuen ebenso diskontinuierlich zunichte gemacht. Der Schock beim
Überfall der Holzbläser, hinter den das zerstörte Baßmodell in der ersten Sequenz zurücktritt, wird verstärkt durch das „rohe" Blech, das die implizite Harmonik der Hauptstimme mit „falschen" Baßtönen (T. 545 f.) brutal durchkreuzt.
Indem die sequenzhafte Variantenkonstruktion die übliche musikalische Logik
zwar umkehrt, doch in der Negation auf sie verweist, wird die chaoshafte Tendenz des Überfalls, Moment gleichsam von Antikunst, in der zweiten Sequenz,
in der das Baßmodell wieder intakt ist und das „rohe" Blech wegfällt, nachträg-
lich gemildert und in die Kunstkonstruktion integriert.

Traditionelle Techniken wie Motivabspaltung und -engführung werden erst danach (T. 565–573) eingesetzt, wobei als Kontrapunkt zum schrillen Modellbe-
ginn die Trompetenfanfare ertönt, die auch in der Turbulenz der Durchführung
dieselbe Funktion wie zuvor (T. 468 f.) als Künderin und Begleiterin des Weck-

---

37 Alma Mahler, Gustav Mahler, Erinnerungen und Briefe, S. 308.

rufs erfüllt. Die innerhalb eines ganz anderen Kontextes wenn auch kaschiert gewahrte Funktionsidentität der Fanfare bereitet den jähen Umschlag der Musik bei T. 574 vor, wonach Mittel wie Höhertransposition und Uminstrumentation kaum merklich sicherstellen, daß die Erinnerung an den fernen Weckruf (T. 478 f.) nicht identische Wiederkehr, die dem Veränderungssog der Traumgesetzlichkeit widerspräche, sondern nuancierte Variante davon ist.

Es hätte kaum des Mahlerschen Hinweises bedurft, bei T. 583 beginne die Schlacht[38], um die kontrapunktische Vereinigung von Varianten des Weckruf-Vordersatzes und des Kopfmodells der Durchführung, deren Verknüpfung den weiteren Verlauf der Durchführung bestimmt, auch immanent musikalisch als Konflikt sukzessiv aufmarschierter Kontrahenten zu begreifen. Die Schlacht selbst aber kennt keinen Sieger, sondern allenfalls die Dialektik gegenseitiger Zerstörung, insofern von den Widersachern nur noch abgespaltene Fragmente übrig bleiben (T. 627 f.). Der Herold-Ruf, dessen ursprüngliche Funktion in Teil II entfällt, verstärkt den Beginn des „mit furchtbarer Gewalt" dahinfegenden, aus der Marschbewegung der Bässe (T. 150 f.) entwickelten Streichersturms, weiteres Beispiel der integralen Tendenz der Variantentechnik, eine Extrapolation durch spätere Intrapolation wettzumachen. Heteronom, begründet allein darin, daß Heteronomie ein Formprinzip dieses Satzes ist, bricht (T. 635 f.) der „Im alten Marschtempo" gespielte Rhythmus der kleinen Trommeln in die abflauende Bewegung der tiefen Streicherpizzicati rücksichtslos herein, eine Überleitung zur Reprise, die laut Adorno nicht bloß nach Schulregeln absurd scheint[39], deren Logik indessen die folgende Überlegung aufzudecken versucht.

Hatte die Analyse, die sich bisher hauptsächlich auf den zweiten Schematypus (Teil II als Einleitungs-, Expositionswiederholung und Durchführung stützte), eine Schicht des Satzes offenbart, die der symphonischen Gattungstradition nahesteht, so soll nun die Behauptung, die Formidee des Satzes bestünde in einer Folge der Teile I, II und III als Prozeß nach dem Modell These, Antithese und Synthese, näher erläutert werden. Ohne mit einem bloßen Terminus ein tertium comparationis zwischen Mahlers Dritter und dem literarischen Roman erschleichen zu wollen, bietet sich zur Unterscheidung von Teil I und II der Begriff der Fiktionsebene[40] an, den generell auf Musik zu übertragen sinnlos wäre, da die vorausgesetzte abbildähnliche Bezüglichkeit von Musik zu akustischer Wirklichkeit in den allermeisten Fällen nicht spezifisch gegeben ist. Im ersten Satz der Dritten aber wird die fiktive Marschkapellenbewegung von Teil I als Variantenkomplex in Teil II solcherart wiederholt, daß sich beide Teile wechselseitig als Fiktionsebene I und II definieren.

38 Vgl. oben Anmerkung 24, S. 93.

39 Adorno, Mahler, S. 108.

40 Käte Hamburger, u. a. Logik der Dichtung, zweite, stark veränderte Aufl. Stuttgart 1968, S. 53 f. begreift die sprachlogische Struktur des Romans als Fiktion von unterschiedlicher Fiktivität. Da auf die Auseinandersetzungen um Hamburgers Dichtungstheorie nicht eingegangen werden kann, sei auf die neuliche Kritik an ihr verwiesen: Gerhart von Graevenitz, Die Setzung des Subjekts, Untersuchungen zur Romantheorie (= Studien zur deutschen Literatur, hg. v. R. Brinkmann, F. Sengle und K. Ziegler, Bd. 36), Tübingen 1973, S. 41 f.

Heteronomie, Widerspiegelungsfiktion und lineare Zeit- und Raumsukzession sind die Prinzipien, die der erstmaligen Gestaltung einer musikalischen Entwicklung vom Sein zum Werden zugrundeliegen und die Fiktionsebene I bestimmen. Die Komposition von Teil I darf „quasi-realistisch" genannt werden, weil die Entwicklung, von der das innere Programm handelt, gewissermaßen logisch-kausal erfolgt, d. h. weil die für den beschriebenen Wirklichkeitsbezug gültigen Gesetze der Zeitsukzession und Raumkontinuität in der Musik gewahrt bleiben. Die Linearität der Zeitsukzession in Teil I, die sich als solche zwar erst im Vergleich mit Teil II offenbart, manifestiert sich in der Tektonik von Einleitung (Doppelstrophe) und Expositionsmarsch (Bar). Die Kontinuität des Raumes dagegen ist unmittelbar evident im Marsch, der , von der Zeitprogression abhängig, ferner und näher rückt.

Zu dieser ersten Gestaltung des inneren Programms verhält sich Teil II wie die Antithese zu einer ersten Setzung, insofern er dasselbe in anderer Form, nämlich auf der Fiktionsebene II ist. Im Vergleich zum „quasi-realistischen" Prinzip der ersten darf dasjenige, welches die zweite Fiktionsebene konstituiert, „quasi-surrealistisch" genannt werden, da Zeitsukzession und Raumkontinuität, die Garanten der fiktiven Widerspiegelung, weitgehend aufgehoben sind. Die Zeitsukzession insofern, als die tektonische Anlage von Teil I durch Maßnahmen der Variantentechnik aufgelöst und umgewandelt wird, im besonderen dadurch, daß die eine b-Episode aus der Einleitung extrapoliert und zwischen Militärmarschbeginn und Abgesang intrapoliert ist, während der dort ausgesparte Mittelteil des Marsches, die große Steigerung, erst nach dem lyrischen Abgesang als Durchführung nachgeholt wird. Solche Umstellungen der Formdisposition erhellen den Grad der Modifikation, den das Prinzip der linearen Zeitsukzession auf der Fiktionsebene II erleidet, korrigieren zugleich aber Adornos übertriebene These, die Themenfolge in Teil II sei ein tendenzieller Krebsgang von I[41], denn eine Inversion des Zeitverlaufs wäre mit der trotz allem auf unmittelbare Faßlichkeit des Variantcharakters von Teil II gerichteten Intention Mahlers unvereinbar gewesen. Völlig außer Kraft gesetzt ist auf der Fiktionsebene II jedoch das Prinzip der Raumkontinuität. Statt die Vorstellung räumlicher Ferne und Nähe durch die Fiktion eines kontinuierlichen Weg- und Heranrückens einer Musikquelle zu erzielen, wird räumliche Ferne sprunghaft erreicht (T. 463 f., T. 574 f.) und ebenso diskontinuierlich wieder annihiliert (T. 530 f., T. 583 f.).

Die Fiktionsebene II folgt somit der Gesetzlichkeit des Traums: Teil II erscheint als fiktiver Traum der fiktiven musikalischen Realität von Teil I. Nicht im Sinne einer direkten Argumentationsstütze, wohl aber als Beleuchtung des Sachverhalts von Seiten der Mahlerschen Poetik und der kulturhistorischen Situation um 1900 darf daran erinnert werden, daß zum einen die Überschriften der Dritten Symphonie u. a. „Ein Sommernachtstraum", „Ein Sommermorgentraum" und in der Endfassung „Ein Sommermittagstraum" lauteten[42], daß Mahler Partien des Mitternachtsliedes, des zuvor komponierten vierten Satzes, als Antizipationen in den ersten einbezog[43], und daß anderseits Sigmund Freud 1899 sein epochales Werk „Die Traumdeutung" in erster Auflage veröffentlichte, worin Traumma-

---

41 Adorno, Epilegomena (zu Mahler), S. 150.

42 Zit. n. De la Grange, 798 f.

43 T. 14 f., resp. T. 658 f. und T. 83 f., resp. T. 398 f.

terial und -arbeit erstmals wissenschaftlich erforscht wurden. Wäre eine Parallele zu hoch gegriffen, die mutatis mutandis eine Verwandtschaft zwischen der Traumarbeit, die an real Geschehenes anknüpft und Wirklichkeit zu einer spezifischen Traumfiktion mit veränderten raum-zeitlichen Bedingungen umwandelt, und der Gesetzlichkeit der Variantenkonstruktion auf der Fiktionsebene II in Mahlers Symphoniesatz behauptete? Nicht nur der Bruch, der Kontinuität zerstört oder verhindert, sondern auch die Integration, die Disparates in einen neuen Zusammenhang zwingt, sind Formprinzipien des Traums, die gleichermaßen den Variantenverlauf von Teil II regulieren. Nachdem im Fanfarendurchbruch die neue Fiktionsebene erreicht wurde, ist seine Kurve eine Art ideeller Metamorphose von Einleitung und Expositionsmarsch – ideell wegen der Überlappung mit der materialen Form: Bis zur Abgesangspartie gleichen alle Gebilde sich dem „sentimentalen" Erinnerungscharakter des Posaunensolos an, dann aber wird, in dem dazu aufs äußerste kontrastierenden „Überfall" und der „Schlacht" der Durchführung, das Prinzip des Militärmarsches auf die Traumebene versetzt, wo an die Stelle einer fiktiven äußeren Annäherung eine innere Intensivierung, gleichsam ein geschichtsphilosophischer Alptraum der Marschidee tritt. Der absurd erscheinende Übergang zur Reprise ist demnach nichts anderes als der Einbruch der früheren Fiktionsebene I mit dem Realismus des Trommelrhythmus in die Traumsphäre des mittleren Teils und bereitet so drastisch, aber mit zwingender Logik den Reprisenbeginn des Weckrufs vor.

Epische Synthesis (Teil III)

Das Reprisenproblem, das zu lösen Mahler in diesem Satz oblag, bestand nicht lediglich, wie generell im 19. Jahrhundert, darin, daß die Wiederkehr der Exposition nicht simpel als identische, sondern als gemäß der Formtendenz eines Satzes veränderte erfolgen mußte. Aufgabe war, nach der zweimaligen Gestaltung des inneren Programms in den Teilen I und II dasselbe in nochmals anderer Weise zu komponieren, was nichts anderes heißen konnte, als die integrale Variantentechnik als Mittel der Konstruktion nicht nur auf Teil I als Vorlage zu beziehen – dies leistete bereits der mittlere Teil –, sondern die Reprise als Synthese von I und II zu konzipieren. Angesichts der Schwierigkeit, daß die Fiktionsebenen I und II prinzipiell nicht zu einer dritten synthetisierbar sind, ist die Raffinesse, mit der Mahler durch lineare Addition wenigstens den Schein einer solchen Vermittlung erzielt, umso bewundernswerter. Die Reprise von Einleitung und Exposition beginnt jeweils als Variante von I und schließt als Variante von II.

Nachdem der „Exordium"-Weckruf der Hörner, dessen Nachsatzmotiv diesmal stufenweise höher strebt, den Reprisenbeginn eindeutig markiert hatte, wird nicht nur die Einleitung, die sich beim ersten Mal über 246 Takte ausgedehnt hatte, auf 94 Takte zusammengedrängt, sondern überdies das „sentimentale" Posaunensolo des Mittelteils in einer zugleich kontinuierlichen und distinkten Weise angeschlossen. Mahler erntet hier insofern die Früchte seines Variantenverfahrens, als nur mittels dieser Technik die Folge von Abschnitten, die aus sehr verschiedenen früheren Partien (a, a' und a**) extrapoliert und nahtlos aneinander gefügt sind, einen konzentrierten, doch durchaus stimmigen Zusammenhang ergibt. Die Nahtlosigkeit der Verfügung beruht jedoch auf einer besonderen Mehrdeutigkeit der Nahtstellen von T. 683 (Übergang von a zu a') und T. 704–707 (Übergang von a' zu a**). Mochte die Unterstellung einer Verwandtschaft zwischen dem instrumentatorisch akzentuierten Ton a in T. 41 und dem Beginn des Posaunensolos in T. 166 zuvor noch als kühne Behauptung erscheinen, so stiftet in T. 683 die abstrakte Identität beider Töne, die verschiedenen motivischen Zusammenhängen entstammen, durch ihr simultanes Zusammenfallen die Verknüpfung der Varianten von a und a'. Und ebenso ist die Vertauschung von Halben und Vierteln bei den Posaunenauftakten zu T. 704 und T. 707, die der Hörer zunächst als Variante von T. 185, resp. T. 187 wahrnimmt, keine willkürliche Veränderung, sondern vollzieht in solch subtiler Art kaum merklich den Übergang der Posaunenmelodie von a' zum rhythmischen Duktus von a**. Wohl kaum mehr als eine unvermeidliche Krücke für die Analyse der Mahlerschen Kompositionstechnik sind solche Annahmen von Hörerwartungen, die die gegenwärtigen Phänomene auf bestimmte frühere Modelle zurückführen möchten. Von der Substanz der Musik her betrachtet, erschiene es adäquater, sich die einzelnen Gestalten als hypothetische Gebilde zu denken, die, gewissermaßen mit dem Vermögen des Gedächtnisses begabt, die ihnen im Verlauf des Satzes durch Variantenumformung widerfahrenen Veränderungen als Potential sich erinnernd bewahren[44], woraus jederzeit dieser oder jener Zug als Anlaß einer Neubildung hervorschießen kann, je nach der Logik der eigenen geschichtlichen Entwicklungstendenz des Gebildes selbst oder gemäß den übergreifenden Formtendenzen, in die es als passives Moment eingeordnet ist.

Die Schlußpartie der Einleitungsreprise, die Cellomelodie der T. 728–736, darf als Paradigma von Adornos Satz gelten, nur die größten Komponisten könnten derart die Zügel schleifen lassen, ohne daß das Ganze ihnen entglitte[45], und führt ins Zentrum der Frage nach dem epischen Charakter des ersten Satzes der Dritten. Weder die blanke Ausdehnung des gesamten Verlaufs noch einzelne Eigenheiten wie die szenenhafte Gliederung der Einleitung von Teil I noch andere isolierte Momente begründen ausschließlich seine musikalische Epik. Diese ist nicht so sehr quantitatives oder primär funktionales Moment als vielmehr eines, das dieser Musik in zunehmendem Maß qualitativ selbst inhäriert. Epische Selbständigkeit erlangt mit anderen Worten ein Teil wie der in Frage stehende nicht dadurch, daß er sich vom übrigen Formverlauf isoliert abhebt – dies ist allenfalls ein äußeres Indiz –, sondern indem er die eigene Form- und Charaktertendenz, die ihm seit dem ersten Auftreten innewohnt, konsequent realisiert. Hatte in Teil I, poetisierend formuliert, die unbelebte Natur der Einleitung ihre Belebung erst in dem ihr fremden Expositionsmarsch gefunden und hatte sich diese Erfahrung von Belebung dem Einleitungskomplex von Teil II vorerst in „sentimentaler" Erinnerungsform, mit Mahlers Worten als „Klage des gefesselten Lebens aus dem Abgrund der noch leblos starren Natur"[46], mitgeteilt, so gelangt nun in der Cellomelodie, die eine Wendung aus dem „Urlicht"-Satz der Zweiten aufgreift, die Trauer des Posaunensolos zu ihrem Selbstbewußtsein als ruhevolle, befriedete Erfüllung. Die Autonomie dieser Partie ist somit keine erste Setzung, sondern entsteht als Resultat eines Erfahrungsprozesses. Überdies ist die Desintegration von Einleitung und Marschexposition, die in Teil II ineinander integriert wurden, nicht nur eine

44 Auf diese Seite der Mahlerschen Variantentechnik wies ansatzweise bereits Helmut Storjohann hin, indem er ein theoretisches Modell eines Variantenpotentials mit den tatsächlich realisierten Varianten aus einem Teil des ersten Satzes der Sechsten Symphonie vergleicht. Storjohann, op. cit., S. 58 f.

45 Adorno, Mahler, S. 95.

46 Zit. n. Bekker, Gustav Mahlers Sinfonien, S. 118.

Rückkehr zu der distinkteren Scheidung der beiden Formabschnitte, wie sie in Teil I gegeben war, sondern basiert ebensosehr auf der Formidee von Teil II, konzentriert doch die Cellomelodie die Essenz des umfangreichen Ges-dur-Abgesangs auf wenige Takte: ideelle statt materiale Variante. Befreit die beispiellose Kühnheit, mit der Mahler die Einleitung hier vor dem Satzende zu einem Abschluß kommen läßt, sie endgültig von dem Ruch, bloß der Vorbereitung eines Hauptteils zu dienen, so illustriert zugleich die traumhafte Selbstvergessenheit, mit der die Musik solchen Zuendesagens fähig wird, daß „nicht Gewalt sondern deren Negation"[47] Mahlers Prinzip ist.

Wie der Satz nach einem solchen Binnen-Schluß weitergeführt werden könnte, ist dem kompositorischen Denken ein eminentes Problem, vor dem ein Verfahren, das sich auf die innere Funktionalität der Sonatenhauptsatzform stützte, hilflos resignieren müßte, weil es mit der Cellomelodie buchstäblich ans Ende gelangt wäre oder es vielmehr gar nicht erst so weit hätte kommen lassen können. Mahlers Prinzip der Marschheteronomie ermöglicht jedoch in einer neuen Variante eine Fortsetzung des Satzes, die den Bruch zwischen den episch geschiedenen Teilen nicht leugnet sondern heilt: Heteronomie als Retterin der musikalischen Autonomie. Erfolgten die beiden ersten Übergänge von Einleitung zu Marschexposition auf der Fiktionsebene I noch unter Zuhilfenahme des Herold-Signals — als kontinuierliches Verlaufen ins Nichts der Ferne in T. 148—163, in T. 237 f. als kontinuierliches Weg- und Näherrücken — und wurde dieser Übergang auf der Fiktionsebene II in T. 463 umgekehrt als sprunghafte Rückung in weiteste Ferne konzipiert, so gestaltet in der Reprise Mahler diese entscheidende Stelle nochmals anders, indem er unter Weglassung des Herolds die erste Lösung umkehrt und so nicht allein einen neuen Übergang von Einleitung zu Marschreprise sondern sogar von Fiktionsebene II zu I realisiert. Genial ist die Kontinuität der Diskontinuität:

Die imaginäre Ferne, welche die selbstvergessen-selbstbewußte Cellomelodie abgrundtief von jeglichem Marschrealismus scheidet, wird im Sinne eines musikalischen Erwachens abgelöst von einem Marsch, der auf der „quasi-realistischen" Fiktionsebene I aus der Ferne allmählich, vorerst stockend heranrückt, als müßte er zu sich selbst erst finden. Mahlers Konzeption des Orchesters als Perzipienten-Produzenten — das rhythmische Stocken und die tonale Unsicherheit des Einsatzes komponieren die Unschärfe des imaginären Hörprozesses gewissermaßen aus — leistet in dieser letzten Variante gerade auf Grund des heteronomen Ansatzes die immanent-musikalische Verbindung des Unverbindbaren.

Der Synthesencharakter der Marschreprise beruht vor allem darauf, daß ihr Variantenverlauf abwechselnd auf Partien von Teil I und II als Modelle zurückgreift. Daß die bei der ersten Marschexposition festgestellte Barform gegenstandslos wird, ist ebenso offenkundig wie die Identität des Formprinzips, der Vorstellung einer kontinuierlich näherkommenden Marschbewegung, die vom Orchester widergespiegelt zu werden scheint. Dies heteronome Prinzip garantiert den heterogenen Marschabschnitten musikalische Kontinuität und bewirkt, als Ersatz für Formkategorien des traditionellen Sonatensatzes, die für den ersten Satz der Dritten Symphonie spezifische Kongruenz von Material und Formgesetz, Merkmal seines künstlerischen Ranges. Die Mittel, mit denen Mahler den Eindruck wachsender Präsenz der Kapellenmusik hervorruft, reichen über lineares Lauterwerden weit hinaus. Momentane dynamische Zurücknahmen (z. B. T. 796—799) gliedern

47 Adorno, Mahler, S. 120.

die Bewegung zusätzlich in räumlichem Sinn, deren Näherrücken sich nuanciert in einer zunehmenden Differenziertheit des Tonsatzes, dem Auftreten neuer Kontrapunkte und neuer Instrumentation äußert. Die Repetition des Identischen als Veränderten, ersichtlich etwa an den beiden F-dur-Varianten des Weckruf-Vordersatzes (T. 750 f., T. 800 f.), denen noch mehrere andere folgen, ist das kompositorisch geeignetste Mittel zur Andeutung der Lokomotion der imaginären Schallquelle. Das Heteronom-Primitive, der Marsch, ist artifiziell auskomponiert. Seine Assimilationskraft kettet nicht allein früher getrennte Abschnitte aneinander, sondern integriert außerdem in den T. 783 f. und 791 f. Varianten des Motivs b als Zusatzkontrapunkte — nur noch in dieser rudimentären Form erscheinen in der Reprise die ehedem gewichtigen Strophen der Einleitung — in den Satzverlauf, dessen Tendenz zur Angleichung und Vereinigung von früher Distinktem wohl der Aufhebung der Individualität von Menschen, die in einem Marsch mitziehen, vergleichbar sein mag. Die Beschränkung der Selbständigkeit einzelner musikalischer Gebilde hat jedoch in keiner Weise eine graue Indifferenz zur Folge, sondern führt mitunter zu Stellen wie der „mit großem Ausdruck" hervorgehobenen Partie (T. 808—815), die den kollektiven Marschzug mit subjektivem Ausdruck durchsetzt und den Äußerungen musikalischer Moderne bei Schönberg und Berg in nichts nachsteht; auch nicht in technischem Belang, erreicht doch die dissonanzenreiche Passage, deren acht Takte zwar motivisch-syntaktisch regulär und damit abgesichert sind, durchaus die Stufe der erweiterten Tonalität des frühen Schönberg. Subjektivität spannt die homophone Uniformität des Marsches hier bis an die Grenze zum atonalen Zerspringen und weist im zugleich klagenden und drohenden Tonfall voraus auf das Verhängnis der Rewelge.

Die Koppelung der Schlüsse von Teil I und II zu dem potenzierten Schluß der Reprise resultiert nicht aus Naivität im Einsatz kompositorischer Mittel, die dem frühen Mahler oft zu voreilig unterstellt wird, sondern bewältigt souverän die Schwierigkeit, die Reprise von Teil I nicht des raumschaffenden Höhe- und Wendepunktes (T. 857—862) zu berauben und anderseits trotz oder gerade wegen dieses Hemmnisses zu einer qualitativ erhöhten Schlußwirkung zu gelangen. Hatte bei der Einleitungsreprise die Einbeziehung der Fiktionsebene II die innere Tendenz des Formteils auszuformulieren gestattet, so bildet der Rückgriff der turbulenten Coda (T. 863 —875) auf die Durchführung wohl weniger einen letzten Anklang an jene Fiktionsebene als die endgültige Unterstreichung des Kontrasts zwischen Einleitung und Marschexposition, wodurch sich in der Reprise, da beide Teile ihre gegenläufigen Tendenzen zu Ende entwickeln, ein Gleichgewicht auf höherer Ebene ergibt. Die Bewegungssteigerung der Coda, letzte Konsequenz des Näherrückens, führt gleichsam zur Identifikation von fiktiver Schallquelle und Orchester: der Satz ist zu Ende, die Formidee eingelöst.

Musikalische Prosa und Roman

Mahlers bekannte Äußerung aus dem Jahre 1895, eine Symphonie komponieren heiße ihm, „mit allen Mitteln der vorhandenen Technik eine Welt aufbauen"[48], bezeichnet die neuartige Gesamtkonzeption der Dritten mit einem Topos der Romantheorie des 19. und 20. Jahrhunderts. Erscheint hier der Aufbau einer Welt als Akt musikalischer Selbstkonstitution, so war anderseits, gerade zur Zeit der

48 Zit. n. Bauer-Lechner, S. 19.

Niederschrift des ersten Satzes, Mahlers Poetik der Gedanke einer heteronomen Weltspiegelung nicht fremd: „Nun aber denke Dir ein so großes Werk, in welchem sich in der Tat die ganze Welt spiegelt – man ist sozusagen selbst nur ein Instrument, auf dem das Universum spielt"[49]. So wenig zwar daraus eine explizite Anlehnung der Mahlerschen Poetik an jene des Romans abgeleitet werden darf, so genau weisen doch diese Worte die Richtung auf eine musikalische Totalität empirischen Ursprungs, die in den Programmentwürfen angelegt und dergestalt komponiert ist, daß jeder der sechs Sätze sich in einer eigenen musikalischen Sprache äußert[50]. Weltschöpfung und -widerspiegelung, die beiden konträren Möglichkeiten musikalischer Weltsetzung, sind im ersten Satz der Dritten Symphonie solcherart vermittelt, daß dieser das heteronome, jener aber das übergreifende autonome Moment des Formprozesses entspricht. Weltschöpfung im Sinne musikalischer Organisation, die Weltwiderspiegelung als Moment in einer Weise enthält, die naiv zu nennen von eigener Naivität zeugen würde, ist die musikalische Romantechnik des frühen Mahler. Von ihr unterscheidet sich die des späten vor allem dadurch, daß das Widerspiegelungsmoment zugunsten der autonomen Organisation zurücktritt und damit die musikalische Sprache zu einem Ton findet, in dem von nichts anderem mehr erzählt wird als von ihr selbst. Die Entwicklung der Mahlerschen Symphonik ließe sich somit insofern mit der Geschichte des Romans vergleichen, als der erste Satz der Dritten mit dem realistischen Roman des 19. Jahrhunderts – theoretisch kodifiziert bei Spielhagen –, der späte Mahler[51] aber mit dem modernen Roman des 20. Jahrhunderts, der Sprache und Erzählen selbst thematisiert, in Parallele gesetzt werden könnte, ein Gedanke, dessen Triftigkeit allerdings durch die doppelte Fiktionalität im analysierten Satz beschränkt würde.

Insgesamt aber verhält sich Mahlers Konzeption von Symphonik zu den beiden früheren symphonischen Epikern des 19. Jahrhunderts, Schubert und Bruckner, geschichtsphilosophisch wie der Roman zum Epos. Gestaltet nach Lukács die große Epik im Unterschied zum (geschlossenen) Drama die „extensive Totalität des Lebens"[52], so ist der Roman die „Epopöe eines Zeitalters, für das die extensive Totalität des Lebens nicht mehr sinnfällig gegeben ist, für das die Lebensimmanenz des Sinnes zum Problem geworden ist, und das dennoch die Gesinnung zur Totalität hat"[53]. Schubert und Bruckner erschien die Immanenz des musikalischen Sinnes noch durch eine „Ontologie der Formen" (Adorno) garantiert, innerhalb deren als vorweg stabilisierendem Gerüst den episch-extensiven Tendenzen stattgegeben werden konnte. Mahler hingegen widersetzt sich nicht länger der Dialektik von epischer Tendenz und tradierter Form. Der erste Satz der Dritten Symphonie zeigt paradigmatisch, wie nach dem Ausfall des Funktionensystems der Sonatenform Mahlers „Gesinnung zur Totalität" mittels neuer Formprinzipien einen musikalischen Verlauf gestaltet, dessen drei-, bzw. vierteiliger Umriß zwar noch Spuren der Tradition, der Sonatenformtotalität, erkennen läßt, dessen romanhaft bewegte Kurve aber neuen musikalischen Sinn konstituiert, der keineswegs fragmentarisch

49 Gustav Mahler, Briefe, S. 163 (Brief vom 18. Juli 1896 an Anna von Mildenburg).

50 Vgl. Dieter Schnebel, Über Mahlers Dritte, op. cit., S. 284.

51 Vgl. Martin Zenck, Ausdruck und Konstruktion im Adagio der 10. Sinfonie Gustav Mahlers, in: Beiträge zur Musikalischen Hermeneutik, hg. v. C. Dahlhaus (=Studien zur Musikgeschichte des 19. Jahrhunderts Bd. 43), Regensburg 1975.

52 Georg Lukács, Die Theorie des Romans, Ein geschichtsphilosophischer Versuch über die Formen der großen Epik, 3. Aufl. Neuwied und Berlin 1965, S. 41.

53 Ebd., S. 53.

bleibt. Mahlers Nähe zum Roman im Unterschied zu seinem Lehrer Bruckner beleuchtet das Fragment Friedrich Schlegels, das die Romane als „sokratische Dialoge unserer Zeit" charakterisiert: „In diese liberale Form hat sich die Lebensweisheit vor der Schulweisheit geflüchtet"[54]. Mit der aufklärerischen Kritik, die der Roman, die „repräsentative Form des Zeitalters" (Lukács), an den mythischen Zügen des Epos übt, darf wohl jene Mahlers an Schuberts Wiederholungen und Sequenzen verglichen werden: „Statt dessen ... wiederholt er sich, daß man ohne Schaden die Hälfte des Stückes wegstreichen könnte. Denn jede Wiederholung ist schon eine Lüge. Es muß sich ein Kunstwerk wie das Leben immer weiter entwickeln. Ist dies nicht der Fall, so fängt die Unwahrheit, das Theater an"[55]. Ist für den musikalischen Romancier Mahler Wahrheit die höhere Instanz als Schönheit, eine künstlerische Position, die Schönberg nahesteht, so gilt seinem historischen Bewußtsein eine Wiederholung nicht bereits an sich als „Lüge" — bei Haydn und Mozart habe der „Formalismus" noch den Wahrheitsgehalt von Musikwerken verbürgt —, im Falle Schuberts aber deshalb, weil dessen Melodie „ja schon die ewige, wie bei Beethoven und Wagner", sei[56]. Wenn Mahler die Entwicklung eines musikalischen Werkes dem Verlauf des Lebens vergleicht, dann entspricht seine Konzeption dem Ergebnis unserer Analyse, die für den musikalischen Roman der Dritten die wirkliche Zeit, Bergsons temps duré, als konstitutives Prinzip mit seiner „wandelschaffenden Macht"[57] und die Erinnerung in ihrer besonderen, dem literarischen Roman entsprechenden Funktion nachgewiesen hat.

Die musikalische Welt von Mahlers Dritter Symphonie kennt ihren Helden wie der Roman den seinen. Daß die Mahlerschen Romane keine Helden hätten und keine verehrten, behauptet Adorno[58] gegenüber der Redeweise vom symphonischen Helden insofern zu Recht, als sie, vielleicht mit Ausnahme gerade der Dritten sowie der Achten, eher negativen als affirmativen Wesens sind. Die Romantheorie hat jedoch stets betont, die Romanfiguren seien, von Don Quijote bis Hans Castorp, im Unterschied zu Helden im (geschlossenen) Drama keine oder allenfalls negative. Äußerungen wie: „Mittelpunkt (der Darstellung des Lebens, H. D.) ist im Roman der sogenannte Held desselben, der aber Alles seyn darf, nur kein Held"[59]; oder: „Ein so großes Tier wie ein Roman muß notwendig ein Rückgrat haben", die Geschichte des Helden[60], heben die Bedeutsamkeit

54 Friedrich Schlegel, Kritische Fragmente (Lyceum), Nr. 26, op. cit., S. 149.

55 Bauer-Lechner, S. 138 (Gespräch am 13. Juli 1900).

56 Ebd., S. 138.

57 Lukács, Die Theorie des Romans, S. 124 und S. 130. Vgl. auch Adorno, Mahler, S. 101: „Umgekehrt aber ist bei Mahler die thematische Gestalt auch so wenig gleichgültig gegen den symphonischen Verlauf wie Romanfiguren gegen die Zeit, in der sie agieren..... Zeit wandert ein in die Charaktere und verändert sie wie die empirische die Gesichter".

58 Adorno, ebd., S. 165.

59 Oskar Ludwig Bernhard Wolff, Allgemeine Geschichte des Romans, von dessen Ursprung bis zur neuesten Zeit, (1841), zit. n. Theorie und Technik des Romans im 19. Jahrhundert, hg. v. H. Steinecke (= Deutsche Texte, hg. v. L. Rotsch, Bd. 18), Tübingen 1970, S. 26.

60 Otto Ludwig, Wesen und Technik des Romans bei den Engländern, in: Otto Ludwigs Gesammelte Schriften, Bd. 6, Studien, hg. v. A. Stein, Leipzig 1891, S. 63. Zit n. Romantheorie, Dokumentation ihrer Geschichte in Deutschland 1620–1880, hg. v. E. Lämmert u. a. (= Neue Wissenschaftliche Bibliothek 41), Köln, Berlin 1971, S. 351.

einer Hauptfigur für die Kompositionstechnik des Romans hervor und erlauben, den Begriff des Helden in solcher Funktion sinnvoll in die Analogiekonstruktion eines musikalischen Romans der Dritten zu übertragen. Vergliche man ihre sechs Sätze mit Kapiteln eines Romans, so ließe sich allerdings kein allen Sätzen gemeinsames Subjekt erkennen, bauschte man nicht, wie Dieter Schnebel[61], die Quarte zur Keimzelle auf, die im Sinne der ästhetisch längst außer Kurs geratenen Substanzgemeinschaft das Einheitsmoment in der Mannigfaltigkeit der verschiedenen Sätze verkörpern sollte. Umso berechtigter aber ist es, im „Weckruf"-Thema den Helden wenigstens des ersten Satzes zu sehen, dessen Geschichte, falls von einer solchen die Rede sein kann, das Rückgrat des Formverlaufs bildet. Obschon die Passivität des Romanhelden, der mehr durch die Umwelt als diese durch ihn geformt wird, in der „formelhaften Konstitution" (M. Tibbe) des Themas eine Entsprechung finden könnte, muß vorab auf die Divergenz aufmerksam gemacht werden, die zwischen dem vorindividuellen Marschzitatgehalt des Weckrufs und einer individuellen Romanpersönlichkeit besteht, eine Kluft, die der Analogie Grenzen setzt und durch den Hinweis auf die Typenhaftigkeit von Figuren des Abenteuerromans und auf die anfängliche charakterliche Unbestimmtheit von Helden des Entwicklungsromans kaum gemildert wird. Der Vergleich jedoch zwischen Romanfigur und musikalischem Thema dürfte seinerseits seine Geschichte haben, die wohl Friedrich Schlegels Postulat zur Romantechnik eröffnete: „Die Methode des Romans ist die der Instrumentalmusik. Im Roman dürfen selbst die Charaktere so willkürlich behandelt werden, wie die Musik ihr Thema behandelt"[62].

Willkür als Prinzip der Variantbildungen des Weckrufs zu unterstellen würde von Blindheit, sie als Moment derselben zu leugnen aber von Borniertheit zeugen. Der Versuch jedoch, die mannigfachen Abwandlungen dieses Themas, dessen dominierende Rolle einen Ausgleich zur Fülle weiterer Themen im extensiven Satzverlauf bildet, gemäß einer musikalischen Logik zu begreifen, hat zunächst nach deren Art zu fragen. Kennt der Weckruf, mit Adorno zu sprechen, Geschichte oder perspektivische Umgebung[63], und ist er gegebenenfalls eher Subjekt oder Objekt von Geschichte? Was ihm insgesamt widerfährt, bildet nicht eine eindimensionale Kurve, sondern spielt sich gleichsam in zwei Strängen ab, deren Geschichtlichkeit verschieden und nur im Zusammenhang des übergeordneten Formprozesses der drei Teile mit den entsprechenden Fiktionsebenen schlüssig faßbar ist.

Als „Exordium", das dem Geschehen des inneren Programms vorgelagert ist und beide Stränge virtuell umfaßt, erschallt bei Satz- und Reprisenbeginn die Marschmelodie des Weckrufs im nackten Unisono der Hörner — den Helden ohne Welt vorstellend — und führt mit herrlicher Direktheit medias in res, als wollte Mahler mit Homer sich messen, der zu Anfang der Epen im Musenanruf die Hauptthemen in gedrängter Form anschlägt[64].

61 Schnebel, Über Mahlers Dritte, S. 284.

62 Friedrich Schlegel, Literary Notebooks 1797—1801, hg. v. H. Eichner, London 1957, S. 142. Vgl. dazu das Athenäums-Fragment 444, worin Schlegel von einer „gewissen Tendenz aller reinen Instrumentalmusik zur Philosophie" spricht und fragt: „und wird das Thema in ihr nicht so entwickelt, bestätigt, variiert und kontrastiert, wie der Gegenstand der Meditation in einer philosophischen Ideenreihe?"

63 Theodor W. Adorno, Schubert, in: Die Musik, XXI Heft 1, 1928, S. 6. Zit. n. Moments musicaux, neu gedruckte Aufsätze 1928—1962, Frankfurt am Main 1964, S. 27.

64 Vgl. Volker Klotz, Muse und Helios, Über epische Anfangsnöte und -weisen, in: Romananfänge, Versuch zu einer Poetik des Romans, hg. v. N. Miller, Berlin, 1965, S. 14.

Der erste Strang betrifft sodann den Abschnitt a der Einleitung und dessen Varianten in den drei Teilen des Gesamtverlaufs. Hier ist der Nachsatz des Weckrufs nicht-identisches Ausgangsmaterial für Entwicklungen von der Art spezifisch Mahlerscher motivisch-thematischer Arbeit. Nach der Eröffnung wird die Präsenz des Weckrufs in dem Kontrapunkt der Fagotte (T. 28 f.) unterschwellig aufrechterhalten, bis die zunächst apokryphe Beziehung in der Hörnerpartie (T. 58 f.) zu einer offenkundigen wird und ihrerseits beim Posaunensolo (T. 164 f.) von Kollektivität zu Individualität umschlägt. Der Entwicklungsprozeß, dem in diesem Strang der Weckruf-Nachsatz unterliegt, zeitigt demnach alsbald Gestalten, die rhythmisch-gestisch nicht als direkte Varianten des Weckrufs gelten können, die indes ihrerseits, losgelöst von ihrem Ursprung, in den weiteren Einleitungspartien eine eigene Geschichte erfahren, die mit der Cellomelodie in T. 736 zu Ende geht.

Demgegenüber umfaßt der zweite Strang die Varianten des Weckruf-Vordersatzes in der Marschexposition und den entsprechenden Abschnitten in Teil II und III. Diese scheiden sich hinsichtlich des Ableitungsgrades in zwei Gruppen. Auf der einen Seite fungiert der viertaktige Weckruf-Vordersatz als virtuell identisches Marschsubjekt, dessen tendenzielle Geschichtslosigkeit auf die Sphäre der unteren Musik, der es entstammt, verweist, an dessen Veränderungen sich aber auch die Subjekt-Objekt-Dialektik von musikalischer Geschichte dokumentiert. In der Funktion eines Objekts von Geschichte käme die Folge der Varianten, deren Einzelformen durch den Tonartenplan und Modifikationen von Diastematik, Rhythmus und Instrumentation gemäß der Steigerungskonzeption des inneren Programms und den Fiktionsebenen I und II definiert sind, dem Modell eines Wandels perspektivischer Umgebung gleich. Korrespondierte diese Annahme der von der Romantheorie hervorgehobenen Passivität des Heldencharakters — wie dieser durch die Umwelt geprägt wird, wäre die konkrete Gestalt einer Variante ausschließlich Resultat ihrer besonderen Stellung im Formprozeß —, so indizieren anderseits diese Varianten nicht sowohl eine bestimmte musikalische „Umwelt-Situation", sondern konstituieren diese wesentlich selbst mit, wären also ebenso Subjekt der musikalischen Geschichte. Deshalb darf der Versuchung nicht nachgegeben werden, das in der Romantheorie fundamentale Theorem der Kollision zwischen der „Poesie des Herzens und der entgegenstehenden Prosa der Verhältnisse"[65] oder der, wie es bei Lukács heißt, „Fremdheit des epischen Individuums, des Romanhelden, zur Außenwelt"[66] dem musikalischen Romanproblem zu vindizieren. Adornos Satz, das Romansubjekt, das in der Musik die Welt finden möchte, bleibe doch uneins mit dieser[67], verkennt, daß nicht Inkompatibilität, sondern wechselseitige Konstitution, wenigstens im ersten Satz der Dritten, das Verhältnis des musikalischen Helden zu seiner Welt kennzeichnet. Gegenüber diesen Varianten des Weckruf-Vordersatzes sind diejenigen von entlegenerem Ableitungsgrad, welche, wie Violinen und Trompete in T. 315 f., quasiheterophone Varianten zum Marschsubjekt bilden, dann aber auch die wichtige Variantversion des Abgesangs (T. 351 f.) bestimmen.

Auf die Gefahr hin, die Analogie über Gebühr zu strapazieren, wollen wir uns die Frage nicht ersparen, welches Verhältnis von Held und Welt, ob das des Aben-

---

65 Hegel, Ästhetik, hg. v. F. Bassenge, Frankfurt am Main 1965, Bd. II, S. 452.

66 Lukács, Die Theorie des Romans, S. 64.

67 Adorno, Mahler, S. 127.

teuer- oder jenes des Entwicklungsromans des 19. Jahrhunderts — nach Lukács ist bei diesem die Seele breiter, bei jenem schmaler als die Außenwelt[68] — der Beziehung zwischen Weckruf und Satzverlauf eher entsprechen würde. Wenn der Weckruf in der Summe seiner Abwandlungen in beiden alternierenden Strängen als musikalischer Held dieses Satzes betrachtet wird, dürfte ihm, obschon seine Entwicklung keine Bildung zur Vernünftigkeit ist, Rosenkranz' Gedanke einer Identität von Held und Leben im Roman nahekommen: „Die Bildung muß immer an Einem Subjecte (der Held) haften, welches an sich die Totalität des mannigfachen Lebens ist, worin er sich bewegt ... "[69]. Anderseits könnte der zweite Strang, in dem der Weckruf als tendenziell identische Marschgestalt in subjektähnlicher Rolle auftritt, auch mit dem Typus des Abenteuerromans in Parallele gesetzt werden, offenbart doch da der Held in den mannigfachen Situationen, in die er verwickelt wird, verschiedene Seiten seines eher typenhaften Charakters, ohne daß dieser eine geschichtliche Entwicklung erkennen ließe. In Parenthese sei vermerkt, daß die gesamte Formkonstruktion des ersten Satzes der Dritten mit Techniken sowohl des Abenteuerromans — dessen aus der Wiederholung ähnlicher Episoden resultierenden Form entspräche die dreimalige Gestaltung des inneren Programms — als auch des dramatischen Typus des Entwicklungsromans verglichen werden könnte, worauf die Entwicklung der drei Teile verwiese, die logisch stringent verbunden, nicht lose verkettet sind.

Der Vorwurf der Formlosigkeit, gegen den ersten Satz von Mahlers Dritter Symphonie mit derselben Eilfertigkeit vorgetragen[70], mit der er jahrhundertelang von Seiten derjenigen gegen den Roman erhoben wurde, die sich auch angesichts der fortschreitenden Entwicklung der Literatur kaum zu einer Modifikation der Aristotelischen Poetik bereit fanden, dokumentiert gerade in seiner Sinnwidrigkeit die Komplexität eines romanhaften Formverlaufes, dessen Logik sich erst einer eingehenden Analyse erschließt. Zwar ist es kaum mehr als ein Akt der ästhetischen Moral, die Sonatenhauptsatzform im allgemeinsten Sinn von Drei-, bzw. Vierteiligkeit eines ersten Symphoniesatzes noch als gegeben zu veranschlagen; da es anderseits keinen Zweifel daran geben kann, daß für Mahlers Inhaltsästhetik das Gesetz der organischen Totalität eines Kunstwerkes noch ebensolche Gültigkeit wie für die Poetik des realistischen Romans besessen hatte[71] — ein Sachverhalt, den die Analyse bekräftigt —, ist Clytus Gottwalds Behauptung, die Form

68 Lukács, Die Theorie des Romans, S. 96.

69 Karl Rosenkranz, Einleitung über den Roman, in: Karl Rosenkranz, Ästhetische und poetische Mitteilungen, Magdeburg 1827, S. 15. Zit. n. Romantheorie, Dokumentation ihrer Geschichte in Deutschland 1620—1880, hg. v. E. Lämmert u. a., op. cit., S. 267.

70 Noch Deryck Cooke beschreibt den Satz als „total formal failure". Zit. n. Neville Cardus, Gustav Mahler, His mind and his music, Vol. I, London 1965, S. 95.

71 Vgl. Bauer-Lechner, S. 171 (Gespräch am 12. Oktober 1901 über die Vierte Symphonie): „ ... Sie muß etwas Kosmisches an sich haben, muß unerschöpflich wie die Welt und das Leben sein, wenn sie ihres Namens nicht spotten soll. Und ihr Organismus muß e i n e r sein, darf durch nichts Unorganisches, Flicken und Bänder, getrennt sein".

Vgl. Bruno Hillebrand, Theorie des Romans, Bd. II, Von Hegel bis Handke, München 1972, S. 66: „Für den Roman des Realismus ergibt sich daraus (aus Otto Ludwigs Poetik, H. D.) ... das Formgesetz des Organischen. Jeder Stoff wird im Kunstwerk seine eigene organische Form kraft der ihm innewohnenden Idee entwickeln".

Georg Lukács, Die Theorie des Romans, S. 74, spricht allerdings von einer „im Grunde begrifflichen Pseudoorganik des Romanstoffes".

des Satzes beruhe auf der „Verbindung des Unverbundenen"[72], nichts anderes als ein Zeichen dafür, daß das altertümliche Argument der Formlosigkeit bei der heutigen Avantgarde in einem überdehnten Begriff von Collage erstmals zu ästhetischen Ehren gelangt.

Hatte Paul Bekker beim Vergleich des dramatischen mit dem epischen Symphonietypus der Beethovenschen „Logik des Muß" die Symphonik der Österreicher als „unlogische Sinfonik des Werdens und Keimens" gegenübergestellt[73] und hatte Adorno, diesen Ansatz präzisierend, an Mahlers kompositorischer Verfahrensweise eine „triebhaft ungebundene Logik der Irrationalität" entdeckt[74], so erwies demgegenüber unsere Analyse des ersten Satzes der Dritten, wie weitgehend die Irrationalität der Logik bloßer Schein einer rationalen ist und daß deshalb die musikalische Prosa als Formkategorie bei Mahler nicht triebhaft ungebunden, sondern rational gebunden wirkt. Insofern sie sich in einer tendenziell universellen Bezüglichkeit der Elemente des Formprozesses offenbart, erstrebt sie in der Musik dasselbe wie das Postulat universeller Motivation des Geschehens beim Roman. Soll hier, was der Zufall den Ereignissen an Spannungsmomenten zuträgt, keine Willkür, sondern für die Handlung letztlich sinnvolle, wenn auch nicht teleologische Fügung sein, so stiften dort zur Hauptsache gerade die Momente des Zufalls – paradigmatisch für das plötzliche Auftreten eines neuen Themas und eine überraschende Wendung im Satzverlauf ist die Klarinetten-Fanfare (T. 148 f.) – dadurch, daß sie mehrmals mit unterschiedlicher, doch auf Früheres beziehbarer Konsequenz auftreten, den romanhaft motivierten Formzusammenhang.

Mag sein, daß ein knapper Rekurs auf die erste deutsche Romantheorie, auf Friedrich von Blankenburgs „Versuch über den Roman", der 1774 anhand von Wielands „Agathon" das Motivationsproblem erörtert, zur Illustration der Mahlerschen Formkonstruktion beiträgt, die aus einer spezifischen Vermittlung von Deduktion und Induktion resultiert. Im zweiten Teil des „Versuchs" werden u. a. folgende Motivationsarten, die die Funktionalität der Teile und ihre Fügung zum Ganzen betreffen, laut Kurt Wölfel genannt: „Der Zusammenhang, der sich aus dem ‚realistisch' gedachten mimetischen Charakter des Romans ergibt: die strikte ‚Motivation von vorne' (Lugowski), in der alles Erzählte als Kette von Ursachen und Wirkungen sichtbar gemacht wird", und derjenige, „der sich aus dem ‚idealistisch' gedachten mimetischen Charakter des Romans ergibt: die ‚Motivation von hinten' (Lugowski), durch die alles Erzählte als Zusammenhang von (Sinn-)Grund und Folge erscheint"[75]. Würde der erste Satz der Dritten Symphonie auf diese beiden Motivationsarten hin befragt, so entspräche auf der einen Seite dem Kausalzusammenhang das Prinzip der kompositorischen Induktion, die Idee der integralen Variantentechnik als sukzessive thematische Ableitung und Vermittlung der Gestalten und Komplexe, auf der andern Seite aber dem Finalzusammenhang das Prinzip der kompositorischen Deduktion, der abstrakte Formplan der dreimaligen Ausführung eines inneren Programms. Durch ihn erscheinen

72 Gustav Mahler und die musikalische Utopie, I. Musik und Raum, op. cit., S. 9.

73 Bekker, Gustav Mahlers Sinfonien, S.17.

74 Adorno, Mahler, S. 52 f.

75 Kurt Wölfel, Friedrich von Blankenburgs ‚Versuch über den Roman', in: Deutsche Romantheorien, Beiträge zu einer historischen Poetik des Romans in Deutschland, hg. und eingel. v. R. Grimm, Frankfurt am Main 1968, S. 44 f.

die induzierten Einzelpartien in einem übergeordneten Konnex aufgehoben, der ihnen aber nicht aufgepfropft wird, sondern vielmehr gleichsam mit unsichtbarer Hand die Richtung weist. Während Bekker an Mahlers Verfahrensweise das deduktive Prinzip der Komposition „von oben" mit den Worten hervorgehoben hatte, als letzte Folge dieser für den Sinfoniker bestimmenden Entwicklung vom Allgemeinen zum Besonderen, vom Ganzen zum Einzelnen bilde sich schließlich das sinfonische Thema[76], hatte Adorno umgekehrt das induktive Prinzip der Komposition „von unten"[77] akzentuiert und damit, wohl unabsichtlich, ein Argument der Spielhagenschen Romantheorie[78] aufgegriffen, war sich zweifellos aber auch bewußt, daß Mahler nur mit einer Komposition „von unten", vom emanzipierten Einzelnen aus, keine Formtotalität hätte konstituieren, keine „Synthesis von Offenheit und Geschlossenheit"[79] hätte erreichen können. Auch in Mahlers Poetik reflektieren sich, allerdings verschlüsselt, die beiden Seiten. Die Induktion in der Äußerung: „Es ist furchtbar, wie dieser Satz mir über alles, was ich je gemacht habe, hinauswächst ... "[80], die Deduktion, von Mahler heruntergespielt, in der folgenden: „Zu meiner Verwunderung und Freude zugleich sehe ich nun: es ist in diesem Satz, wie in dem ganzen Werk, doch wieder dasselbe Gerüst, der gleiche Grundbau – ohne daß ich es gewollt oder daran gedacht hätte –, wie sie bei Mozart und ... bei Beethoven sich finden, vom alten Haydn aber eigentlich geschaffen worden sind"[81]. Die Mitte jedoch, die Mahler in diesem Satz zwischen Induktion und Deduktion findet, ist kein schlechter Mittelweg, sondern die erfolgreiche Methode, eine musikalische Romanform zu komponieren, die zwischen starrer Traditionshörigkeit und expressionistischer Moderne steht.

Das Ausgleichsprinzip, das gegenläufige Tendenzen zu einem Kunstwerk zusammenfügt, wurde bereits von Jean Paul für den dramatischen Romantypus reklamiert, den er dem epischen deshalb vorzieht, weil „ohnehin die Losgebundenheit der Prose dem Roman eine gewisse Strengigkeit der Form nöthig und heilsam macht"[82]. Dürfte ein solches Verhältnis von Syntax und Form beim späten Mahler, etwa dem ersten Satz der Neunten Symphonie[83], vorliegen, so im Anfangssatz der Dritten eher das umgekehrte. Indes hat unsere Analyse die Ungebundenheit der Großform, die alsdann die durchaus regelmäßige Syntax ausgliche, als scheinhaft, weil selbst gebunden, aufgedeckt.

Bei der Analogie, die bisher zwischen dem Mahlerschen Symphoniesatz und dem literarischen Roman entwickelt wurde, blieben der klassizistisch-dramatische Symphonietypus und die geschlossene Form des Dramas als unausgesprochene

76 Bekker, Gustav Mahlers Sinfonien, S. 32.

77 Adorno, Mahler, S. 86.

78 Friedrich Spielhagen, Der Ich-Roman, in: Beiträge zur Theorie und Technik des Romans, Leipzig 1883, zit. n. Zur Poetik des Romans, hg. v. Volker Klotz, S. 98: „Denn dies ist das Bezeichnende des epischen Verfahrens, daß es von Anfang an induktorisch ist und bis zum Ende induktorisch bleibt".

79 Adorno, Mahler, S. 112.

80 Bauer-Lechner, S. 44 (Gespräch vom 4. Juli 1896).

81 Ebd., S. 49 (Gespräch vom 27. Juli 1896).

82 Jean Paul, Vorschule der Ästhetik, Werke, hg. v. N. Miller, Bd. 5, München 1962, S. 252.

83 Vgl. Carl Dahlhaus, Form und Motiv in Mahlers Neunter Symphonie, in: Neue Zeitschrift für Musik, 135. Jg. Heft 5, Mainz 1974, S. 296 f.

Vergleichspole im Hintergrund. Hervorgekehrt werden sie durch einen Rekurs auf Volker Klotz' Typologie der geschlossenen und offenen Dramaform[84], eine zwecks Gegenüberstellung von dramatischen und romanhaften Stiltendenzen in der Symphonik überaus geeignete Vergleichsbasis. Die Epizität des offenen Dramas, sein „Anstrich von Roman", ermöglicht die Skizze einer Analogie, die jene zwischen der Dritten und dem Roman nicht aufhebt, doch in der Ergänzung zugleich deren Grenzen sichtbar macht. Während die Klotz'sche Typologie im Sinne des Weberschen Idealtypus wissenschaftlich abgeleitet ist, geht es uns, wie gesagt, weder um eine idealtypische Konstruktion einer musikalischen Roman- oder offenen Dramaform, noch kann hier der dramatische Symphonietypus über das Vorverständnis, das sich auf Bekker[85] und Adorno[86] stützt, hinaus entwickelt werden. Sofern die Schiefheit einer solchen Analogie nicht von vorneherein polemischer Gereiztheit zum Opfer fällt, dürfte von ihr aus dennoch einiges Licht auf Mahlers Symphonik fallen.

Inwiefern folgende Momente der offenen Dramaform (ein Beispiel: Büchners Woyzeck): Variation von Weltaspekten zur Beleuchtung des Monagonisten, Implikation des zentralen Themas in jeder Szene und seine Veranschaulichung in einem bezeichnenden Aspekt, Expansion einer entfesselten Zeit, und schließlich Komposition von unten, von der einzelnen Szene ausgehend, nach oben[87] mit Eigenheiten des ersten Satzes der Dritten korrespondieren, die bereits früher zur Sprache kamen, dürfte deutlich und näherer Ausführung nicht bedürftig sein. Veranschaulicht soll die Analogie aber anhand des Sprachstils werden. Während Klotz eine einheitliche Sprache des „hohen Stils", eine enge Verzahnung der Dialoge, eine logisch-schlüssige Satzfolge ohne Stauungen und einen ausgefeilten, hypotaktischen Satzbau als Stilfaktoren des geschlossenen Dramas (ein Beispiel: Goethes Iphigenie von 1786) geltend macht, ist die Sprache des offenen durch pluralistische Verschiedenheit von Stilarten (da mehrere Stände mit ihren eigenen Sprachbereichen zu Wort kommen), Stilparodien, parataktische oder brüchig hypotaktische Syntax und durch den kollektiven Gehalt von Volksliedern bestimmt, die, Straße und Jahrmarkt entstammend, nicht Ausdruck einer einsamindividuellen Regung, sondern Zeichen eines Weltzustandes sind[88]. Dem geschlossenen Drama wäre ein „geschlossener Symphonietypus" Beethovensch-Brahms'scher Prägung analog, an dessen Musiksprache in unserem Zusammenhang folgendes zu erwähnen wäre: Die thematischen Materialien, welchen Ursprungs auch immer, werden durch kunstreiche Konstruktion ihres Eigenwerts tendenziell beraubt und in die einheitliche Ebene eines „hohen Musikstils" integriert; die einzelnen Abschnitte der Form, die einerseits eng aneinander gefügt, anderseits in funktionaler Differenzierung qualitativ gegliedert sind, stiften auf Grund einer gleichmäßigen Zeitsukzession einen virtuell durchgehend fließenden Satzverlauf; und endlich könnte die artifizielle, syntaktisch komplexe Polyphonie des Orchestersatzes als Äquivalent der kunstvoll gebauten Hypotaxe im geschlossenen Drama betrachtet werden. Die Analyse des ersten Satzes von Mahlers Dritter offenbart auf der andern Seite die Sprache eines gleichsam „offenen" Symphonie-

84 Volker Klotz, Geschlossene und offene Form im Drama, 6. Aufl. München 1972.

85 Bekker, Gustav Mahlers Sinfonien, S. 12 f., S. 16.

86 Adorno, Mahler, v. a. S. 88 f. und S. 100 f.

87 Klotz, op. cit., S. 149 und v. a. die Zusammenfassung S. 218 f.

88 Ebd., S. 72 f., S. 156 f., S. 201 f.

satzes: Die stilistische Höhenregel ist weniger außer Kraft gesetzt als vielmehr in ihrer vielfältigen Dimensionsbreite voll entfaltet; mundartliche Einschläge werden keineswegs vermieden, sondern als lokale und soziale Färbung der Musiksprache bewußt eingesetzt; die einzelnen Formabschnitte werden durch kühne Trommelüberleitungen oder mittels eines Wechsels des Formprinzips in ihrer Eigenständigkeit bekräftigt; und weist endlich die Sprachkurve etwa bei der Hörner- und Posaunenpartie der ersten Einleitung einen diskontinuierlichen, oftmals stockenden Verlauf auf, so darf anderseits die syntaktische Regularität der Militärmärsche wohl als Beispiel musikalischer Parataxe einstehen.

Gegen eine verkrustete Philisterästhetik verteidigte Arnold Schönberg 1912 in seiner Prager Gedenkrede Mahlers epochale Leistung als Komponist mit der fragwürdigen These, dessen Themen seien keineswegs banal[89], mit einem Argument also, bei dem durchschimmert, daß für Schönberg, trotz gegenläufiger Tendenzen im eigenen Werk, der Kunstcharakter von Musik an den „hohen Stil" gebunden blieb. Nach Abzug der apologetischen Pointe kann damit jedoch nichts anderes gemeint sein, als daß Mahler das banale thematische Material durch kompositorische Konstruktion der ursprünglichen Sphäre enthebe, daß eine „Konfiguration von Inhalt und Stil" vorliege, die nach Adorno Mahlers Form geschichtsphilosophisch der des Romans, insbesondere dem „Roman aller Romane, der Flaubertschen Madame Bovary" annähere: „Pedester ist der Musikstoff, sublim der Vortrag"[90]. Obschon seit Heliodors Aitiopika das Moment der Kolportage dem Roman, auch der Bovary, nicht fern steht, intendiert Flaubert seine Aufhebung durch die Macht des Stils, nimmt eine Position ein, die dem Kunstideal des l'art pour l'art näherkommt als der Mahlerschen Kompositionstechnik in der Dritten Symphonie, wenn er in dem bekannten Brief an Louise Colet schreibt: „C'est pour cela qu'il n'y a ni beaux ni vilains sujets et qu'on pourrait presque établir comme axiome, en se posant au point de vue de l'art pur, qu'il n'y en a aucun, le style étant à lui tout seul une manière absolue de voir les choses ... "[91].

Nicht Stil, sondern der schwer zu definierende, doch unverwechselbare Ton bewahrt Mahlers stilistisch vielfältige Musik vor ästhetisch mangelhafter Stillosigkeit. Er prägt und vereinheitlicht sie noch dort, wo sie, wie beim Militärmarsch von Teil I und dem Abgesang von Teil II, sich in die Extreme von Heteronomie und Autonomie zu spalten scheint. Mahlers Ton, dessen Rätselhaftigkeit in kompositionstechnische Kategorien aufzulösen — denn die Erfahrung der Rezeptionsästhetik muß ihr Substrat im Werk haben — bislang noch nicht gelingen wollte, umfaßt als Einheitsmoment die mannigfachen Stoff- und Stilebenen und ist der Garant dafür, daß Mahlers Verzicht, die Banalität des Inhalts durch Sublimität des Vortrags, des Stils, aufzuheben, den ästhetischen und geschichtsphilosophischen Rang seines Werkes weniger schmälert als erhöht. Insofern beim ersten Satz der Dritten die Integration banaler Themen, die als Zitate aus Volks-, Militär-, aber auch Kunstmusik allseits bekannt waren, in die „hohe" Musik nicht allein mit deren kompositorischen Verfahrensweisen, sondern ebenso mit solchen erfolgt,

89 Arnold Schönberg, Ernst Bloch u. a., Über Gustav Mahler, Tübingen 1966, S. 25.

90 Adorno, Mahler, S. 85.

91 Brief vom 16. Januar 1852. Zit. n. Rafael Koskimies, Theorie des Romans, Helsinki 1935, reprographischer Nachdruck Darmstadt 1966, S. 148.

116

die, wie die Sukzessions-Collage beim Militärmarsch der Fiktionsebene I oder die tendenziell immergleiche Wiederkehr des Weckrufs in der Funktion eines Marsch-subjekts, selbst der „unteren" Musik entstammen, ist Heteronomie kein Makel, der vertuscht zu werden brauchte, sondern offen hervorgekehrtes Moment musi-kalischer Autonomie.

Die musikalische Prosa als Formkategorie des Romans wacht über den heterono-men und autonomen Prinzipien dergestalt, daß einerseits der Weckruf als Subjekt des Romans im zweiten Strang durch nuancenreiche Modifikationen vor dem the-matischen Einerlei bewahrt wird und daß andererseits dort, wo er Ausgangspunkt für thematische Vereinheitlichung ist, der Rationalität der integralen Varianten-technik auch Grenzen gesetzt werden, auch vollends Neues, Nichtableitbares ein-geflochten wird, ohne welches der Satz, um beim Bild zu bleiben, weniger zum Roman als zur durchkonstruierten Novelle, der Expansion abginge, geworden wä-re.

Die ästhetisch konträren, technisch aber verwandten Tendenzen zur Vereinheit-lichung hier und zum Einerlei dort bestimmen die esoterischen und exoterischen Gehaltskomponenten, deren Verbindung die Rezeptionsästhetik des Satzes der-jenigen des realistischen Romans des 19. Jahrhunderts verwandt erscheinen läßt. So wie dessen Zugänglichkeit und Beliebtheit sich auf eine kolportagehafte Span-nungskurve gründete, hinter der sich die Kunst des Erzählens verbarg, dürften auch der Erfolg der Dritten bei der Uraufführung 1902 in Crefeld und ihre gegen-wärtige Popularität auf den exoterischen Momenten beruhen. Daß aber der kol-lektive Gehalt dieser Musik auch vom Kollektiv vernommen werden möchte, brach-te den konservativen Teil der musikalischen Fachwelt in Rage, der indes, indem er seinen Haß auf die exoterischen Momente fixierte, die esoterische Formkon-struktion aber übersah oder verkannte, nur einmal mehr demonstrierte, wie we-nig seine angebliche Bildung der Bildungslosigkeit voraus hat.

Gustav Mahler war nicht bereit, sich mit der Spaltung der Kultur in eine höhere und eine untere Sphäre, eine Kluft, die aus gesellschaftlichen, nicht aus natürli-chen Gründen resultiert, abzufinden, wußte aber zugleich um die Fragwürdig-keit eines Versuchs, sie mittels bloß organisatorischer Maßnahmen wegzumani-pulieren oder die Divergenz in einem schlechten künstlerischen Kompromiß zu übertünchen. Stattdessen gestaltete er den kulturellen Antagonismus in einem Kunstwerk, das die Perspektive einer Versöhnung beider Seiten ohne Kapitula-tion der einen trägt und, was Hegel dem Roman zuschrieb — er erringe der Poe-sie auf dem Boden der Prosa ihr verlorenes Recht wieder[92] —, legitimerweise für sich in Anspruch nehmen darf. Wenn anders Kunst in prosaischer Welt gerettet werden kann, dann darf Mahlers musikalischer Roman als ein Paradigma gelten, das, indem er Prosaisches, Unteres von Kultur, den „musikalischen Alltag" (Ste-fan) durch artifizielle Organisation eigener innerer Tendenzen gleichsam den Weg der Selbstemanzipation schreiten läßt, nicht sowohl die Prosa zur Poesie erhebt, als auch die Poesie in solcher Vermittlung mit Prosa vor dem Ideologieverdacht schützt, so daß schließlich beide Seiten dialektischen Nutzen daraus ziehen.

---

92 Hegel, Ästhetik, Bd. II, S. 452.

VII   Der Ausdruck musikalische Prosa im Reger-Kreis

Max Reger ist der erste Komponist der Musikgeschichte, auf dessen Werk, zumal auf das der mittleren Schaffensphase, der Ausdruck „musikalische Prosa" explizit in affirmativer, nicht allein in kritischer Bedeutung bezogen wurde. Doch hat der Begriff im Reger-Kreis nicht die gleiche normative Geltung wie, nur wenig später, in der Neuen Wiener Schule Arnold Schönbergs. Die Verwendung des Begriffs innerhalb der beiden, sich einander musikpolitisch im Laufe der Zeit zusehends fremder gegenüberstehenden Gruppen erfolgte, so wenig sie gesamthistorisch zufällig erscheint, laut einer Äußerung Alban Bergs unabhängig voneinander[1].

Der Stand der Quellenforschung vermag noch nicht darzustellen, wie der Begriff im Reger-Kreis geprägt oder allenfalls übernommen wurde, hat sich doch „musikalische Prosa" bis zur Zeit des ersten Weltkriegs, aus der Max Hehemanns Reger-Monographie, die gegenwärtig früheste Quelle, stammt[2], bereits als historischer Ausdruck eingebürgert. Immerhin lassen sich aus den auf die musikalische Prosa bezogenen Passagen dieses Autors und Fritz Steins, dessen Buch über Reger rund zwanzig Jahre später erschien[3], eine Reihe von Bestimmungen namhaft machen, die sich zu einem einheitlichen Bild abrunden[4].

Zuvor aber sei auf einen Autor hingewiesen, der als Apologet musikalischer Prosa um die Jahrhundertwende gelten darf, auf den früher erwähnten Musikschriftsteller Arthur Seidl, dessen Sammlung von vier Vorträgen unter dem Titel „Moderner Geist in der deutschen Tonkunst" 1900 veröffentlicht wurde[5]. Seidl, der für eine auf Nietzsche basierende Kultur focht und sich als Mahler-Apologet kaum mit dem Reger-Kreis einig fühlen mochte, handelt im vierten Vortrag „moderne musikalische Lyrik" von der zeitgenössischen Liedproduktion.

Hugo Wolf habe in der Musik den Übergang vollzogen, der in der Poesie von der „metrischen Architektur des wohlgedrechselten Strophengedichts" zu einer „ausdruckstiefen, dionysisch-drangvollen poetischen Prosa" geführt habe[6]. „Der gewonnenen größeren Freizügigkeit im metrischen Element der Poesie", so umschreibt Seidl das erste „prägnante Grundmoment dieser musikalischen ‚neuen Welt' ", „entspricht bei der Musik die Auflösung des regelrechten Periodenbaues

---

1   Alban Berg, Warum ist Schönbergs Musik so schwer verständlich? , in: Arnold Schönberg zum fünfzigsten Geburtstag, Sonderheft der Musikblätter des Anbruch, Wien 1924, S. 331.

2   Max Hehemann, Max Reger, München 1917, u. a. S. 10.

3   Fritz Stein, Max Reger, in: Die großen Meister der Musik, hg. v. E. Bücken, Potsdam 1939, S. 92 f.

4   Zum musikalischen Prosabegriff bei Reger vgl. auch Rudolf Stephan, Max Reger und die Anfänge der neuen Musik, in: Neue Zeitschrift für Musik, hg. v. E. Thomas, O. Tomek und C. Dahlhaus, 134. Jg. Mainz 1973, S. 339 f., S. 344 f.

5   Seidl, Moderner Geist in der deutschen Tonkunst, Berlin 1900.

6   Seidl, ebd., S. 150 f.

in die Beweglichkeit freierer Taktgebilde mit ungezwungeneren Rhythmen und reicherem Tempowechsel". Nachdem er als weitere Momente die Klangmöglichkeiten der chromatischen Harmonik und der erweiterten Klavierbegleitung genannt hat, beschreibt er einen Aspekt der musikalischen Prosa, der auch für Reger spezifisch wichtig ist: „Hier entsteht auf dem Grunde des scheinbar willkürlichen und wahllosen ‚Auf und Ab' einer geheimen Gemütsbewegung und deren feinnerviger, peripherischer Gefühlsregungen die besondere Rhetorik einer freien, natürlich ablaufenden Seelenstimmung"[7].

„Jenes Unverstanden-Neue, für welches Wort und Begriff nach und nach erst sorgfältig auszuprägen wären"[8] — Seidls Vorliebe für metaphorische Deskription ist Ersatz für eine ästhetische und technische Analyse — ist der Inbegriff der künstlerischen Errungenschaften der Zeit um die Jahrhundertwende, mit Hehemanns Worten, des „Zeitalters der musikalischen Prosa"[9]. Max Hehemann erblickt im „Subjektivismus", in der „Realisation einer dichterischen Idee" das Prinzip des gegenwärtigen Komponierens und bescheinigt der modernen Psyche ein „weit feineres Gefühl für Zwischenwerte" und für die „Kunst der Übergänge" als der früheren. „Aber es bleibt doch zu bedenken", erwägt Hehemann, „ob uns auf diesem Wege des Sehnens und Empfindens ins Kleine, ob bei dieser Differenziertheit dem Zeitalter der m u s i k a l i s c h e n P r o s a nicht die Größe der Anschauung verloren gegangen ist". So unübersehbar hier die Analogiebildung zum Begriff des „prosaischen Zeitalters" ist, so evident erscheint andererseits die Bedeutungsverschiebung von jenem Begriff zu Hehemanns „Zeitalter der musikalischen Prosa". Der Begriff der musikalischen Prosa als subtiler Kunst feinster psychischer Werte und Nuancen hat mit dem metaphorischen Gehalt von Prosa, der im Idealismus einen negativen anthropologischen Inhalt besaß, nichts gemein.

Insofern als die Momente, welche Hehemann als Merkmale musikalischer Prosa geltend macht, solche des idealistischen Poesiebegriffs sind, wird einerseits deutlich, daß Poesie- und Prosaästhetik keine kontradiktorischen Gegensätze bilden, und andererseits, daß „musikalische Prosa" erst dann zu einem affirmativen Begriffsgehalt gelangen konnte, als die Poesieästhetik wenn nicht außer Kraft gesetzt war, so doch ihren expliziten Geltungsanspruch aufgegeben hatte. An diesem Aspekt der musikalischen Prosa ist nicht so sehr die kompostitionstechnische Seite von Belang — sie ist uns als Aufhebung der „musikalischen Poesie" des öfteren begegnet — als vielmehr die Funktion, welche musikalische Prosa für die „Kunst des Übergangs", ein von Wagner bis zu Berg gültiges Kompositonsideal, erfüllt: „Gerne setzt er (Reger) an die Stelle der formal abgegrenzten musikalischen Verszeile die frei gestaltete rezitativische Melodie, die musikalische Prosa. Sie vermittelt ihm die Kunst der leisen Übergänge und Zwischenwerte, worin er sich als echtes Kind unserer Zeit bewährt"[10].

Wenn Hehemann, in ähnlicher Weise wie Seidl über Hugo Wolf, über Regers Lieder schreibt, in ihnen sei ein „Stil der freien Rezitativmelodie verwirklicht, die sich zur abgegrenzten, architektonisch bestimmten Melodie verhalte wie die rhyth-

7 Ebd., S. 154.

8 Ebd., S. 155.

9 Hehemann, Max Reger, S. 10.

10 Ebd., S. 13.

120

mische Prosa zur festen Versform des Liedes"[11], so kündigt sich dieser Sachverhalt in der Tat in den Liedern von opus 43 an, doch erreicht er seine höchste Ausprägung erst mit einigen der zwölf Lieder von opus 66, vor allem mit „An dich" auf den Text von Marie Itzerott und mit „Morgen" auf einen des Stirnerbiographen John Henry Mackay.

In den Takten fünf und folgende von „An dich" beschränkt sich die Klavierbegleitung auf schlichte Akkorde und unterscheidet sich dadurch vom polyphonen, vollgriffigen Klaviersatz anderer Lieder aus dieser Epoche Regers. Die Singstimme bewegt sich darüber in einfacher, deklamatorischer Rhythmik, wobei gerade, entgegen Hehemanns Meinung, nicht das Verwischen der Verszeilen, sondern die gliedernde Korrespondenz im melodischen Duktus der Doppelzeilen wesentlich ist.

Einen Höhepunkt erreicht die Prosa der Regerschen Liedkomposition zweifellos mit „Die Liebe" von Richard Dehmel, dem siebenten Lied von opus 66, und zwar nicht so sehr durch rezitativhafte Melodiegestaltung, sondern vor allem zufolge des gedehnten Strömens der reichen Polyphonie.

Schwingt bereits bei Hehemanns Befürchtung, dem Zeitalter der musikalischen Prosa könnte die Größe der Anschauung verloren gegangen sein, ein negativer Unterton mit, so möchte man, handelte es sich dabei nicht um eine sekundäre, spätere Quelle, aus Fritz Steins Satz auf eine ursprünglich polemische Verwendung des Begriffs auch im Reger-Kreis schließen: „Man hat Regers Musik melodische Kurzatmigkeit und Mangel an rhyhtmischer Bestimmtheit vorgeworfen und ihm schon früh die Fähigkeit zu geschlossener Melodiebildung überhaupt abgesprochen, die er durch eine Art melodischen Rezitativs oder musikalischer Prosa ersetze"[12]. Wird der Vorwurf der Unfähigkeit zu geschlossener Melodiebildung durch Regers frühe, an Brahms orientierten Werken widerlegt, so handelt es sich beim Argument, Regers Musik ermangele der „rhythmischen Bestimmtheit", um einen ernster zu nehmenden Vorwurf. Er erinnert an das Unscharfe, bloß Ungefähre im Rhythmus der prosaischen Alltagssprache. Das Argument ist insofern berechtigt, als die Polyphonie von Regers musikalischer Prosa, formelhaft gesprochen, nicht auf rhythmischer Unabhängigkeit von Stimmen, sondern auf dem Primat der Harmonik beruht.

11 Ebd., S. 34.

12 Fritz Stein, Max Reger, S. 92.

Hehemann und mit ihm die gesamte Reger-Literatur zitieren den Satz Regers, er könne „musikalisch nicht anders als polyphon denken"[13]. Polyphonie ist ein grundlegendes Moment fortgeschrittener musikalischer Prosa. Sie ist bekanntlich ein hervorstechender Zug der Regerschen Kompositionstechnik. Vielstimmigkeit aber wurde im Falle Wagners von Adorno als Scheinpolyphonie entlarvt[14]. Wie steht es damit bei Reger?

Regers Polyphonie hat sich in ihrem frühen Stadium mehr an Brahms als an Wagner geschult und erhebt in ihrer relativen Schlichtheit keinen unrealisierten Anspruch. Zu einem durchgehenden Stilmerkmal Regers, das nur selten, etwa zur Exposition eines Themas[15], preisgegeben wird, entwickelt sich Polyphonie in vollem Umfang während Regers zweiter Schaffensperiode unter dem Einfluß Bachscher Kompositionsverfahren. Andererseits hat Regers Polyphonie ihre klare Grenze an dem Primat der Harmonik über die Rhythmik.

Die Eigenheit von Regers Polyphonie ließe sich wohl instruktiv im Vergleich zur Mahlerschen darstellen. Mahlers eher diatonische Harmonik steht wenigstens bis zu den mittleren Symphonien hinter dem Stand der fortgeschrittenen Chromatik der Zeit zurück, den etwa Reger in exemplarischer Systematik verkörpert. Doch gerade die spezifische Zurückgebliebenheit der Harmonik befreit Mahlers polyphones Denken, läßt es sich frei bewegen, unbekümmert um klangliche Härten oder gar um offenkundige Mängel nach den Stimmführungsregeln des „guten" Satzes. Demgegenüber weisen sich die Regerschen Stimmen vorab im komplexen chromatischen System als regelkonform aus. Der Zwang zur harmonischen Legitimation jeder Stimmführung verhindert eine weitergehende Emanzipation von Regers Polyphonie. Sie ist oft Vielstimmigkeit im ursprünglichen Wortsinn, Resultat des Überlagerns von Stimmen, die an sich rhythmisch nicht besonders plastisch sind. Gerade in Regers besten Kammermusikwerken der mittleren Epoche, etwa dem zweiten Klavierquintett opus 64 — in dessen zweitem Satz „Lento addolorato e con gran affetto" ist nach Ansicht des Verfassers die spezifische Art seiner musikalischen Prosa am ausgeprägtesten —, offenbart sich deutlich der Unterschied zwischen seiner dichtgewobenen Polyphonie und derjenigen von Kammermusikwerken der Neuen Wiener Schule, wo sie stets Funktion sprachähnlicher Gliederung bleibt. Immerhin darf, trotz allen wesentlichen Unterschieden, die komplexe Ausbildung von Polyphonie als gemeinsamer Aspekt der musikalischen Prosa in ihrer Spätphase bei Reger und der Schönbergschule betrachtet werden.

Der Begriff der Parenthese, der als Terminus der traditionellen Formenlehre figuriert, gelangte bei Reger zu erhöhter Bedeutung. Grabner überliefert folgenden Ausspruch des Komponisten: „Gleichwie man in der Rede ein bestimmtes Wort durch eine in Parenthese gesetzte Bemerkung näher erläutern kann, so kann man auch im Verlaufe akkordischer Folgen einen bestimmten Klang näher umschreiben, indem man ihn von den harmonischen Beziehungen zu seiner Tonika vorübergehend als losgelöst betrachtet und mit seiner eigenen Dominante und Subdominante umgibt"[16]. Ob, wie Fritz Stein meint, „hier mit Recht an die ‚barock' ver-

13 Vgl. z. B. Max Reger-Brevier, hg. v. H. Kühner, Basel 1948, S. 42.

14 Theodor W. Adorno, Versuch über Wagner, Knaur Taschenbuch Bd. 54, München/Zürich 1964, S. 57.

15 z. B. der Beginn des Streichquartetts in d-moll, opus 74.

16 Zit. n. Fritz Stein, Max Reger, S. 90/91.

kräuselte Sprache Jean Pauls erinnert wurde", bleibe dahingestellt. Allerdings wurde schon früher die musikalische Parenthesenbildung mit dem Prosastil Jean Pauls verglichen, von Robert Schumann in seiner Rezension der Chopinschen b-moll-Klaviersonate: „Gerade Chopin hat (wie etwa Jean Paul) seine Häkelperioden und Parenthesen, bei denen man sich beim ersten Durchlesen eben nicht lange aufhalten darf, um nicht die Spur zu verlieren"[17].

Die Relevanz der kompositorischen Parenthese für die musikalische Prosa darf allerdings, so naheliegend der Zusammenhang auch erscheinen mag, nicht überschätzt werden. Es ist nicht dasselbe, ob in der Jean Paulschen Prosa Digression, Parenthese und ähnliche Prinzipien als stilistischer Kanon wirken, oder ob in einem Musikverlauf der harmonische Zusammenhang für kurze Zeit verzögert wird. An dem von Ernst Bücken als Exempel Regerscher Parenthesenbildung angeführten dritten Takt der E-dur Gavotte von opus 82, „Aus meinem Tagebuch"[18], — aus der Dominante von E-dur rückt Reger unvermittelt in die Dominante der neapolitanischen Tonart — zeigt sich, daß die harmonische Parenthese als unproblematische Sequenzbildung syntaktisch abgesichert ist und als eingeschobener Takt zwar zum Reiz, doch nicht zur Prosaisierung des ersten fünftaktigen Abschnittes beiträgt.

Ein weiteres Moment der musikalischen Prosa bei Reger eröffnet der Philosoph Julius Stenzel, indem er die Regersche Musik als „prosa, nicht versus, nämlich proversa, d. h. vorwärtsschreitend, nicht immer wieder umkehrend" bezeichnet[19]. Der Rekurs auf die Etymologie des Wortes Prosa erfaßt Regers Tendenz zum Vorwärtsdrängen, ein Element, das vor allem in seiner mittleren Schaffensphase zur Geltung kommt. Stenzels Sprachphilosophie dürfte die Überlieferung des Begriffs im Reger-Kreis mitgeprägt haben, lehnt sich doch Fritz Steins Satz: „Das Schöpferische, Zeugende liegt im Fließen, im Strömen der inneren Rede (Prosa)!"[20] terminologisch an Stenzels Theorie an[21].

Offenkundig war Reger, der gegen den „stillosen" Mahler polemisierte, sich gegen die „atonale Zersetzung" zur Wehr setzte und Schönbergs mittlere Werke als „Ausgeburten eines Geisteskranken" bezeichnete[22], außerstande, die gesamten Implikationen, welche der Prosaisierungsprozeß damals für die Musik enthielt, kompositorisch zu reflektieren. Den Widerspruch zwischen „prosaischem" Fließen und „poetisch" — regulärer Syntax vermochte Reger nie vermittelnd aufzulösen. Wo die Syntax irregulär ist, arbeitet Reger mit einer wenig plastischen, „verkräuselnden" Fortspinnungstechnik, wo sie regulär ist, fällt er sogleich hinter die Brahmssche Stufe der syntaktischen Motivgliederung zurück. Es ist bezeichnend, daß das Streichquartett in d-moll, opus 74, welches Fritz Stein als Beispiel musikalischer

17 Schumann, Gesammelte Schriften über Musik und Musiker, Bd. 2, S. 13.
   August Halm hat in seinem bedeutenden Aufsatz „Musik und Sprache" auf die Parenthesenbildung bei Richard Wagner hingewiesen. Von Grenzen und Ländern der Musik, München 1916, S. 34.

18 Ernst Bücken, Führer und Probleme der Neuen Musik, Köln 1924, S. 114.

19 Zit. n. Fritz Stein, Max Reger, S. 93.

20 Ebd., S. 94.

21 Julius Stenzel, Philosophie der Sprache, (= Handbuch der Philosophie, hg. v. A. Bäumler und M. Schröter, 40. Lieferung), München u. Berlin 1934, S. 46 f. u. S. 105 f.

22 Zit. n. Fritz Stein, ebd., S. 96.

Prosa anführt[23], keineswegs den freien Fluß der Prosarede aufweist, von dem Stein spricht, sondern sich im Gegenteil in Motivgliederung und Kadenzstrukturierung ans klassisch-romantische Schema hält.

Erst in gewissen Werken seiner mittleren Schaffensphase, mit der Übernahme einer spezifisch barocken Sequenz- und Fortspinnungstechnik, vollzog Reger den Schritt von der motivischen Arbeit Brahmsscher Provenienz weg zu seiner Art musikalischer Prosa. Die Tendenz zum weitausholenden Fortspinnen nicht nur von Melodien, sondern von ganzen Satzpartien erscheint in den großdimensionierten Orgelwerken dieser Epoche, vorab in „Introduktion, Variationen und Fuge über ein Originalthema" in fis-moll, opus 73, am klarsten ausgebildet. Aus diesem Werk lassen sich eindrückliche Beispiele anführen, etwa die fünfstimmige, dichtgesetzte Steigerungspartie der Introduktion von Takt 18 an, oder, einer der dynamischen Höhepunkte vor der Fuge, die barock zerklüfteten Takte 155 bis **164.**

In solchen Partien konstituiert die spezifisch Regersche Polyphonie ein dunkles Wallen, einen vielstimmigen Klangrausch, der nicht aus der Distinktion von Stimmen, sondern aus ihrer durchgehenden Ähnlichkeit resultiert. Musikalische Prosa ist hier weites Fortströmen, realisiert mit den Mitteln spätromantischer Chromatik.

Regers weitere kompositorische Entwicklung führte bald nach der Jahrhundertwende von solch abundanten Formulierungen weg in die klassizistischen Bahnen eines knapperen, prägnanteren Idioms. Damit entfernte er sich jedoch zusehends von der damaligen Avantgarde, der musikalischen Prosa.

23 Ebd., S. 93.

VIII Aphorismus und musikalische Prosa

(Der Begriff der musikalischen Prosa bei Arnold Schönberg)

In diesem letzten Kapitel soll dargelegt werden, auf welche Weise sich der Begriff der musikalischen Prosa auf seiner höchsten Stufe, der Wiener Schule Arnold Schönbergs, realisiert. Zunächst wird anhand zweier theoretischer Texte von Berg und Schönberg der Bedeutungsgehalt freizulegen versucht, den die im Sprachgebrauch der Schule etablierte Verwendung des Ausdrucks implizierte[1]. Sodann soll an analytischen Proben aus einigen Werken von Schönberg untersucht werden, wie sich der theoretische Begriff in seiner Musik selbst objektiviert[2]. Und schließlich, zum Abschluß der Arbeit, möchte ein Rekurs auf den im ersten Kapitel dargestellten Prosabegriff der Romantik: „Prosa als Idee der Poesie" den Prosaisierungsprozeß der Musik bis hin zu seinem Höhepunkt bei Schönberg auf vertiefte Weise beschreiben.

1924, in der Sondernummer des „Anbruch" anläßlich von Schönbergs 50. Geburtstag, erscheint der Ausdruck „musikalische Prosa" längst verankert im Sprachgebrauch der Schule. War er zu Beginn des 19. Jahrhunderts auf Seiten der Polemik eingesetzt worden, so hier auf Seiten der Apologie. Der Wechsel der Funktion beruht indes auf einer Konstanz der Sache.

Alban Bergs Beitrag[3] in der Festschrift mit dem Titel „Warum ist Schönbergs Musik so schwer verständlich?" versucht, die Frage durch eine Analyse der ersten zehn Takte von Schönbergs Streichquartett opus 7 zu beantworten. Mit der didaktischen Absicht, den Zusammenhang zwischen der Schematik „musikalischer Poesie in kompositionstechnischem Sinn" und Schönbergs „musikalischer Prosa", die Sprachähnlichkeit als Grundlage beider aufzuzeigen, reduziert Berg die komplexe Struktur der zehn Takte auf eine einfache, deren reguläre Symmetrie, Homophonie und unveränderte Repetition „auch den begriffstutzigsten Hörer" zufriedenstellen würden. Die „unsymmetrische und freie Konstruktion der Themen", die motivische Variationstechnik, der in allen Stimmen „beredte" polyphone Satz und eine aus der Polyphonie resultierende Harmonik sind die Momente, deren Totalität die Schwerverständlichkeit von Schönbergs Musik bedingt. Unverkennbar ist dabei am Bergschen Text, daß das erste Moment, die irreguläre Phrasenbildung,

---

1 Von einer dokumentierten Wortgeschichte über die Verwendung des Terminus musikalische Prosa innerhalb der Neuen Wiener Schule sind wir noch weit entfernt. Obgleich die Veröffentlichung des gesamten Quellenmaterials (Briefe, Aufsätze, Vorträge, Kritiken usw.) noch weiteren Aufschluß über das Thema bringen wird, dürfte sie den vorrangigen Stellenwert von Schönbergs Brahms-Rede als Hauptquelle kaum in Frage stellen.

2 Der Verfasser ist sich bewußt, daß die Auswahl der Proben, drei Werke aus Schönbergs mittlerer Schaffensphase, eine Einschränkung der historischen Dimension des Begriffs bedeutet, da er sich nicht nur auch auf frühere und spätere Werke Schönbergs, sondern ebenfalls auf das Schaffen seiner Schüler (v. a. Berg und Webern) bezieht. Vgl. Anm. 24 dieses Kapitels.

3 Schönberg-Sonderheft des Anbruch, Wien 1924, S. 329 f.

noch die primäre Bedeutung des Begriffs ist, während Schönberg selbst die Totalität aller Momente als das Sprachsystem seiner musikalischen Prosa versteht. Berg schreibt: „Und wenn als einzige Ausnahme (neben Schönberg) Reger ziemlich freie und, wie er selbst sagt, an Prosa gemahnende Konstruktionen bevorzugt, so ist dies auch der Grund der relativ schweren Eingängigkeit seiner Musik"[4]. Als Anmerkung zu „Prosa" fügt er hinzu: „Ein Ausdruck, den Schönberg – unabhängig von Reger – auch in Bezug auf die Sprache seiner eigenen Musik gebraucht hat". Die grundsätzliche Differenz zwischen der Bedeutung des Ausdrucks bei Schönberg und bei Reger erhellt nicht allein aus den Unterschieden ihrer Werke, sondern auch aus zusätzlichen Begriffsmomenten, die sich durch die Betrachtung des folgenden Textes ergeben.

Arnold Schönbergs Abhandlung „Brahms the Progressive" (1947) ist eine umgearbeitete und erweiterte Fassung der Rede, die er im Februar 1933 anläßlich des 100. Geburtstages von Johannes Brahms gehalten hat[5]. Ihre Intention ist die Entwicklung des Begriffs der musikalischen Prosa als Kategorie fortgeschrittenen Komponierens seit der Wiener Klassik, veranschaulicht durch Analysen epochaler Beiträge, namentlich von Mozart und Brahms, zu dieser Entwicklung.

Von fundamentaler Bedeutung ist Schönbergs Verständnis der Sprachhaftigkeit von Musik: „Form in Music serves to bring about comprehensibility through memorability. Eveness, regularity, symmetry, subdivision, repetition, unity, relationship in rhythm and harmony and even logic – none of these elements produces or even contributes to beauty. But all of them contribute to an organization which makes the presentation of the musical idea intelligible. The language in which musical ideas are expressed in tones parallels the language which expresses feelings or thoughts in words, in that its vocabulary must be proportionate to the intellect which it addresses, and in that the aforementioned elements of its organization function like the rhyme, the rhythm, the meter, and the subdivision into strophes, sentences, paragraphs, chapters, etc. in poetry or prosa"[6]. Die Tendenz dieser Passage richtet sich kritisch gegen den herkömmlichen Schönheitsbegriff in der Musik. Für Schönberg, der 1911 gefordert hatte: „Die Musik soll

4 Berg, ebd., S. 331.

5 Arnold Schönberg, Style and Idea, New York 1950, S. 52 f.
   Vgl. Elmar Budde, Schönberg und Brahms, Vortrag gehalten auf dem 1. Kongreß der Internationalen Schönberg-Gesellschaft im Juni 1974 in Wien (Druck in Vorbereitung).
   Vgl. auch Wolfgang Schmidt, Gestalt und Funktion rhythmischer Phänomene in der Musik Arnold Schönbergs, Dissertation Erlangen-Nürnberg 1973, Erlangen 1974, S. 56 ff. Schmidts Ausführungen zur musikalischen Prosa bei Schönberg konnten vom Verfasser nicht mehr berücksichtigt werden.

6 Ebd., S. 53/54.
   Vgl. den Beitrag „Schönberg als nachschaffender Künstler", den der Geiger Rudolf Kolisch für die Festschrift von 1924 geschrieben hat. Kolisch betont die Bedeutung von Artikulation und Phrasierung als Mittel musiksprachlicher Gliederung: „Die Gliederung wird durch eine Interpunktion verdeutlicht, die nicht nur die Hauptabschnitte trennt, sondern jedes Phrasenende deutlich macht, den Zusammenschluß mehrerer Phrasen zu einem größeren musikalischen Gebilde bewirkt, dieses einem anderen gegenüberstellt, über- oder unterordnet. Die Interpunktion erfüllt also hier eine ähnliche Aufgabe wie bei der Sprache, deckt die Analogie zwischen dem musikalischen und dem Sprachkunstwerk auf, und wer Schönbergs Prosa kennt, wird erfinden können, wie er um diese Dinge Bescheid weiß. (Einen drastischen Gebrauch von dieser Analogie macht Schönberg, wenn er von jemand, der ein Musikstück ohne Gliederung vorträgt, sagt, er musiziere so, wie eine böhmische Köchin spricht)".
   Schönberg-Sonderheft des Anbruch, S. 306.

nicht schmücken, sie soll wahr sein"[7], ist Schönheit, wenn nicht zu einer nichts-
sagenden Vokabel herabgesunken, so höchstens noch als Funktion von Wahrheit
legitimierbar. Wahrheit aber ist, abstrakt formuliert, der Inbegriff des Sinngehaltes einer musiksprachlichen Formulierung.Dieser Sinngehalt wird gestiftet durch
die Mittel musiksprachlicher Organisation, in höchster Instanz durch die musikalische Logik, worauf die Intelligibilität des „musikalischen Gedankens" beruht.
Auch Form, die Totalität musikalischer Sinnbeziehungen, impliziert keine Schönheit, sondern bewirkt die Verstehbarkeit einer Musiksprache, einer poetischen
ebenso wie einer prosaischen. Solcherart führt Schönberg die Argumentation von
der ihm abstrakt erscheinenden Ebene ästhetischer Kontroversen zu dem Punkte
hin, wo das Problem von musikalischer Poesie oder Prosa als kompositionsimma-
nentes und als rezeptionsbedingtes, genauer gesagt in der dialektischen Einheit
von Produktion und Rezeption, formuliert werden kann.

Die poetische und die prosaische musikalische Sprachart richten sich gemäß der
Verschiedenheit ihrer Organisation an unterschiedlich entwickelte Hörvermögen.
Während ein rückständiges Hören nur endlose Wiederholungen und schematische
Korrespondenzen aufzufassen vermag – Schönberg zitiert Straussens Walzer „An
der schönen, blauen Donau" – und einer komplexen Musiksprache verständnis-
los gegenübersteht, so findet umgekehrt ein fortgeschrittenes Hören, ein „upper-
class mind"[8], nur Befriedigung an Formulierungen, die seinen rezeptorischen Fä-
higkeiten angemessen sind: „An alert and welltrained mind refuses to listen to
baby-talk and requests strongly to be spoken to in a brief and straightforward
language"[9]. Diese Dichotomie führt direkt zu Schönbergs Begriff von musikalischer Prosa.

„Great art", so lauten die programmatischen Sätze, „must proced to precision
and brevity. It presupposes the alert mind of an educated listener who, in a single
act of thinking, includes with every concept all associations pertaining to the com-
plex. This enables a musician to write for upper-class mind, not only doing what
grammar and idiom require, but, in other respects lending to every sentence the
full pregnancy of meaning of a maxim, of a proverb, of an aphorism. This is what
musical prose should be – a direct and straightforward presentation of ideas,
without mere padding and empty repetitions"[10]. Schönbergs Worte markieren
den Höhepunkt der begrifflichen Entwicklung von musikalischer Prosa. Erst hier
werden die Ansprüche, welche anfangs des 19. Jahrhunderts von Jean Paul und
Friedrich Schlegel an die sprachliche Kunstprosa gestellt wurden, auf dem Felde der Musik eingelöst. Wichtig ist zunächst ein Negativum: Schönberg spricht
an dieser Stelle nirgends von spezifisch kompositionstechnischen Belangen, sondern nur vom grundsätzlichen Gehalt musikalischer Prosa. Was diese, eine historische Kategorie, ist, läßt sich im Einzelnen ohne Einbeziehen des musikalischen

7 Arnold Schönberg, Probleme des Kunstunterrichts, Musikalisches Taschenbuch, Wien
   1911. Zit. n. Th. W. Adorno, Philosophie der neuen Musik, 2. Aufl. Frankfurt am Main
   1958, S. 45.

8 Schönberg, Style and Idea, S. 72. Der Ausdruck bezeichnet indirekt den gesellschaftlichen Standort von Schönbergs Musik.

9 Ebd., S. 56. An anderer Stelle spricht Schönberg von einer „Musik für Erwachsene":
   „Mature people think in complexes, and the higher their intelligence the greater is
   the number of units with wich they are familiar". Ebd., S. 64.

10 Ebd., S. 72.

Materials allgemein-definitorisch nicht ausmachen. Und zum andern erweisen sich Asymmetrie, Vermeidung von Wiederholung und dergleichen kompositorische Elemente nicht als letzte Instanzen, worauf musikalische Prosa zielte, sondern lediglich als organisatorische Komponenten des Begriffs, der sich auf die Musiksprache insgesamt bezieht. Das Ideal eines Hörens, welches in einem einzigen Apperzeptionsakt die Totalität musikalischer Beziehungen aufzufassen vermag, stellt sinnvollerweise an große Kunst die Forderung nach Präzision und Kürze. Doch während Kürze als Negation „leerer Wiederholungen" leicht einsichtig erscheint, ist zu fragen, was mit Präzision konkret gemeint sei.

Wohl nichts anderes als die Forderung, dem historischen Stand des musikalischen Materials durch das Bestreben Rechnung zu tragen, die Musik in jedem Moment unverwechselbar zu gestalten, d. h. sich im Wechselverhältnis zwischen Allgemeinem und Besonderem des musikalischen Materials stets zugunsten der Konkretion des Besonderen zu entscheiden[11]. Dies meint Schönberg mit der Forderung, die musikalische Prosa solle die „volle Bedeutungsbestimmtheit einer Maxime, eines Sprichworts, eines Aphorismus" haben. Das Gemeinsame dieser drei Prosaarten liegt in der Formidee ihrer Gattung: Im Gegensatz zu Sprachversen, deren Strukturprinzip tendenziell vom begrifflichen Sinn weg- und auf Schönes, auf Wohlklang hinlenkt, ist es die direkte, ungeschminkte, bisweilen rauhe Prägung eines Sinngehaltes, die das Wesen dieser Prosaarten ausmacht. In analoger Weise ist die musikalische Prosa die „direkte, gerade Darstellung musikalischer Gedanken", welche auf alles Ornamentale, auf alles Überflüssige verzichtet.

Was jedoch bedeutet der Ausdruck „musikalischer Gedanke"? Kann unter ihm, „wenn der Begriff weder fiktiv noch tautologisch sein soll, nichts anderes als der Inbegriff der Beziehungen verstanden werden, durch die eine musikalische Phrase über sich und ihr unmittelbares Dasein hinausweist"[12]? So ergiebig sich einerseits Dahlhaus' Auffassung zur Klärung des Prosabegriffs bei Schönberg erweist, so ist der Verfasser im Interesse einer textnahen Erläuterung der Passage doch geneigt, unter einem „musikalischen Gedanken" die isolierte Totalität einer musikalischen Phrase, ihre Gesamtstruktur, nicht allein ihren melodischen Aspekt, zu verstehen. Denn bei aller Musik, die Schönberg meinen konnte, ist die Unterscheidung zwischen Organisiertem und Organisation, so schwierig die Trennung auch erscheinen mag, für die Analyse unerläßlich. Prosaisches Organisiertes und prosaische Organisation bilden in der musikalischen Prosa eine notwendige Einheit, deren Seiten sich gegenseitig bedingen und damit die Logik des Sprachsystems bewirken. Dies sei an einem drastischen Beispiel verdeutlicht: Prosaische Organisationsformen (Vermeidung von Wiederholung, entwickelnde Variation usw.) auf die einfache Phrase der ersten vier Takte des Donauwalzers anzuwenden, wäre ebenso unsinnig wie ein Versuch, die ersten zweieinhalb Takt von Schönbergs opus 7 „poetischen" Organisationsformen (mehrmalige, kaum veränderte Wiederkehr usw.) zu unterwerfen. Schönbergs Begriff der musikalischen Prosa umfaßt auch in der zitierten Formulierung beide Aspekte: Meint einerseits die „volle Bedeutungsprägnanz eines Aphorismus" die komplexe Strukturierung eines musikalischen Gedankens, einer Phrase, so bezieht sich andererseits die Forderung

11 Vgl. hierzu Adorno, Philosophie der neuen Musik, S. 36 f. und seinen Aufsatz im Sammelband „Form in der Neuen Musik", (= Darmstädter Beiträge zur Neuen Musik X, hg. v. E. Thomas), Mainz 1966, S. 10 f. u. S. 20.

12 Carl Dahlhaus, Musikalische Prosa (1964), S. 176.

nach „direkter Darstellung der Gedanken" auf das Prinzip prosaischer Organisation. Erst die Einheit beider ist musikalische Prosa[13].

Schönbergs Begriff der musikalischen Prosa ist in der Wortgeschichte deswegen singulär, weil er, statt sich auf ein bestimmtes Werk oder das Schaffen eines bestimmten Komponisten zu beziehen, erstmals als historische Kategorie den geschichtlichen Stand des musikalischen Materials reflektiert und darum die Einheit von prosaischem Material und prosaischer Materialbehandlung in den Beispielen aus Werken Mozarts, Brahmsens und seiner selbst tendenziell verschieden faßt.

Die Überleitung in der Exposition des ersten Satzes von Mozarts Streichquartett in d-moll, KV 421, verdient nach Schönberg die Qualifikation musikalische Prosa: „One regrets not possessing the power of a poet to render in words what these phrases tell. Howewer, poetry and lyrics would not deprive it of the quality of being prose-like in the unexcelled freedom of its rhythms and the perfect independence from formal symmetry"[14].

13 Auch Günther Mayers Unterscheidung zwischen avanciertem Material und avancierter Materialbehandlung basiert prinzipiell auf der Trennung von Organisiertem und Organisation, faßt jedoch den Begriff der dialektischen Einheit von beiden anders als die vorliegende Arbeit, deren Materialbegriff sich auf Adorno stützt.
Vgl. Günther Mayer, Zur Dialektik des musikalischen Materials, in: Alternative, Zeitschrift für Literatur und Diskussion, Heft 69, Berlin 1969, S. 247 f.
Vgl. Th. W. Adorno, Philosophie der neuen Musik, S. 36 f.

14 Schönberg, Style and Idea, S. 73.

Schönbergs Analyse unterscheidet innerhalb von acht Takten nicht weniger als neun kleine Phrasen, deren Umfang und Charakter divergieren. Immerhin, völlig unabhängig voneinander sind die Phrasen hinsichtlich ihrer motivischen Struktur in Wirklichkeit nicht. Die Sprachkraft der Stelle beruht auf der Kombination von scheinbar freier und logischer Fortentwicklung der musikalischen Gedanken. Das Beispiel hält eine glückliche Mitte zwischen „deduktiven" Konstruktionsprinzipien (Sequenzierung, Variation, motivische Entwicklung), die durch Bildung von Zusammenhängen die „rationale" Verständlichkeit der Musik garantieren, und „informellen" Kompositionsprinzipien[15], welche neue, nicht deduzierbare Motive in den Verlauf der Musik einführen. Das Niveau der Mozartschen Passage ermißt sich daran, daß beide Konstruktionsprinzipien nicht unvermittelt nebeneinanderstehen, sondern zusammenwirken und sich zu einer Musik ergänzen, deren Konstruktion wahrhaft das Gegenteil der „banalen Phrasenbildung" ist, welche Wagner als Element der „sogenannten Tafelmusik" an Mozarts Symphonien verspottete[16].

Beispiele aus Brahms' Streichsextetten opus 18 und 36, welche die asymmetrische Phrasenbildung, die Kombination von Phrasen ungleicher Länge und die verschiedenartige Stellung von Phrasen im Taktsystem aufzeigen, veranlassen Schönberg zur Feststellung, diese Beispiele erreichten zwar nicht die künstlerische Höhe der zitierten Passage von Mozart, markierten aber in anderer Hinsicht einen weiter forgeschrittenen Stand des Komponierens. Deswegen nämlich, weil ihre „Befreiung von formalen Einschränkungen der musikalischen Gedanken" weder einem „barocken Formgefühl" noch der Notwendigkeit von Charakterschilderung in dramatischer Musik entspringe – diese beiden Momente, nicht der originäre Wille zu musikalischer Prosa, hätten im Grunde die Unregelmäßigkeiten bei Mozart begründet –, sondern weil die Befreiung sich durch anwachsende Rationalität der motivisch-thematischen Konstruktion realisiere[17].

Mit minutiösen Analysen weist Schönberg am Andante moderato des a-moll Quartetts opus 51 Nr. 2 und am Lied „O Tod, O Tod, wie bitter bist du" aus den „Vier Ernsten Gesängen" opus 121 die sich buchstäblich bis auf die letzte Note erstreckende Konstruktivität des Brahms'schen Verfahrens nach. Zufällige Intervalle, zufällige Stimmführungen gibt es in diesen Takten nicht. Je totaler indes das Prinzip der Rationalität waltet und das Einzelne bestimmt, desto richtiger und reiner resultiert daraus Freiheit. Der Grad von Konstruktivität, das Maß, in dem die freien Musikstrukturen die „gebundenen" als aufgehobene in sich enthalten, befinden nach der Auffassung von Schönberg, Adorno und Dahlhaus weitgehend über das Niveau von musikalischer Prosa.

Doch scheint es, als ahnte Schönberg auch die Grenze dieser dialektischen Auffassung, wenn er über die Oboenmelodie der Takte 57–67 aus dem „Abschied" von Mahlers „Lied von der Erde" schreibt: „All the units vary greatly in shape, size and content, as if they were not motival parts of a melodic unit, but words, each of which has a purpose of its own in the sentence"[18].

15 Vgl. Adorno, Vers une musique informelle, in: Darmstädter Beiträge zur Neuen Musik IV, hg. v. E. Thomas, Mainz 1962, S. 73 f. Vgl. unten S. 141.

16 Richard Wagner, Gesammelte Schriften und Dichtungen, Bd. 7, S. 126.

17 Schönberg, Style and Idea, S. 75.

18 Ebd., S. 83.

Zwar hat Dahlhaus in einer scharfsinnigen Analyse der Melodie gezeigt, daß, „obwohl Schönberg auf dem Vorrang der Wortbedeutungen beharrt, die musikalische Sprachgewalt ... nicht unwesentlich durch die Syntax der Periode mitbestimmt" ist und daß insofern „die ‚Inhalte' der ungebundenen Sprache von den ‚Formen' der gebundenen zehren"[19]. Da aber in Wahrheit kaum davon die Rede sein kann, daß Mahler an der „traditionellen Syntax, der Korrespondenz von Vorder- und Nachsatz festhält", wie Dahlhaus schreibt[20], — die Entwicklung der vier Phrasen verläuft eher progressiv als symmetrisch —, so läßt sich die Sprachkraft der Melodie auch anders als mittels des Nachweises eines Periodizitätsgrundes erklären. Schönbergs Hinweis auf die Eigenbedeutungen der melodischen Einheiten (nicht der Phrasen!) wendet sich gegen die Deduktion ihres Gehaltes aus dem Periodizitätssystem heraus, wobei Schönberg gewiß nicht unterstellt werden darf, er hätte die strukturellen Beziehungen zwischen den Motiven und Phrasen übersehen. Läßt sich nicht als Voraussetzung von Mahlers Melodie das Prinzip des freien, rezitativischen Gesangs, des „Melos", nennen, um Franz Sarans Begriff aufzugreifen[21]? In solch frei sich entfaltendem Instrumentalgesang — ist die Parallele zum Hirtenreigen im „Tristan" zufällig? — besitzt der musikalische Augenblick, der momentane Ausdruckscharakter von Motiven und Klängen einen anderen, selbständigeren Stellenwert als Motive innerhalb einer Periode, welche in strengerem Sinn die Eigenschaft haben, neben ihrem Eigenwert vor allem Moment des Ganzen zu sein.

In diesem Sinn erscheint Schönbergs Beschreibung der scheinbaren sprachlichen Selbständigkeit der motivischen Einheiten von Mahlers Melodie nicht nur zutreffend, sondern erweist sich überdies als Ansatz zu einem Korrektiv seines eigenen Begriffs von musikalischer Prosa. Um thesenartig vorwegzunehmen, was später noch ausgeführt werden soll: Musikalische Prosa erfüllt sich auf zwei gegensätzliche Weisen, einerseits durch Beachtung des Georgeschen Satzes, „höchstes maaß ist zugleich höchste freiheit", andererseits dadurch, daß sie, im Bewußtsein aller strengen Konstruktionsprinzipien, das Ferment der Rebellion gegen totale Rationalität nicht von sich weist, sondern im Gegenteil diesem Ferment — man könnte es auch das in Kunstmusik Verdrängte nennen — zu einer nicht vorgängig kalkulierten Wirkung zu gelangen erlaubt. Das Wesen von Mahlers Oboenmelodie, die Schönberg als „außerordentlichen Fall, sogar unter den zeitgenössischen Kom-

19 Dahlhaus, Musikalische Prosa (1964), S. 176/177.

20 Ebd., S. 176.

21 Franz Saran, Deutsche Verslehre, S. 143 f.

ponisten", bewundert, beruht auf der geglückten Vermittlung zwischen diesen beiden Prinzipien, zwischen Konstruktivität und primärer Freiheit.

Ein Passus in „Brahms the Progressive" eröffnet die Perspektive auf die nachwagnerische Epoche der Musik. Einige der in Schönbergs Abhandlung besprochenen Unregelmäßigkeiten in Werken von Haydn, Mozart und Brahms ließen sich durch eine besondere kompositorische Absicht begründen, „entweder, beispielsweise, um einen barocken Formsinn zu befriedigen, oder eine klarere Phrasentrennung durch ,Interpunktion' zu erreichen, oder die dramatische Charakterisierung verschiedener Sänger in der Oper zu unterstützen, oder aber um den metrischen Besonderheiten eines Liedtextes zu entsprechen"[22]. Obgleich Schönberg diese Irregularitäten als historische Stationen der Entwicklung der musikalischen Prosasprache würdigt, meint er zu Recht, sie reichten zur Erklärung der Unregelmäßigkeiten nachwagnerischer Kompositionen nicht aus. „Evidently their deviations from simple construction no longer derive from exclusively technical conditions, nor do they serve to provide a stylistic appearance. They have become incorporated into the syntax and grammar of perhaps all subsequent musical structures"[23].

Das heißt nichts anderes, als daß mit der nachwagnerischen Epoche das „Zeitalter der musikalischen Prosa" (Hehemann) angebrochen ist. Umfaßte früher die musikalische Prosa erst Teilmomente ihres vollständigen, von Schönberg definierten Begriffs, oder erstreckte sich die prosaische Strukturierung, wie im Beispiel des Mozartschen Quartetts, nur auf einzelne Teile des Satzverlaufes, so mußte als geschichtliche Konsequenz des Prosaisierungsprozesses das Komponieren insgesamt prosaisch aufgefaßt, ein Musikwerk in seinen einzelnen Strukturierungen ebenso wie im Verlauf seiner Formtotalität als musikalische Prosa durchgebildet werden. Musikalische Prosa ist zu Beginn des 20. Jahrhunderts selbstverständliches Ziel eines kompositorischen Denkens, das, wie Flaubert in seinen Romanen, „de son temps" sein will.

Zweifellos erfüllt sich Schönbergs theoretischer Begriff von musikalischer Prosa am genauesten in den eigenen Werken und denjenigen seiner Schüler. Da es ausgeschlossen erscheint, nach Adornos „Philosophie der neuen Musik" und zahlreichen weiteren musikwissenschaftlichen Schriften über die Musik der Wiener Schule die Entwicklungsphasen des Schönbergschen Schaffens in seiner Gesamtheit darzustellen — die minutiöse Analyse jedes einzelnen Opus wäre dazu Voraussetzung —, da somit eine auch nur einigermaßen erschöpfende Beschreibung der verschiedenen Erscheinungsformen musikalischer Prosa bei Schönberg im Rahmen dieser Arbeit unmöglich ist, beabsichtigt der Verfasser, einerseits auf bereits erschienene Literatur zu verweisen, andererseits durch drei an exemplarischen Werken durchgeführte Analyseproben zwar nicht das System musikali-

22 Schönberg, Style and Idea, S. 85/86.
23 Ebd., S. 86.

scher Prosa in jenen Werken, doch wenigstens gewisse hervorstechende Merkmale ihrer Erscheinung zu erläutern[24].

Die Wahl der Opera 16, 17 und 23 erfordert eine kurze Begründung. An den frühen, noch tonalen Werken Schönbergs, für die das erste Streichquartett als Beispiel einstehen mag, wäre nach der Art, wie Berg dessen Beginn analysierte, die Tendenz zur Durchorganisation, zur spontanen Rationalität bei der Konstruktion des komplexen Satzverlaufes nachzuweisen. Die dodekaphonen Werke der späteren Zeit, beispielsweise das Bläserquintett, führen diese Tendenz der Rationalisierung des Materials weiter, indem der Tonhöhenparameter zwar nicht im ästhetischen Resultat, wohl aber auf einer gewissen Stufe des kompositorischen Prozesses prädisponiert erscheint. Weil nun einerseits die besagten Konstruktionsprinzipien in der bisherigen Literatur nachdrücklich behandelt worden sind und andererseits die Rationalität der Zwölftontechnik auf einer „Entlastung" der kompositorischen Subjektivität (Adorno) basiert, läßt sich die Wahl von Werken aus dem Expressionismus, dem geschichtlichen Zentrum der musikalischen Prosa, und der Zeit der beginnenden Reihentechnik legitimieren. Denn in ihnen fungiert das Prosaprinzip exemplarisch auch als Kategorie für die freie Gestaltung des gesamten Satzverlaufes, womit erstmals radikal die Konsequenzen aus einer prosaischen Strukturierung der einzelnen Satzteile gezogen werden.

Marie Pappenheims Text ist für den prosaischen Formverlauf der „Erwartung", der zwar Entsprechungen, doch keine Wiederholungen kennt, eine entscheidende Voraussetzung. Bei allen qualitativen Unterschieden zwischen Text und Musik sind doch die Formgesetze der Sprache auch diejenigen der Musik. Die Sprache der „Frau" erwächst einer extremen Angstsituation. Es ist die inkohärente, alogische Sprache des Unbewußten, das an die Oberfläche dringt. Von ihrer Struktur empfängt die musikalische Expressivität die primären Impulse, wobei allerdings durch die Komposition die Dimensionen des Textes weit gesprengt werden. Weite Teile der „Erwartung" müssen als orchesterbegleitetes Rezitativ auf-

---

24 Hingewiesen sei v. a. auf:

Reinhold Brinkmann, Arnold Schönberg: drei Klavierstücke opus 11, Studien zur frühen Atonalität bei Schönberg, (= Beihefte zum Archiv für Musikwissenschaft, hg. v. H. H. Eggebrecht, Bd. VII), Wiesbaden 1969.

Karl Heinrich Ehrenforth, Ausdruck und Form, Schönbergs Durchbruch zur Atonalität in den Georgeliedern opus 15 (= Abhandlungen zur Kunst-, Musik- und Literaturwissenschaft Bd. 18), Bonn 1963.

Elmar Budde, Anton Weberns Lieder opus 3, Untersuchungen zur frühen Atonalität bei Webern, (= Beihefte zum Archiv für Musikwissenschaft, hg. v. H. H. Eggebrecht, Bd. IX), Wiesbaden 1971.

Dorothea Beckmann, Sprache und Musik im Vokalwerk Anton Weberns, Die Konstellation des Ausdrucks, Regensburg 1970.

Jan Maegaard, Studien zur Entwicklung des dodekaphonen Satzes bei Arnold Schönberg, Kopenhagen 1972.

opus 16 Nr. 5, „Obligates Rezitativ" (Orchesterstück), beendet am 11. 8. 1909.
opus 17, „Erwartung" (Monodram), komponiert vom 27. 8. 1909 bis 12. 9. 1909.
opus 23 Nr. 4, Klavierstück, komponiert zwischen dem 26. 7. 1920 und dem 13. 2. 1923.

gefaßt werden, dessen Sprechgesang die Floskelsprache der älteren Rezitativtechnik aufgegeben hat und den Duktus des prosaischen Sprechens genau nachahmt. Seine Accompagnato-Begleitung besteht nicht aus stereotypen Wendungen, sondern im Gegenteil aus bisher ungehörten Strukturierungen, die mit modernsten, dem Ideal der Deutlichkeit dienenden Orchestermitteln gebildet werden. Ein Beispiel dieser schmiegsamen Art der Textdeklamation ist der von langgehaltenen Klängen grundierte Beginn der vierten Szene, woraus Takt 135 zitiert sei. Drei Sprachakzente innerhalb eines einzigen Taktes illustrieren die rhythmische Flexibilität der Deklamation:

Das expressionistische Formprinzip der „Erwartung" ist Unvermitteltheit, Diskontinuität, eingeschränkt allerdings durch die inhaltliche Bestimmtheit der psychischen Voraussetzung. Alogisch stiftet die Angst eine höhere Logik. Ein Beispiel: Nach der Entdeckung ihres Geliebten schwankt die Frau zunächst zwischen Erinnerung und mimetischer Beschwörung. Mitten im Grübeln („die Nacht ist bald vorbei ... du wolltest doch bei mir sein diese Nacht ... ", Takte 222—224) schlägt die Alogik der Psyche in einem abrupten Ausbruch in Irrealität um („Oh, es ist heller Tag ... Bleibst du am Tage bei mir? Die Sonne glüht auf uns ... ", Takte 224—225 f.). Dem Umschlag entspricht ein Wechsel der Faktur. Während die Erinnerung an die Verabredung in der erwähnten rezitativhaften Deklamation steht, begleitet von einem dünnen, dreistimmigen Satz (T. 223), erhält das Orchester mit einem kurzen, bereits laut einsetzenden Crescendo eine symphonisch-komplexe Dimension, wobei gleichzeitig der Gesang durch metrische Verfestigung Arioso-Charakter annimmt, der wenig später (in T. 231 f.) wieder preisgegeben wird. Im Sinne stilistischer Schichten läßt sich in Überresten die alte Differenz von Rezitativ und Arioso nicht nur bei Wagner, sondern sogar noch in der „Erwartung" nachweisen[25].

Ob man nun den Kompositionstypus der „Erwartung" mit Adorno „athematisch"[26] oder mit Wörner „panthematisch"[27] nennt — dieser meint die musikalische Essenz, jener die kompositorische Verfahrensweise —, es ist nach der Stimmigkeit der seit Weberns Schönberg-Aufsatz von 1912[28] verbreiteten These zu

25 Vgl. auch den Übergang in Takt 410/411.

26 Adorno, Vers une musique informelle, S. 78.

27 Karl H. Wörner, Die Musik in der Geistesgeschichte, Studien zur Situation der Jahre um 1910, (= Abhandlungen zur Kunst-, Musik- und Literaturgeschichte, Bd. 92), Bonn 1970, S. 109.

28 Anton von Webern, Schönbergs Musik, in: Arnold Schönberg, München 1912, S. 45: „Die Partitur dieses Monodrams ist ein unerhörtes Ereignis. Es ist darin mit aller überlieferten Architektonik gebrochen; immer folgt Neues von jähster Veränderung des Ausdrucks".

fragen, die prosaische Musik des Monodrams bringe tendenziell stets Neues, vermeide also strikte jede Wiederholung. Grundsätzlich hat die These ihre Berechtigung, da offene Wiederholungen, deutliche Resprisen fehlen und der dramatische
innere Prozeß als diskontinuierlicher ohne die Mittel motivisch-thematischer Konstruktion musikalisch entwickelt wird, über welche Schönberg damals äußerst souverän verfügte. Würde jedoch gerade die Diskontinuität des seelischen Prozesses
der „Frau" zum Leitfaden einer musikalischen Analyse, so könnten beispielsweise anhand der dialektischen Verdichtung der Angst vom Beginn weg bis zum Auffinden des Mannes durchaus Momente von Entwicklungskontinuität nachgewiesen werden[29].

Die Vertiefung der Angst resultiert mit aus einer Veränderung der Musik. Der
Anfang des Werkes zeigt einen extrem durchbrochenen, „fragmentierten" Orchestersatz, der nicht über längere Zeit melodisch einheitlich gestaltet ist, sondern sich aus kleinen, verschieden instrumentierten Motivpartikeln zusammensetzt:

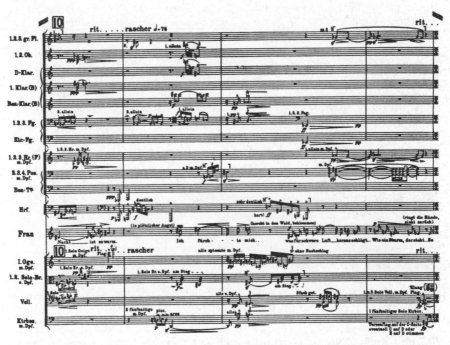

Der sich stets ändernde Orchestersatz konstituiert in den drei ersten Szenen die
Aura des Unheimlichen, Ungesichert-Irren, musikalischer Ausdruck der inneren
und äußeren Handlungssituation. Bei der Verwandlung von der dritten zur vierten Szene (T. 114 f.), unmittelbar nachdem die „Frau" zum ersten Mal das Wort
„Angst" ausgesprochen hat, erhebt ein Wechsel der Kompositionsmittel die Angst
auf eine höhere Stufe. Statt des früheren Wechselprinzips bringt im grauenerregenden Zwischenspiel ein Ostinato der „Frau" und dem Hörer gewissermaßen das
Blut zum Stillstand. Über einer Ostinatofläche von Streichern, Flöten und Fagotten, die sich aus dem Pianissimo zum Fortissimo und wieder zurück entwik

29 Wörner wies auf die inhaltlichen Zusammenhänge der Ostinato-Stellen hin, ebd., S. 110.

kelt, erklingt die in ihrer melodischen Starrheit archaisch anmutende Melodie von Piccoloflöte, D-Klarinette und gedämpfter Trompete. Der frühere „fragmentierte" Orchestersatz bereitete diese Stelle vor: erst jetzt kann Angst zur Dauer werden. Das musikalische Psychogramm, die „seismographische Aufzeichnung traumatischer Schocks"[30], ist in seinem Verlauf von Schönberg genau geplant und auskomponiert.

Kurz vor der Komposition der „Erwartung" beendete Schönberg das letzte der fünf Orchesterstücke opus 16, „Das obligate Rezitativ". Als Paradigma musikalischer Prosa verwirklicht es einzigartig das Ideal emanzipierter musiksprachlicher Gliederung. Sehr dicht ist die Polyphonie des Orchestersatzes, die oft nicht weniger als vier bis fünf melodisch durchgeformte Stimmen umfaßt. War in der klassisch-romantischen Musik als Folge des Systemzwangs der Tonalität erst stellenweise die Tendenz vorhanden, Begleitstimmen zu „beseelen", motivisch-expressiv zu beleben, so bringt Schönbergs atonales Orchesterstück auch gegenüber seinen früheren und späteren dodekaphonen Werken — man vergleiche beispielsweise die ersten Sätze des ersten und dritten Streichquartetts — den singulären Fortschritt, daß hier virtuell alle Begleitstimmen nicht allein antimechanisch, sondern überdies von demselben prosaischen Idiom durchtränkt sind wie die Hauptstimme. Solche Dichte könnte das musikalischer Prosa eigene Moment der Klarheit und Bestimmtheit gefährden, verwirklichte Schönberg nicht in allen Aspekten das von Mahler übernommene Axiom der Deutlichkeit. Einerseits ist die Hierarchie unter den Stimmen, das Primat der Hauptstimme vor den Nebenstimmen, klar festgelegt, andererseits ist der Verlauf der Musik Muster einer zugleich kontinuierlichen und distinkten Entwicklung, deren nicht vorab in einem Schema fixierte Großform durch Phrasentrennung, Zäsuren und Scheidung ganzer Formgruppen deutlich gegliedert erscheint. Relevantes Ingrediens der prosaischen Klarheit des Stücks ist die Instrumentation, die im Prinzip alle Stimmen solistisch einsetzt. Verdoppelungen fungieren zur Homogenisierung von Übergängen[31], zur Klangfärbung von Motiven und Motivteilen (oft wird nur ein Ton verdoppelt, z. B. T. 3) und, erst in dritter Linie, zur Verstärkung des Klanges.

Bereits Webern hatte in der Sammelpublikation über Schönberg von 1912 über das Formprinzip der Orchesterstücke opus 16 geschrieben: „In den Orchesterstücken ist nicht die Spur irgendeiner überlieferten Form. Diese ist ganz ungebunden. Man könnte hier vielleicht von einer Prosa der Musik reden"[32]. Im Sinne eines Ansatzes zur Analyse eines prosaischen Satzverlaufes sei der Konnex der vier ersten Formgruppen von Takt 331 bis 386[33] besprochen.

1. A b s c h n i t t (T. 331—348): Charakteristisch ist der leise, sanft-fließende Beginn. Wiederkehrende Elemente bilden kein primäres Gerüst, erinnern aber an die Periodenkonstruktion der klassisch-romantischen Syntax. Die neun Phrasen

---

30 Adorno, Philosophie der neuen Musik, S. 45.

31 Vgl. z. B. das Englisch Horn im neunten und zehnten Takt. Es verdoppelt zuerst den Schluß des ersten Fagotts und geht danach mit der zweiten Klarinette zusammen.

32 Webern, ebd., S. 43.

33 Die Taktzählung entspricht der Eulenburg-Taschenpartitur. Das fünfte Orchesterstück beginnt mit Takt 331.

der 17 Takte, die teilweise sich geringfügig überlappen, lassen sich in einen viergliedrigen „Vorder-" und einen fünfgliedrigen „Nachsatz" gruppieren:

T. 331–338: 1 1/2 + 2 1/2 + 2 + 1 („Vordersatz")

T. 338–348: 2 + 2 + 3 + 2 + 2 („Nachsatz")

Die fallende Sekunde der ersten Phrase (1. Bratsche und 2 Oboen) zu Beginn ist
ein für den ganzen Satz wichtiges Motivintervall, mit dem die gedehnte Quart-
transposition der Celli in den Takten 338–339, der Anfang des „Nachsatzes"[34],
korrespondiert. Außer dieser sehr deutlichen Entsprechung sind es die abklingen-
den Überleitungsfiguren am Ende der beiden „Halbsätze", welche zur Korrespon-
denzbildung beitragen (T. 337–338: 1. Violine, eine Ableitung aus der ersten
Phrase, und T. 346–348: Baßklarinette, Fagotte und Celli). Die nur partielle
motivische Deduzierbarkeit der einzelnen Phrasen einerseits und die Irrelevanz
eines strengen metrischen Gerüstschemas andererseits sind die Gründe, weshalb
nur mit starkem Vorbehalt die „Halbsatz-Terminologie" hier angewandt werden
darf. Doch sind es gerade solche Erinnerungen an die Konstruktionsprinzipien
der „gebundenen" Musik, welche der Adornoschen Interpretation musikalischer
Prosa als „strenge Negation des Strengsten"[35], als Prosaisierung der Poesie, ihr
Recht verleihen.

2. A b s c h n i t t (T. 348–359): Ist das Wandern der Hauptstimme von einem
Instrument zum andern oder von einer Instrumentengruppe zur andern ein Haupt-
merkmal des „Obligaten Rezitativs", so wird hier ein spezifischer Aspekt dieses
Verfahrens sichtbar: die Technik der nahtlosen Verknüpfung von Phrasenteilen
zu Phrasen und größeren Einheiten. Die Hauptmelodie der ersten sechseinhalb
Takte dieses Abschnitts (T. 348–354), der durch sein relatives Forte zum Piano
des Anfangs kontrastiert, besteht aus vier Phrasen, die zu einer ohne Einschnitt
verlaufenden Melodie zusammengefügt sind. Unisono-Bindetöne verknüpfen die
Phrasen dergestalt, daß jeder Schlußton mit dem Anfangston des nächsten Glie-
des zusammenfällt. Nicht nur die umschlagartige Kontrastbildung, die bei der
„Erwartung" beobachtet wurde, sondern auch deren Gegenteil, die Gestaltung
fast unmerklicher Übergänge, der Wegfall unvermittelter Verknüpfungsformen,
kurz die „Kunst des kleinsten Übergangs" bestimmen das Wesen fortgeschrittener musikalischer Prosa.

3. A b s c h n i t t (T. 360–371): Der dritte Abschnitt, mittels einer Zäsur vom
zweiten abgehoben, fungiert als „Abgesang" der beiden ersten und Vorbereitung
des vierten. Das dialektische Denken Schönbergs gestaltet ausgerechnet diesen
intermittierenden Teil — er ist gekennzeichnet durch dynamische Zurücknahme
und völlig solistische Instrumentation — mit traditionelleren Prinzipien der Mo-
tivgruppierung und -entwicklung als die vorangehenden Abschnitte. Die Cellofi-
gur der Takte 360–361, die rhythmisch an die Geigenmelodie von zuvor anknüpft, wirkt als Modell für die nachfolgende Phrase der Baßtuba. Das Ende
der Bratschenphrase (T. 364) und die nach einer weiteren Zäsur einsetzenden

---

34 Dem d' von Bratsche und erster Klarinette in T. 333 entspricht präzis das a' der ersten
   Flöte in Takt 340.

35 Adorno, Minima Moralia, Reflexionen aus dem beschädigten Leben, 2. Aufl. Frankfurt
   am Main, 1969, S. 296.

Celli (T. 365–367) greifen auf das grundlegende Motiv des fallenden Halbtons zurück, wonach zwei weitere, parallel zueinander gebildete Phrasen der Trompete und Baßklarinette zum nächsten Abschnitt überleiten. Der scheinbare Widerspruch zur traditionellen Formbildung, daß ein Überleitungsfeld die erste motivische Synthesis bringt, wäre einzig mit Kategorien der von Adorno skizzierten „materialen Formenlehre"[36] zu erklären, in diesem Fall etwa dadurch, daß die Abbautendenz des Abschnitts durch Dynamik und Orchestersatz genügend gewährleistet erscheint, und daß deswegen die Strenge der Motivtechnik als ein in der Grundtendenz aufgehobener Widerspruch verstanden werden kann.

4. A b s c h n i t t (T. 372–385): In den ersten fünf Takten scheint das bisherige Prinzip rezitativ-sprachhafter Melodiebildung suspendiert zu sein. Doch kann die fünftaktige Phrase, deren Hauptstimme im ganztaktigen Rhythmus zunächst merkwürdig unflexibel erscheint, auch als Verlagerung desselben Sprachprinzips auf eine höhere, weiträumigere Ebene gedeutet werden. Dieser vierte Abschnitt bringt nicht nur den bisherigen Höhepunkt polyphoner Strukturierung, sondern gleichzeitig einen Umschlag des Begleitsystems. Dessen Komplexität ist hier derart angewachsen, daß die frühere Flexibilität der Nebenstimmenmelodik in momentane Starrheit umschlägt. Neben der Hauptmelodie muß zunächst die von zwei Posaunen gespielte Baßstimme, die als primärer Kontrapunkt der Hauptstimme auftritt, vom übrigen Begleitsystem unterschieden werden. Dazu treten nicht weniger als fünf weitere Begleitstimmen, die anders als bisher geformt sind, weil Schönberg mit einem siebenstimmigen Satz die Grenze der simultanen Durchhörbarkeit erreicht, wenn nicht überschreitet. Die Begleitstimmen, die als taktweise repetierende Gebilde sich zu einem feinen Netz verweben, sollen nicht als einzelne aufgefaßt werden, sondern in ihrem Zusammenwirken einen zart belebten Klanghintergrund abgeben. Die formale Funktion der Phrase, die in der latenten Vorbereitung einer dynamischen Steigerung durch das Eröffnen einer neuen orchestralen Dimension besteht, könnte konkret erst durch die Analyse des weiteren Satzverlaufes bestimmt werden.

Mit der letzten Analyseskizze soll am Beginn des vierten Klavierstückes aus opus 23, dem unvergleichlichen Beispiel eines organisch gefügten Kunstwerks, die Detailstrukturierung musikalischer Prosa untersucht werden. „Die fünf Klavierstücke op. 23, nach der siebenjährigen Schaffenspause entstanden, halten einen glücklichen Augenblick fest, den, da Schönberg schon mit Reihen, ‚Grundgestalten', arbeitet, aber auf die Zwölfzahl der Töne noch nicht sich festlegt"[37]. Da das Reihenmaterial des vierten Stücks von Georg Krieger bereits dargestellt wurde[38], konzentriert sich unsere Analyse auf die konkrete Gestaltung der Musik.

36 Adorno, Mahler, eine musikalische Physiognomik, Frankfurt 1960, S. 64 f.

37 Adorno, Begleittext zur Schallplatten-Gesamtaufnahme von Schönbergs Klavierwerk durch Else Kraus, Bärenreiter Musicaphon, BM 30 L 1503.

38 Georg Krieger, Schönbergs Werke für Klavier, Göttingen 1968, S. 60 f.

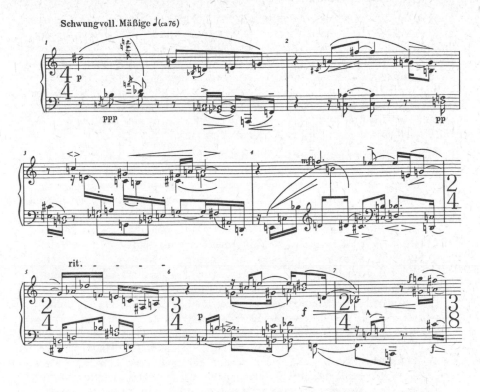

Die ersten fünf Takte bilden einen Abschnitt, der sich durch das ritardando in Takt fünf klar vom folgenden abhebt. Er umfaßt vier Phrasen: 1 + 1 + 1 + 1 1/2 Takte. So einfach und regelmäßig dieses Schema erscheint, so durchgestaltet und komplex ist der konkrete Verlauf. Das metrische Gewicht ist bei jeder Phrase, von zusätzlichen Akzentuierungen durch die Nebenstimmen vorerst abgesehen, anders verteilt:

1. Phrase: Hauptbetonung volltaktig auf dem 1. Achtel. Nebenbetonung ev. auf dem 6. Achtel.

2. Phrase: Hauptbetonung nach einem Auftakt auf dem 4. Achtel.

3. Phrase: Hauptbetonungen auf dem 2. und 7. Achtel.

4. Phrase: Nebenbetonung auf dem 3., Hauptbetonungen auf dem 6. und 8. Achtel in Takt vier. Nach dieser Akzentballung im vierten Takt fließt der fünfte Takt im Grunde betonungslos durch.

Es ist evident, daß Taktsystem und -striche keine qualitative Bedeutung für die Metrik mehr haben. Ihre Funktion ist eine der Orientierung und beschränkt sich bei diesem Anfang auf die Gliederung der vier Phrasen.

Aus der wellenförmigen Melodiebewegung der Oberstimme – sie ist in diesem Abschnitt Hauptstimme – wird Schönbergs Streben nach Homöostase ersichtlich. Die Linienführung beruht auf abwechselnder Bewegungsrichtung, ohne daß dies Prinzip jedoch stereotyp angewandt würde. Die Sprachhaftigkeit dieser Musik resultiert vor allem aus der extrem durchgestalteten Interpunktion, deren zwei wichtigste Mittel, Absatz und Pause, die vier Phrasen als „Satzteile" dergestalt gliedern, daß sich der Eindruck eines neuartigen Atmens von Instrumentalmusik einstellt. Anders als im „Obligaten Rezitativ" werden hier die Verbindungen der Phrasen mittels unaufdringlicher motivischer Beziehungen geschaffen. Da Schönbergs kompositorisches Denken sich in diesem Stück ins Besondere versenkt und sich in keiner Hinsicht von A-priori-Gesetztem leiten läßt, wird die Gefahr der Herrschaft der Materialordnung über die kompositorische Gestaltung gebannt. So dicht die von den Reihenelementen gestifteten motivischen Beziehungen auch sind, sie erscheinen nie als Ausdruck eines Systemdenkens und verhelfen so dieser Musik zu ihrem unnachahmlich freien Fluß.

Bei drei Phrasen des Anfangs ist in der Hauptstimme das Intervall der steigenden Terz als Phrasenschluß, der öffnend weiterleitet, von großer Bedeutung. Doch erst die Betrachtung der Nebenstimmen erschließt das Kunstvollste des Satzes. Ihre antimechanische Strukturierung ist der strikte Gegensatz zu dem auch beim frühen Schönberg noch wirksamen „Feldschema", welches die Begleitung in Satzbau und Rhythmus temporär einheitlich bildet. Hier scheint es, als horchten die Begleitstimmen selbst, wohin es die Hauptmelodie zieht, und wie dazu am freiesten ein Gegengewicht oder aber eine Unterstützung gebildet werden kann. Die Begleitung des ersten Tons der Hauptstimme (dis'') – das Stück beginnt direkt, ohne Umschweife – erschließt mit auf- und absteigendem Vorschlag nicht nur einen weiten Tonraum, sondern definiert gleich zu Beginn den schwungvollen Charakter des Stücks. Die aufsteigende Sexte des Vorschlags – insgesamt sind Terzen und Sexten Grundintervalle der Reihen im vierten Stück – wird am Schluß des ersten Taktes aufgegriffen und stiftet so die Verbindung zur Hauptmelodie der zweiten Phrase. An der Begleitung des zweiten Taktes darf die Simplizität bewundert werden. Die gespannte Ruhe, welche die über drei Achtel gedehnte Oberstimme auf dem fis''' auszeichnet, wird nicht durch die Begleitung gestört, was bei einem prinzipiellen Kontrapunktieren und rhythmischen „Ausfüllen" der Fall wäre. Im Gegenteil, die Begleitung ist dadurch, daß sie ebenfalls eine Sexte, doch im Zusammenklang, bringt und durchhält, eine ideale Unterstützung für den Charakter der Hauptmelodie. Der prosaische Rhythmus braucht seine Lizenzen nicht durch Akzentuierung des Taktschemas zu legitimieren; im zweiten Takt wird die Taktmitte ohne ein Neuereignis überdehnt. Beruhte der Konnex zwischen erster und zweiter Phrase auf der Übernahme eines Motivs der Nebenstimme durch die Hauptstimme, so wird umgekehrt bei der Verbindung von der zweiten zur dritten Phrase die Bewegungsrichtung der auf- und absteigenden Hauptmelodie der zweiten Phrase durch eine diminuierte Begleitfigur imitiert, welche zugleich die Pause des Übergangs überbrückt. Die mit der Diminution eingeleitete raschere Bewegung bricht bis zum Schluß des Abschnittes nicht mehr ab. Mit der dritten Phrase entfaltet sich die bisher latente Dreistimmigkeit zur Polyphonie. Die motivische Verknüpfung der dritten und vierten Phrase erfolgt, ein Zeichen der Mannigfaltigkeit von Schönbergs Methode, nochmals anders als zuvor: die letzten drei absteigenden Sechzehntel des dritten Taktes münden zu Beginn des nächsten in eine Pause, worauf sie in nicht intervallgetreuer Umkehrung – die Bewegungsgeste von Motiven ist hier wichtiger als präzise Intervallstrukturen[39] – den Einsatz der Hauptmelodie, der aus der Begleitung herauszufließen scheint, aufs Schönste vorbereiten. Mit dem ritardando, das den Lauf der

---

39 Schönberg unterscheidet beispielsweise in der Analyse des Andante moderato aus Brahms' Streichquartett opus 51 Nr. 2 nicht zwischen großen und kleinen Sekunden. Vgl. Style and Idea, S. 88.

musikalischen Rede stocken läßt, geht dieser Abschnitt zu Ende. Seine musikalische Prosa ist eine einzigartige Synthesis von Freiheit und Konstruktion. .

Den Abschluß der Arbeit bildet ein Versuch, Schönbergs Begriff von musikalischer Prosa aus „Brahms the Progressive" und das Ergebnis der Analyseproben in einem größeren historischen Rahmen zu interpretieren.

Adornos 1961 geprägter Begriff einer „musique informelle", der die Perspektiven postserieller Musik durch den Rekurs auf Schönbergs expressionistische Phase zu eröffnen sucht, ist im Grunde nichts anderes als die Idee emanzipierter musikalischer Prosa. „Gemeint ist eine Musik, die alle ihr äußerlichen, abstrakten, starr gegenüberstehenden Formen abgeworfen hat, die aber, vollkommen frei vom heteronom Auferlegten und ihr Fremden, doch objektiv zwingend im Phänomen, nicht in diesem auswendigen Gesetzmäßigkeiten sich konstituiert"[40]. Die Formidee informeller Musik sei die Erfüllung des organischen Ideals: „Für Musik wäre das organische Ideal nichts als das antimechanische; der konkrete Prozeß einer werdenden Einheit von Ganzem und Teil, nicht ihre bloße Subsumption unter den abstrakten Oberbegriff und danach die Juxtaposition der Teile"[41].

Die Fronten haben seit dem Idealismus gewechselt. War in der idealistischen Ästhetik das Prosaische gleichbedeutend mit dem Mechanischen, so reklamiert hier Adorno das Antimechanische, das Organische, als Formidee musikalischer Prosa. Der Widerspruch ist indes nur scheinhaft. Seitdem die Poesieästhetik außer Kraft gesetzt und die Prosa zum Kunstideal erhoben wurde, vereinigt der Prosabegriff in dieser neuen Funktion nicht wenige Bestimmungen des ehemaligen Poesiebegriffs auf sich. Daß die Kategorie des Organischen sowohl die musikalische Poesie als auch später die musikalische Prosa begründen konnte, hat seinen musikimmanenten Grund in der Sprachhaftigkeit beider, seinen soziologischen aber in der Kontinuität der stets dialektischen Funktion der partiell autonomen Musik innerhalb der bürgerlichen Gesellschaft des 19. und frühen 20. Jahrhunderts. Diese Funktionskontinuität oder, präziser ausgedrückt, Kontinuität der Funktionsentwicklung der bürgerlichen Kunst — sie betrifft in gleicher Weise Literatur und Musik — einerseits und der in beiden Künsten irreversibel, wenn auch nicht synchron verlaufende Prosaisierungsprozeß des Materials andererseits bürgen in letzter Instanz dafür, daß der Nachweis von Zusammenhängen zwischen Schönbergs Begriff von musikalischer Prosa und dem emanzipierten Sprachprosabegriff der deutschen Romantik keine leere Konstruktion bleibt[42].

Der Hauptunterschied zwischen beiden Begriffen ist, daß der emanzipierte, affirmative Begriff von Sprachprosa sich bereits unter dem Primat der Poesieästhetik, derjenige von musikalischer Prosa jedoch erst nach deren Abdankung entwickeln konnte. Der metaphorische Bedeutungsgehalt, den Prosa in der idealistischen Ästhetik hatte und der noch den Wagnerschen Begriff von musikalischer Prosa färbte, ist

---

40 Adorno, Vers une musique informelle, S. 75.

41 Ebd., S. 94.

42 Der Verfasser ist des Vorwurfs gewärtig, er führe Bestimmungen, die aus verschiedenen historischen und gattungsmäßigen Zusammenhängen extrapoliert sind, willkürlich zueinander und verstoße dadurch grundsätzlich gegen die Prinzipien hermeneutischer Methodik. Nur die Arbeit selbst, die im wesentlichen methodisch eher der kritischen Theorie als der Hermeneutik verpflichtet ist, kann den Vorwurf entkräften.

bei Schönberg völlig irrelevant. Umsomehr erfüllen sich in Schönbergs Theorie und Praxis ästhetische und technische Bestimmungen, welche die Sprachtheorie der Frühromantik der Sprachprosa zugewiesen hatte.

Dies betrifft zunächst den Aspekt der rhythmischen Variabilität. Ist es ein Zufall, daß Jean Paul u n d Schönberg den Vorwurf zu entkräften hatten, Prosa sei rhythmuslos? Jean Pauls Feststellung, der prosaische Rhythmus sei höchst mannigfaltig und, im Gegensatz zur Metrik der Poesie, bei jedem Autor und in jedem Werk ein „anderer und ungesuchter"[43], koinzidiert einmal generell mit dem Rhythmus musikalischer Prosa, der sich nicht schematisch den metrischen Gesetzen einer periodischen Syntax fügt, und darüber hinaus im besonderen mit der analytisch nachgewiesenen, neuartigen Flexibilität von Schönbergs Rhythmik.

„Die Prose wiederholt nichts, das Gedicht so viel"[44]. Der Gehalt dieses auf die prosaische Periodenkonstruktion bezogenen Jean Paulschen Satzes wurde musikalisch erst in der Neuen Wiener Schule eingelöst, wo die Rhythmik von der regelmäßigen Wiederkehr struktureller Elemente befreit ist und wo das Prosaprinzip mit der virtuellen Liquidierung der Reprise und mit der Technik entwickelnder Variation Konsequenzen für die großformale Organisation zeitigte, deren Notwendigkeit historisch im Ansatz bereits mit der Beethovenschen und Brahms'-schen Symphonik gesetzt worden war.

Das Zentrum der Verwandtschaft prosaischen Wesens von Sprache und Musik trifft das 395. Athenäumsfragment von Friedrich Schlegel, „in der wahren Prosa müsse alles unterstrichen sein"[45]. Dieser Begriff von sprachlicher Prosa als konstruktiver Dichte, als Beschränkung der Formulierung auf das Wesentliche und Notwendige, auf das Individuell-Konkrete eines Inhaltes, stimmt überein mit dem Kern von Schönbergs Begriff der musikalischen Prosa als einer direkten und präzisen Musiksprache, die durch den Verzicht auf „Flickwerk", auf „bloß ausfüllende und leere Wiederholungen" die Bedeutungsprägnanz eines Aphorismus zu erreichen sucht. Die Funktion, welche die Varietät von Rhythmus und Periodenbau in der Sprachprosa für die präzise Herausbildung des gedachten Inhaltes erfüllt — auf sie hatte u. a. Goethe angespielt[46] —, findet ebenfalls bei Schönbergs Musik in dem Sachverhalt ihre Entsprechung, daß die rhythmische Emanzipation vom Schema syntaktischer „Quadratur" und ähnliche spezifische kompositorische Maßnahmen kein Selbstzweck sind, sondern als formbildende Mittel ihren Zweck in der klaren Darstellung des musikalischen Inhaltes, der „musikalischen Gedanken" haben. Gerade hier, in der Konkretion des Gedachten, erweist sich die Analogie des sprachlichen und des musikalischen Begriffes von Prosa als zutiefst begründet, und wenn auch die Substanz des Gedachten in beiden Sprachen eine verschiedene ist, so verwenden doch beide ähnliche, von Poesie divergierende Organisationsformen.

Die Tendenz der Prosa zur Präzisierung des Inhalts macht es aus, daß, wie Jean Paul schreibt, „vortönender Wohlklang nicht in der Poesie und doch in der Prose das Fassen stören kann"[47]. „Vortönenden Wohlklang" gibt es nicht mehr in

43 Vgl. oben, S. 26 f.
44 Vgl. oben, S. 27.
45 Vgl. oben, S. 27.
46 Vgl. oben, S. 27.
47 Vgl. oben, S. 27.

142

der musikalischen Prosa Arnold Schönbergs, der damit allerdings lediglich ein der Kunstmusik im Unterschied zur Trivialmusik seit jeher inhärierendes Moment radikalisierte. Mit der Negation der musikalischen Poesieästhetik durch das Schönbergsche Musikdenken ist indes nicht nur das Schöne, sondern gleichfalls das Häßliche, das die Frühzeit der musikalischen Prosa entscheidend mitbestimmt hatte, zu einer irrelevanten Kategorie geworden. Zwar können Häßliches und Schönes als Momente des Ganzen auch bei Schönberg fungieren — gerade das vierte Klavierstück von opus 23 steht an Wohlklang keinem Brahms'schen Intermezzo nach —, doch sind sie im Zusammenhang der prosaischen Musiksprache aufgehoben, welche, formelhaft gesprochen, das Wahre, nicht das Schöne intendiert.

Carl Dahlhaus hat als erster den Zusammenhang der musikalischen Prosa mit dem Prosabegriff der deutschen Frühromantik hervorgehoben und am Beispiel der Schönbergschen Analyse des Andante moderato aus dem a-moll-Quartett von Brahms konkretisiert[48]. Das dialektische Verhältnis von Poesie und Prosa, das Novalis entwirft, soll die von der klassischen Ästhetik behauptete Entgegensetzung beider Sphären und Spracharten überwinden[49]. Zwei Verhältnisse sind möglich: poetische Prosa und „prosaisierte" Poesie. Das erste Verhältnis, die Poetisierung von Prosa, die auch A. W. Schlegel vorgeschlagen hatte, besteht aus einer Prosasprache, die mit Elementen von Poesie durchsetzt ist. Das andere Verhältnis, welches, wie gezeigt wurde, grundlegende Perspektiven für die Kunstentwicklung im 19. Jahrhundert enthält, ist die Prosaisierung der Poesie: Dadurch, daß Poesie, mithin die Kunst, Mittel der Prosa zu ihrer Realisierung verwendet — die Mittel der Prosa lassen sich von ihrem Zweck: Klarheit, Bestimmtheit usw. ableiten —, wird die Poesie „fähiger zur Darstellung des Beschränkten".

Novalis' Idee steht im Brennpunkt des 142. Aphorismus „Dem folgt deutscher Gesang" aus Adornos „Minima moralia" (1945). Die Frage, woraus der freie Vers entstanden sei, beantwortet Adorno mit dem Gedanken der Prosaisierung der Poesie: „Nur im Zeitalter ihres Verfalls sind die freien Rhythmen nichts als untereinander gesetzte Prosaperioden von gehobenem Ton. Wo der freie Vers als Form eigenen Wesens sich erweist" — Adorno erwähnt Goethe und Hölderlins späte Hymnen —, „ist er aus der gebundenen Strophe hervorgegangen, über die Subjektivität hinausgedrängt. Er wendet das Pathos des Metrons gegen dessen eigenen Anspruch, strenge Negation des Strengsten, so wie die musikalische Prosa, von der Symmetrie der Achttaktigkeit emanzipiert, sich den unerbittlichen Konstruktionsprinzipien verdankt, die in der Artikulation des tonal Regelmäßigen heranreiften"[50]. Adornos Verständnis von musikalischer Prosa lehnt sich an die Einsicht von Walter Benjamin, daß das Prosaische als das Nüchterne, das Rationale, von grundlegender Relevanz für moderne Kunstproduktion ist. Insofern ist die musikalische Prosa ein Resultat des Aufklärungsprozesses der Musik.

So begründet einerseits der Prozeß der Prosaisierung als solcher der Aufklärung, der zunehmenden rationalen Verfügung über das musikalische Material verstan-

48 Dahlhaus, Musikalische Prosa (1964), S. 177/178.

49 Vgl. oben, S. 29 f.

50 Adorno, Minima Moralia, S. 296.

den wird[51] und so erhärtet Adornos These, die Freiheit musikalischer Prosa resultiere nicht unmittelbar, sondern vermittelt als „strenge Negation des Strengsten", gerade auch durch Schönbergs eigene Analysen in „Brahms the Progressive" erscheint, so darf doch andererseits nicht übersehen werden, daß Adornos dialektische Ableitung des musikalischen Prosabegriffs weder die mannigfaltige Geschichte des Ausdrucks im 19. Jahrhundert berücksichtigt noch auf die Gesamtheit des Schönbergschen Schaffens anwendbar ist.

Die „Erwartung", die zwar nur von einem Komponisten geschrieben werden konnte, der die Regeln der „gebundenen" Musiksprache vollkommen beherrschte, ist durchdrungen von einer höheren, spontanen Logik, die nicht aufgeht in rationaler Deduktion ihres musikalischen Materials. Der Verlauf der vorliegenden Arbeit hat gezeigt, daß neben der Ableitung der musikalischen Prosa aus der Veränderung der syntaktischen Konstruktionsprinzipien von „musikalischer Poesie in kompositionstechnischem Sinn" ein zweites Element von Anfang an die Entwicklung der musikalischen Prosa mitbestimmte: die Rezitativtradition der „ungebundenen" Rede. Die beiden konträren Prozesse, die „Prosaisierung" der musikalischen Poesie, der regelhaften Periodizität, einerseits und die „Poetisierung" der ursprünglichen musikalischen Prosa, des Rezitativs, andererseits haben teils getrennt, oft aber in dialektischer Verknüpfung ihrer entgegengesetzten Prinzipien die Entwicklung der musikalischen Prosa von der Wiener Klassik bis zur Neuen Wiener Schule begründet.

„Die asketische Abdichtung der Prosa gegen den Vers gilt der Beschwörung des Gesangs"[52]. Die Worte, mit denen Adornos Aphorismus schließt, enthalten die Quintessenz des Prosaisierungsprozesses der Kunst.Ihr innerhalb einer prosaischen Welt den Kunstcharakter zu wahren, den sie sich mühsam genug errungen hatte: diese objektive Funktion ihres Prosaisierungsprozesses wird im Bereich der Tonkunst von der musikalischen Prosa geleistet, die deshalb für all die verschiedenen Ausprägungen fortgeschrittener autonomer Musik im 19. und in der ersten Hälfte des 20. Jahrhunderts als Grundkategorie zu gelten muß beanspruchen dürfen.

51 Darum sind die Ausführungen von Karl Heinrich Ehrenforth zu kritisieren, der das Problem der musikalischen Prosa bei Schönberg undialektisch behandelt (Vgl. Anm. 24). Ehrenforth unterscheidet zwei Formprinzipien, ein rationales, von der Tanzsymmetrie abgeleitetes, und ein irrationales, das von der Sprache abstammt. Einseitig wird Schönbergs musikalische Prosa der irrationalen, sprachlichen Formstruktur zugewiesen.

52 Adorno, Minima Moralia, S. 297.

ANHANG

Hanns Eislers „Neue Art musikalischer Prosa"

Wenn in einem Anhang ein Ausblick auf Hanns Eislers „neue Art musikalischer Prosa" unternommen wird, so nicht mit dem Zweck, der in Westeuropa seit einigen Jahren sich anbahnenden Eisler-Renaissance à tout prix Tribut zu zollen, sondern lediglich mit der Absicht, einige für das Thema einschlägige Dokumente vorzulegen, die zwar interessante neue Aspekte des musikalischen Prosabegriffs implizieren, doch nach Ansicht des Verfassers nicht über ihren dokumentarischen Stellenwert hinaus „aufgebauscht" werden sollten.

Schönbergs musikalische Prosa war Eisler insofern noch allzu poetisch, als sie, so radikal sie auch einen letztlich gesellschaftlichen Wahrheitsgehalt als aufgehobenen im Kunstwerk ausdrückte, als Kunst Schein blieb und ihre autonom verstandene Rolle nicht mit unmittelbaren gesellschaftlichen und politischen Aufgaben verknüpft sah. Man würde allerdings Eislers Intentionen nicht gerecht, bezeichnete man die Kompositionen, die er für die politische Agitation schrieb, unter Rückgriff auf die Kategorien der Hegelschen Ästhetik schlechthin als „prosaische", weil einen außerkünstlerischen Zweck intendierende Kunstwerke[1]. Denn die „kompositorischen Maßnahmen" Eislers[2], ob sie sich auf Werke für die Agitation oder für den Konzertsaal erstreckten, waren in beiden Bereichen gleichermaßen Teil eines einzigen ästhetischen und, was für Eisler dasselbe ist, politischen Programms.

1922, in den „Zeitungsausschnitten" opus 11, manifestiert sich die künstlerische Position Eislers zwar noch nicht in agitatorischen Kampfliedern, doch erschüttert die kritische Denunziation gesellschaftlichen und musikalischen Unwesens die bürgerlichen Voraussetzungen der Kunst, der die Lieder soziologisch noch angehören. Die „Zeitungsausschnitte" waren, wie Eisler in einem Gespräch mit Nathan Notowicz versicherte, „völlig ernst und völlig unironisch", „eine Art Protest gegen vor allem das, was ich die bürgerliche Konzertlyrik nannte"[3].

Jahre nach ihrer Entstehung, 1928, schrieb Hans Heinz Stuckenschmidt darüber: „Mit Passion verbindet sich der Komponist dem täglichen Leben, Eindrücke aus flüchtig Gelesenem, Gesprächsfetzen, einige Notizen zu Tongestalten umformend. Die Begriffswelt der romantischen Lyrik ist für ihn erschöpft; da entdeckt er die Melodie des Alltags, den Rhythmus einer Annonce, eines modernen Bänkelgesangs, eines Volksschulaufsatzes. Mit unerbittlicher musikalischer Logik, sangbar und präzis, werden die Wortbrocken zusammengedrängt, eine Form bildet sich, mit ihr eine neue Art musikalischer Prosa: die ‚Zeitungsausschnitte' sind komponiert"[4].

---

1 Vgl. oben S. 24 f.

2 Vgl. Reinhold Brinkmann, Kompositorische Maßnahmen Eislers, in: Über Musik und Politik, (= Veröffentlichungen des Instituts für neue Musik und Musikerziehung Darmstadt, Bd. 10), Mainz 1971, S. 9 f.

3 Wir reden hier nicht von Napoleon. Wir reden von Ihnen!, Nathan Notowicz: Gespräche mit Hanns Eisler und Gerhart Eisler, Berlin DDR o. J., S. 50.

4 Hans Heinz Stuckenschmidt, Hanns Eisler, abgedruckt in: Sinn und Form, Beiträge zur Literatur, Sonderheft Hanns Eisler, Berlin DDR 1964, S. 107.

Eislers Musik hat Teil an Ideologiekritik. Wenn im Lied „Mariechen" ein deutscher Männerchor im Spital auftritt, so verweist die Musik auf die hohle Inbrunst von Liedertafeln. Die falsche Tröstung wird somit nicht nur durch den Textinhalt, sondern auch an der zitierten Musik bloßgestellt. Die verlogene Geringschätzung des Geldes in der „Heiratsannonce eines Gutsbesitzers" begleitet Eisler mit abgedroschenen musikalischen Mitteln wie Sequenz und trivialer Tonalität, ähnlich dem Verfahren Bergs, der in „Wozzeck" und „Lulu" einen C-dur-Akkord setzt, sooft vom Geld die Rede ist[5]. Wie bei den „Heiratsannoncen" enthüllt sich verstümmeltes Bewußtsein auch bei den Liedern, deren Texten Antworten auf eine Umfrage unter Volksschülern zugrunde liegen. Die Prüfungssituation derer, die sich sprachlich kaum auszudrücken vermögen, ist im kompositorischen Gestus minutiös festgehalten. Die Widersprüchlichkeit, die sich zwischen ideologischen Formeln einerseits und persönlicher Erfahrung andererseits in den Texten kundtut, spiegelt sich in der musikalischen Montagetechnik. Aber dennoch sind diese Lieder Lyrik, Antilyrik mit einem unverwechselbar Eislerschen Ton.

Eislers musikalische Prosa ist gegenüber derjenigen Schönbergs deswegen eine neue, weil in ihr der metaphorische Bedeutungsgehalt von Prosa wieder relevant wird, weil die gesellschaftliche Realität, der prosaische Alltag, in einer neuen, im Vergleich zu Schönberg direkteren und unvermittelteren Weise im Kunstwerk von Belang ist. Eislers musikalische Tendenzen korrespondieren mit linksbürgerlichen oder proletarischen Bewegungen in Literatur, Malerei, Film usw. zur Zeit der Weimarer Republik. Die damals komponierten Agitationsgesänge nehmen die musiksprachliche Emanzipation der Neuen Wiener Schule zurück, sind aber in gegensätzlichem Sinn ebenfalls musikalische Prosa, weil sie sich unmittelbar auf den prosaischen, politischen Alltag der Hörerschaft beziehen[6].

Als weiteres Zeugnis jener neuen Prosaisierungstendenz der Künste sei schließlich die Beschreibung des Prosatanzes der Weidtschen Gruppe durch den Schriftsteller Sergei Tretjakow — sie findet sich in dem 1935/36 auf russisch erschienenen Aufsatz über Eisler — zitiert: „Da ist Weidts proletarische Tanzgruppe. Unwahrscheinliche Zackigkeit der Positur. Krampf. Übersteigerung. Steht dem Tanz von Valeska Gert nahe. Wenn der klassische Tanz, rhythmisch, symmetrisch, ein ‚Tanz in Versen' ist, so tanzt Weidt Prosa. Als Grundlage dienen alltägliche Bewegungen: Man streckt sich, hackt Holz, läuft weg, lockt etwas an sich, fegt, wirft die Arme zurück, reibt sich die Stirn, trägt etwas auf den Schultern ... "[7]. In Weidts Tanz erscheinen die beiden Grundmomente des Prosabegriffs, der metaphorische und der sprachliche Gehalt, als Einheit. Der Rhythmus des prosaischen Alltags — dieser wird im Tanz nicht verherrlicht, sondern denunziert — ist gleichzeitig derjenige des asymmetrischen, dem Verstanz entgegengesetzten Tanzes in Prosa.

5 Vgl. Th. W. Adorno, Philosophie der neuen Musik, S. 59.

6 Th. W. Adorno schrieb 1929 in einer Kritik der „Zeitungsausschnitte": „Es ist die Gefahr, daß um der Verständlichkeit willen die Mittel nicht auf den vollen Stand der m u s i k a l i s c h e n Aktualität gebracht ... werden ... . Es könnte also hier politisch revolutionäre Gesinnung ästhetisch reaktionäre nach sich ziehen". „Anbruch", XI Jg., Wien 1929, S. 221.

7 Zit. n. der Übersetzung in: Sinn und Form, Sonderheft Hanns Eisler, S. 111.

Verzeichnis der zitierten Literatur

Adorno, Theodor W.: „Zeitungsausschnitte" opus 11 von Hanns Eisler, in: Musikblätter des Anbruch, XI Jg., Wien 1929, S. 119 f.

– Philosophie der neuen Musik, Neuausgabe Frankfurt a. M. 1958.

– Mahler, eine musikalische Physiognomik, Frankfurt a. M. 1960.

– Vers une musique informelle, in: Darmstädter Beiträge zur Neuen Musik IV, hg. v. E. Thomas, Mainz 1962, S. 73 f.

– Quasi una Fantasia, Musikalische Schriften II, Frankfurt a. M. 1963.

– Versuch über Wagner, München/Zürich 1964.

– Moments musicaux, Neu gedruckte Aufsätze 1928–1962, Frankfurt a. M. 1964.

– Beitrag in: Form in der Neuen Musik, Darmstädter Beiträge zur Neuen Musik X, hg. v. E. Thomas, Mainz 1966, S. 9 f.

– Minima Moralia, Reflexionen aus dem beschädigten Leben, 2. Aufl. Frankfurt a. M. 1969.

– Begleittext zur Schallplatten-Gesamtaufnahme von Schönbergs Klavierwerk durch Else Kraus, Bärenreiter Musicaphon, BM 30 L 1503.

Ambros, August Wilhelm: Die Grenzen der Musik und Poesie, Prag 1856.

Barzun, Jacques: Berlioz and the Romantic Century, 2 Bde., Boston 1950.

Bauer-Lechner, Nathalie: Erinnerungen an Gustav Mahler, hg. v. J. Killian, eingel. v. P. Stefan, Leipzig/Wien/Zürich 1923.

Beckmann Dorothea: Sprache und Musik im Vokalwerk Anton Weberns, Die Konstellation des Ausdrucks, Regensburg 1970.

Bekker, Paul: Gustav Mahlers Sinfonien, Berlin 1921.

Benjamin, Walter: Schriften, hg. v. Th. W. und G. Adorno, 2 Bände, Frankfurt a. M. 1955.

– Gesammelte Schriften, Abt. I Bd. 1, hg. v. R. Tiedemann und H. Schweppenhäuser, Frankfurt a. M. 1974.

Berg, Alban: Warum ist Schönbergs Musik so schwer verständlich? , in: Arnold Schönberg zum fünfzigsten Geburtstag 13. Sept. 1924, Sonderheft der Musikblätter des Anbruch, Wien 1924, S. 329 f.

Besseler, Heinrich: Singstil und Instrumentalstil in der europäischen Musik, Kongreßbericht Bamberg 1953, S. 223 f.

Betz, Albrecht: Ästhetik und Politik, Heinrich Heines Prosa, München 1971.

Brinkmann, Reinhold: Arnold Schönberg: drei Klavierstücke opus 11, Studien zur frühen Atonalität bei Schönberg (= Beihefte zum Archiv für Musikwissenschaft, hg. v. H. H. Eggebrecht, Bd. VII), Wiesbaden 1969.

— Kompositorische Maßnahmen Eislers, in: Über Musik und Politik (= Veröffentlichungen des Instituts für neue Musik und Musikerziehung Darmstadt, hg. v. R. Stephan, Bd. 10), Mainz 1971, S. 9 f.

Budde, Elmar: Anton Weberns Lieder opus 3, Untersuchungen zur frühen Atonalität bei Webern (= Beihefte zum Archiv für Musikwissenschaft, hg. v.
H. H. Eggebrecht, Bd. IX), Wiesbaden 1971.

— Schönberg und Brahms, Vortrag gehalten auf dem 1. Kongreß der Internationalen Schönberg-Gesellschaft im Juni 1974 in Wien, Ms.

Bücken, Ernst: Führer und Probleme der Neuen Musik, Köln 1924.

Cardus, Neville: Gustav Mahler, His mind and his music, Vol. I, London 1965.

Dahlhaus, Carl: Musikalische Prosa, in: Neue Zeitschrift für Musik, hg. v. E.
Thomas, 125. Jg. 1964, S. 176 f.

— Musica poetica und musikalische Poesie, Archiv für Musikwissenschaft
XXIII, 1966, S. 110 f.

— Musikästhetik, Köln 1970.

— Analyse und Werturteil (= Musikpädagogik, Forschung und Lehre, hg. v.
S. Abel-Struth, Bd. 8), Mainz 1970.

— Soziologische Dechiffrierung von Musik, Zu Theodor W. Adornos Wagnerkritik, in: The international review of music aesthetics and sociology,
Vol.I Nr. 2, Dez. 1970, S. 137 f.

— Wagners Konzeption des musikalischen Dramas (= Arbeitsgemeinschaft
„100 Jahre Bayreuther Festspiele", Bd. 5), Regensburg 1971.

— Die rätselhafte Popularität Gustav Mahlers, Zuflucht vor der Moderne oder
der Anfang der Neuen Musik, in: „Die Zeit", 27. Jg. Nr. 19, Hamburg,
10. Mai 1972.

— Form und Motiv in Mahlers Neunter Symphonie, in: Neue Zeitschrift für
Musik, hg. v. E. Thomas, O. Tomek und C. Dahlhaus, 135. Jg. Heft 5,
Mainz 1974, S. 296 f.

— Wagner und die Programmusik, in: Jahrbuch des Staatlichen Instituts für
Musikforschung Preußischer Kulturbesitz 1973, hg. v. D. Droysen, Berlin
1974, S. 50 f.

Danuser, Hermann: Zu den Programmen von Mahlers frühen Symphonien, in:
Melos/NZ 1. Jg. Heft 1, Mainz 1975, S. 14 f.

Dürr, Werner: Untersuchungen zur poetischen und musikalischen Metrik,
Tübingen 1962.

Eggebrecht, Hans Heinrich: Musik als Tonsprache, in: Archiv für Musikwissenschaft XVIII, 1961, S. 73 f.

Ehrenforth, Karl Heinrich: Ausdruck und Form, Schönbergs Durchbruch zur
Atonalität in den George-Liedern opus 15 (= Abhandlungen zur Kunst-,
Musik- und Literaturwissenschaft, Bd. 18), Bonn 1963.

Einstein, Alfred: Gluck, Sein Leben — seine Werke, Zürich/Stuttgart o. J.

Eisler, Hanns: Wir reden hier nicht von Napoleon. Wir reden von Ihnen!, Nathan
    Notowicz: Gespräche mit Hanns Eisler und Gerhart Eisler, Berlin DDR
    o. J.

Fischer, Kurt von: Das Neue in der europäischen Kunstmusik als soziokulturel-
    les Problem, in: International review of the aesthetics and sociology of
    music, Vol. 2, Zagreb 1971, S. 141 f.

Forkel, Johann Nikolaus: Allgemeine Geschichte der Musik, Leipzig 1788.

Georgiades, Trasybulos: Der griechische Rhythmus, Hamburg 1949.

Goethe, Johann Wolfgang v.: Gedenkausgabe der Werke, Briefe und Gespräche,
    hg. v. E. Beutler, Zürich 1950 f.

Gottwald, Clytus: Gustav Mahler und die musikalische Utopie, I. Musik und
    Raum, II. Collage, Ein Gespräch zwischen György Ligeti und Clytus
    Gottwald, in: Neue Zeitschrift für Musik, hg. v. E. Thomas, O. Tomek
    und C. Dahlhaus, 135. Jg. 1974, Hefte 1 und 5, S. 7 f. und 288 f.

Graevenitz, Gerhart von: Die Setzung des Subjekts, Untersuchungen zur Roman-
    theorie (= Studien zur deutschen Literatur, hg. v. R. Brinkmann, F. Sengle
    und K. Ziegler, Bd 36) Tübingen 1973.

Grange, Henry-Louis de la: Mahler, Vol. I, London 1974.

Grillparzer, Franz: Grillparzers Werke, im Auftrage der Reichshaupt- und Resi-
    denzstadt Wien hg. v. A. Sauer, Wien/Leipzig 1909 f.

Grimm, Reinhold (Hg.): Deutsche Romantheorien, Beiträge zu einer historischen
    Poetik des Romans in Deutschland, Frankfurt a. M. 1968.

Halm, August: Von Grenzen und Ländern der Musik, München 1916.

Hamburger, Käte: Logik der Dichtung, zweite, stark veränderte Aufl. Stuttgart
    1968.

Hanslick, Eduard: Vom Musikalisch-Schönen, Ein Beitrag zur Revision der
    Ästhetik der Tonkunst, 16. Aufl. Wiesbaden 1966.

    – Die moderne Oper, Berlin 1900.

Hegel, Georg Wilhelm F.: Ästhetik, hg. v. F. Bassenge, 2 Bände, 2. Aufl. Frank-
    furt a. M. o. J. .

Hehemann, Max: Max Reger, München 1917.

Hillebrand, Bruno: Theorie des Romans, 2 Bände, München 1972.

Jochmann, Carl Gustav: Über die Sprache, Faksimiledruck nach der Original-
    ausgabe von 1828, mit Schlabrendorfs „Bemerkungen über Sprache” und
    der Jochmann-Biographie von J. Eckardt, hg. v. Chr. J. Wagenknecht
    (in Reihe: Texte des 19. Jahrhunderts, hg. v. W. Killy), Göttingen 1968.

Kant, Immanuel: Gesammelte Schriften, hg. v. der Königlich Preußischen
    Akademie der Wissenschaften, Berlin 1902 f.

Klotz, Volker: Geschlossene und offene Form im Drama (in Reihe: Literatur
    als Kunst, hg. v. W. Höllerer), 6. Aufl. München 1972.

– Zur Poetik des Romans, hg. v. V. Klotz (= Wege der Forschung, Bd. XXXV), Darmstadt 1965.

Kneif, Tibor: Die Idee des Organischen bei Richard Wagner, in: Das Drama Richard Wagners als musikalisches Kunstwerk, hg. v. C. Dahlhaus (= Studien zur Musikgeschichte des 19. Jahrhunderts, Bd. 23), Regensburg 1970, S. 63 f.

Koch, Heinrich Christoph: Musikalisches Lexikon, Frankfurt 1802, reprografischer Nachdruck Hildesheim 1964.

Kolisch, Rudolf: Schönberg als nachschaffender Künstler, in: Arnold Schönberg zum fünfzigsten Geburtstag 13. Sept. 1924, Sonderheft der Musikblätter des Anbruch, Wien 1924, S. 306.f.

Koskimies, Rafael: Theorie des Romans, Helsinki 1935, reprografischer Nachdruck Darmstadt 1966.

Kraft, Werner: Carl Gustav Jochmann und sein Kreis, Zur deutschen Geistesgeschichte zwischen Aufklärung und Vormärz, München 1972.

Krieger, Georg: Schönbergs Werke für Klavier, Göttingen 1968.

Kropfinger, Klaus: Gang, in: Handwörterbuch der musikalischen Terminologie, hg. v. H. H. Eggebrecht, Wiesbaden 1972 f.

Kurth, Ernst: Die romantische Harmonik und ihre Krise in Wagners Tristan, 2. Aufl. Bern 1923.

Lämmert, Eberhart (Hg.): Romamtheorie, Dokumentation ihrer Geschichte in Deutschland 1620–1880 (= Neue Wissenschaftliche Bibliothek, Bd. 41), Köln/Berlin 1971.

Ligety, György: siehe Gottwald

Liszt, Franz: Gesammelte Schriften, hg. v. L. Ramann, Bd. 3, Dramaturgische Blätter, 2. Abt. Richard Wagner, Leipzig 1881.

Lobe, Johann Christian: Fliegende Blätter für Musik, Wahrheit über Tonkunst und Tonkünstler, 2 Bände, Leipzig 1855 (anonym erschienen).

Lorenz, Alfred: Das Geheimnis der Form bei Richard Wagner, Bd. 1, Der musikalische Aufbau des Bühnenweihfestspiels der Ring des Nibelungen, Berlin 1924.

Lorenz, Richard: Proletarische Kulturrevolution in Sowjetrußland (1917–1921), Dokumente des „Proletkult", hg. v. R. Lorenz, München 1969.

Lukács, Georg: Werke, Neuwied/Berlin 1963 f.

– Die Theorie des Romans, Ein geschichtsphilosophischer Versuch über die Formen der großen Epik, 3. Aufl. Neuwied/Berlin 1965.

Maegaard, Jan: Studien zur Entwicklung des dodekaphonen Satzes bei Arnold Schönberg, Kopenhagen 1972.

Mahler, Alma Maria: Gustav Mahler, Erinnerungen und Briefe, 2. Aufl. Amsterdam 1949.

Mahler, Gustav: Briefe 1879–1911, hg. v. A. M. Mahler, Berlin/Wien/Leipzig 1925.

150

Marx, Adolf Bernhard: Die Lehre von der musikalischen Komposition, 1. Teil, 4. Aufl. Leipzig 1852 und 3. Teil, 2. Aufl. Leipzig 1848.

Mayer, Günther: Zur Dialektik des musikalischen Materials, in: Alternative, Zeitschrift für Literatur und Diskussion, Heft 69, Berlin 1969, S. 239 f.

Meibom, Marcus: Antiquae Musicae Auctores Septem, Graece et Latine, 2 Bände, Amsterdam 1652.

Miller, Norbert (Hg.): Romananfänge, Versuch zu einer Poetik des Romans, Berlin 1965.

Mozart, Wolfgang Amadeus: Briefe und Aufzeichnungen, Gesamtausgabe, hg. v. W. Bauer und O. E. Deutsch, Bd. III, Kassel 1963.

Neumann, Friedrich-Heinrich: Die Ästhetik des Rezitativs, Zur Theorie des Rezitativs im 17. und 18. Jahrhundert, Diss. Göttingen 1955 (= Sammlung musikwissenschaftlicher Abhandlungen, Bd. 14) Straßburg und Baden-Baden 1962.

Nies, Fritz: Poesie in prosaischer Welt, Untersuchungen zum Prosagedicht bei Aloysius Bertrand und Baudelaire (= Studia Romanica H. 7), Heidelberg 1964.

Nietzsche, Friedrich: Gesamtausgabe, 1. Abt. Bd. 3, Menschliches, Allzumenschliches, 2 Bände, Leipzig 1906.

Nitsche, Peter: Klangfarbe und Form. Das Walhallthema in Rheingold und Walküre, in: Melos/NZ, 1. Jg. Heft 2, Mainz 1975, S. 83 f.

Novalis: Schriften, hg. in drei Bänden v. Minor, Jena 1907.
   − Briefwechsel, hg. v. J. M. Raich, Mainz 1880.

Nowak, Adolf: Hegels Musikästhetik (= Studien zur Musikgeschichte des 19. Jahrhunderts, Bd. 25), Regensburg 1971.

Paul, Jean: Vorschule der Ästhetik, Werke, hg. v. N. Miller, Bd. 5, München 1962.

Porten, Maria: Zum Problem der „Form" bei Debussy. Untersuchungen am Beispiel der Klavierwerke, München 1974.

Preisendanz, Wolfgang: Der Funktionsübergang von Dichtung und Publizistik bei Heine, in: Die nicht mehr schönen Künste (= Poetik und Hermeneutik, Bd. 3), hg. v. H. R. Jauss, München 1968, S. 343 f.

Ratz, Erwin: Zum Formproblem bei Gustav Mahler, Eine Analyse des ersten Satzes der Neunten Symphonie, in: Die Musikforschung, Jg. VIII Heft 2, Kassel und Basel 1955, S. 169 f.

Reckow, Fritz: Unendliche Melodie, in: Handwörterbuch der musikalischen Terminologie, hg. v. H. H. Eggebrecht, Wiesbaden 1972 f.

Reger, Max: Max Reger-Brevier, hg. v. H. Kühner, Basel 1948.

Riemann, Hugo: System der musikalischen Rhythmik und Metrik, Leipzig 1903.

Rimsky-Korssakow, Nikolai: Grundlagen der Orchestration, redigiert v. M. Steinberg, ins Deutsche übersetzt v. A. Elukken, Berlin/Moskau/Leipzig/ New York 1922.

Rosenkranz, Karl: Ästhetik des Häßlichen, Königsberg 1853.

Saran, Franz: Deutsche Verslehre, München 1907.

Schelling, Friedrich Wilhelm Joseph: Philosophie der Kunst, hg. v. K. F. A. Schelling 1859, Neudruck Darmstadt 1966.

Schiller, Friedrich: Gesamtausgabe des Deutschen Taschenbuchverlages, München 1965 f.

Schlabrendorf, Gustav: siehe Jochmann

Schlegel, August Wilhelm: Kritische Schriften und Briefe in 5 Bänden, hg. v. E. Lohner, Stuttgart 1963–1966.

   – Gesamtausgabe, hg. v. E. Böcking, Bd. 11, Leipzig 1847.

Schlegel, Friedrich: Kritische Friedrich-Schlegel-Ausgabe, hg. v. E. Behler, J. J. Anstett und H. Eichner, Paderborn 1958 f.

   – Literary Notebooks 1797–1801, hg. v. H. Eichner, London 1957.

Schmidt, Wolfgang: Gestalt und Funktion rhythmischer Phänomene in der Musik Arnold Schönbergs, Diss. Erlangen/Nürnberg 1973, Erlangen 1974.

Schnebel, Dieter: Übers Mahlers Dritte, in: Neue Zeitschrift für Musik, hg. v. E. Thomas, O. Tomek und C. Dahlhaus, 135. Jg. Heft 5, Mainz 1974, S. 283 f.

Schönberg, Arnold: Style and Idea, New York 1950.

   – Prager Gedenkrede über Mahler 1912, in: Arnold Schönberg, Ernst Bloch u. a., Über Gustav Mahler, Tübingen 1966.

Schumann, Robert: Gesammelte Schriften über Musik und Musiker, 5. Aufl. Leipzig 1914 (2 Bände).

Seidl, Arthur: Moderner Geist in der deutschen Tonkunst, Berlin 1900.

Sommer, Antonius: Die Komplikation des musikalischen Rhythmus in den Bühnenwerken Richard Wagners (= Schriften zur Musik, hg. v. W. Kolneder, Bd. 10), Giebig 1971.

Specht, Richard: Gustav Mahler, III. Symphonie, thematische Analyse, Leipzig/ Wien o. J.

Stefan, Paul: Gustav Mahler, Eine Studie über Persönlichkeit und Werk, 3. Aufl. München 1920.

Steglich, Rudolf: Verse ... für die Musik das unentbehrlichste, Mozart-Jahrbuch 1957, Salzburg 1958, S. 115 f.

Stein, Fritz: Max Reger, in der Reihe: Die großen Meister der Musik, hg. v. E. Bücken, Potsdam 1939.

Steinecke, Hartmut (Hg.): Theorie und Technik des Romans im 19. Jahrhundert (= Deutsche Texte, hg. v. L. Rotsch, Bd. 18), Tübingen 1970.

Stenzel, Julius: Philosophie der Sprache (= Handbuch der Philosophie, hg. v. A. Bäumler u. M. Schröter, 40. Lieferung), München/Berlin 1934.

Stephan, Rudolf: Max Reger und die Anfänge der neuen Musik, in: Neue Zeitschrift für Musik, hg. v. E. Thomas, O. Tomek und C. Dahlhaus, 134. Jg. Mainz 1973, S. 339 f.

Storjohann, Helmut: Die formalen Eigenschaften in den Symphonien Gustav Mahlers, Diss. masch. Hamburg 1952.

Stuckenschmidt, Hans Heinz: Hanns Eisler, in: Musikblätter des Anbruch, X. Jg., Wien 1928. Abdruck in: Sinn und Form, Beiträge zur Literatur, Sonderheft Hanns Eisler, Berlin DDR 1964, S. 103 f.

Tibbe, Monika: Lieder und Liedelemente in instrumentalen Symphoniesätzen Gustav Mahlers (= Berliner musikwissenschaftliche Arbeiten, hg. v. C. Dahlhaus und R. Stephan, Bd. 1), München 1971.

Tretjakow, Sergei: Hanns Eisler, in: Sinn und Form, Beiträge zur Literatur, Sonderheft Hanns Eisler, Berlin DDR 1964, S. 110 f.

Unger, Hans-Heinrich: Die Beziehungen zwischen Musik und Rhetorik im 16. – 18. Jahrhundert (= Musik und Geistesgeschichte; Berliner Studien zur Musikwissenschaft, Bd. 4), Würzburg 1941, reprographischer Nachdruck Hildesheim 1969.

Vischer, Friedrich Theodor: Ästhetik oder Wissenschaft des Schönen, 6 Bände, Stuttgart 1846 f.

Voss, Egon: Studien zur Instrumentation Richard Wagners (= Studien zur Musikgeschichte des 19. Jahrhunderts, Bd. 24), Regensburg 1970.

Wagner, Ernst: Sämmtliche Schriften, hg. v. F. Mosengeil, Bd. 10, Leipzig 1828.

Wagner, Richard: Gesammelte Schriften und Dichtungen, 4. Aufl. Leipzig 1907.

Weber, Carl Maria von: Sämtliche Schriften, hg. v. G. Kaiser, Berlin/Leipzig 1908.

Webern, Anton von: Schönbergs Musik, in: Arnold Schönberg, München 1912, S. 22 f.

Westphal, Rudolf: Allgemeine Theorie der musikalischen Rhythmik seit J. S. Bach, Leipzig 1880.

Wiora, Walter: Europäische Volksmusik und abendländische Tonkunst, Kassel 1957.

Wörner, Karl Heinrich: Die Musik in der Geistesgeschichte, Studien zur Situation der Jahre um 1910 (= Abhandlungen zur Kunst-, Musik- und Literaturgeschichte, Bd. 92), Bonn 1970.

Zàccaro, Gianfranco: Gustav Mahler, Studio per un' interpretazione, Mailand 1971.

Zenck, Martin: Ausdruck und Konstruktion im Adagio der 10. Sinfonie Gustav Mahlers, in: Beiträge zur Musikalischen Hermeneutik, hg. v. C. Dahlhaus (=Studien zur Musikgeschichte des 19. Jahrhunderts Bd. 43), Regensburg 1975.

Zschokke, Heinrich: Prometheus. Für Licht und Recht, Zeitschrift in zwanglosen Heften, hg. v. H. Zschokke und seinen Freunden, erster Theil, Aarau 1832, S. 166 f.

Sachregister

Namenregister

UNIVERSITY OF HOUSTON